Rousseaus Garten
Le jardin de Rousseau

Barbara Piatti

Rousseaus Garten
Le jardin de Rousseau

Eine kleine Kulturgeschichte der St. Petersinsel
von Jean-Jacques Rousseau
über die Schweizer Kleinmeister bis heute.

Petit périple historique dans l'île Saint-Pierre
de Jean-Jacques Rousseau
aux petits maîtres suisses et jusqu'à nos jours.

SCHWABE & CO. AG · VERLAG · BASEL

Herausgegeben von der Stiftung Graphica Helvetica, Bern,
in Verbindung mit der Graphischen Sammlung der Schweizerischen
Landesbibliothek, Bern, anlässlich der Freilichtproduktion von
Lukas Leuenberger auf der St. Petersinsel im Sommer 2001 – «Musik-
theater aus der Epoche der Empfindsamkeit»: Le Devin du Village.
Intermède de Jean-Jacques Rousseau (1752) und Bastien und
Bastienne. Singspiel von Wolfgang Amadeus Mozart (1768).
Künstlerische Leitung: Christian Brandauer

Edité par la Fondation Graphica Helvetica, Berne,
en collaboration avec la Collection graphique de la Bibliothèque
nationale suisse, Berne, à l'occasion du spectacle en plein air de Lukas
Leuenberger à l'île Saint-Pierre, été 2001 – «Théâtre lyrique de
l'époque du culte du sentiment»: Le Devin du Village. Intermède
musical de Jean-Jacques Rousseau (1752) et Bastien et Bastienne.
Opérette en un acte de Wolfgang Amadeus Mozart (1768).
Direction artistique: Christian Brandauer

Die Orthographie historischer Zitate wurde, wenn nötig, behutsam
modernisiert.

L'orthographe des citations historiques a été légèrement modernisée.

2. Auflage 2002
2e édition 2002

Lektorat: David Marc Hoffmann
Traduction française: Christiane Hoffmann-Champliaud, Aesch/Bâle

© 2001 by Schwabe & Co. AG, Verlag, Basel
Gesamtherstellung: Schwabe & Co. AG, Verlag & Druckerei, Basel/Muttenz
Printed in Switzerland
ISBN 3-7965-1733-1

Man liess mich kaum zwei Monate auf dieser Insel verbringen,
aber ich hätte zwei Jahre, zwei Jahrhunderte, die ganze Ewigkeit
dort verbracht, ohne einen Augenblick Langeweile zu haben …

On ne m'a laissé passer guère que deux mois dans cette île,
mais j'y aurais passé deux ans, deux siècles et toute l'éternité
sans m'y ennuyer un moment …

Jean-Jacques Rousseau

Sommaire

Inhalt

Die Rousseau-Insel
L'île de Rousseau

L'île de Rousseau

Introduction

«Il arrive que l'Histoire, même avec un grand H, s'écrive dans des lieux se-
condaires. […] C'est ainsi que les maisons, les arbres et les îles ont retenu de
nombreux souvenirs et sont devenus les clés secrètes de mondes disparus
qu'ils livrent aux voyageurs.»[1] L'île Saint-Pierre, située sur le lac de Bienne
en Suisse, est une de ces clés secrètes. Qui sait la déchiffrer, qui sait interpré-
ter l'importance de ce paysage aux allures de vaste parc, des rives de ce lac,
qui est ouvert au charme de cette demeure située dans un entourage pittoresque, à celui-là s'ouvrent les portes de l'époque sentimentale et du romantisme. Il est peu d'autres endroits où le XVIIIᵉ et le XIXᵉ siècles soient res-
tés aussi vivants que sur l'île Saint-Pierre. Une promenade dans l'île est un
véritable voyage dans le passé.

Jean-Jacques Rousseau, l'enfant terrible de la philosophie du XVIIIᵉ
siècle, critiqué, admiré, aimé, chassé, moqué, passa six semaines dans l'île
Saint-Pierre en 1765, semaines qu'il dépeint comme les plus heureuses de son
existence. La description poétique et nostalgique qu'il en fait dans la *Cinquième Promenade* des *Rêveries du promeneur solitaire* (1782) rendit aussitôt l'île célèbre dans toute l'Europe (voir texte intégral pages 158–174). Des
milliers de voyageurs enthousiastes affluèrent de France, d'Allemagne, d'Angleterre, d'Ecosse et même de Russie. Ces adeptes de la nature et de la littérature, la poitrine débordant de sentiments, venaient à «l'île de Rousseau»
pour visiter la chambre austère du philosophe, suivre ses traces sur les sentiers et lire ses œuvres à l'ombre des arbres qui l'avaient abrité.

Aujourd'hui encore, le visiteur suit ces mêmes chemins où Rousseau et ses
innombrables admirateurs se promenèrent, comme Goethe et le Duc Charles
Auguste de Saxe-Weimar, comme les écrivains Iffland, Zschokke et von Platen, puis la poétesse danoise Friederike Brun, l'artiste peintre Elisabeth
Vigée-Lebrun – portraitiste attitrée de la reine Marie-Antoinette, le poète
préromantique Etienne Pivert de Senancour, les romanciers Honoré de
Balzac et Alexandre Dumas père, et l'ex-impératrice Joséphine de Beau-

---

[1] Siedler, *Auf der Pfaueninsel*, p. 9.

8

Die Rousseau-Insel

Einleitung

«Die Geschichte, auch die grosse, verdichtet sich mitunter am kleinen Ort. [...] In diesem Sinne halten Häuser, Bäume und Inseln vielerlei Erinnerungen für den Reisenden bereit, sind Geheimschlüssel zur Öffnung vergangener Welten.»[1] Ein solcher Geheimschlüssel zur Öffnung einer vergangenen Welt ist die St. Petersinsel im Bielersee. Wer sie zu «lesen» versteht, wer die Bedeutung der parkartigen Landschaft, des Seeufers und des malerisch gelegenen Gutshauses kennt, dem eröffnet diese kleine Insel auf höchst anschauliche Weise den Zugang zu den Epochen der Empfindsamkeit und der Romantik. Denn wie an kaum einem anderen Ort sind auf der St. Petersinsel das 18. und frühe 19. Jahrhundert lebendig geblieben: Ein Spaziergang über die Insel kommt einer Reise in die Vergangenheit gleich.

Jean-Jacques Rousseau, das philosophische *enfant terrible* des 18. Jahrhunderts, umstritten, bewundert, geliebt, vertrieben, verpönt, hat 1765 sechs Wochen auf der St. Petersinsel verbracht, die er als die glücklichsten seines Lebens bezeichnet. Seine poetisch-wehmütige Schilderung dieses Aufenthalts – in der *Cinquième Promenade* aus den *Rêveries du promeneur solitaire* (1782) – hat die kleine Insel im Bielersee über Nacht in ganz Europa berühmt gemacht (der Text ist im vorliegenden Band auf den Seiten 159–175 vollständig abgedruckt). Aus Frankreich, Deutschland, England, Schottland, ja selbst aus Russland sind damals Tausende von Literatur- und Naturbegeisterten zur «Rousseau-Insel» gereist, um dort, die Brust voll überschäumender Gefühle, das karge Zimmer des Philosophen zu besichtigen, auf seinen Spuren über die Insel zu wandern und unter schattenspendenden Bäumen in seinen Schriften zu lesen.

Wer heute die Insel besucht, geht auf eben den Wegen, auf denen schon Rousseau und später seine zahllosen Bewunderer und Verehrerinnen gegangen sind, unter ihnen Goethe und Herzog Karl August, die Literaten Iffland, Zschokke und von Platen, die Dichterin Friederike Brun und die ehemalige Kaiserin Frankreichs, Joséphine, die Hofmalerin Elisabeth Vigée-

[1] Siedler, *Auf der Pfaueninsel*, S. 9.

harnais … Le promeneur qui admire le magnifique paysage, les rives charmantes au sud-est et pittoresques au nord-ouest, s'arrête sans doute aux mêmes endroits que Rousseau et tous ceux qui vinrent après lui dans le seul dessein de retrouver les émotions de «l'ami Jean-Jacques». Friederike Brun se souvient ainsi de sa visite de l'île en mai 1791: «Nous accostâmes dans un étroit canal qui s'ouvre dans l'île. Un silence paisible nous environnait, que seul le doux battement des vagues sur le mur de pierre rompait. Je descendis sur l'île, le cœur battant, et me mis à errer sur les sentiers de la chênaie. Comme tout me touchait profondément! Ces hautes voûtes de verdure, sous lesquelles Il se promenait, ces pelouses fleuries dont Il connaissait la moindre plante, les chœurs d'oiseaux gazouillant leurs chants printaniers sans être effarouchés, voletant autour de moi comme ils voletaient autour de Lui, la pointe de l'île avec ses pentes verdoyantes et les rochers qui s'enfoncent dans l'eau, et où résonne le doux clapotis des vagues.»[2]

Quand on se promène sur l'île, on comprend aisément les sentiments de Rousseau pour la nature, qui reflètent ceux de toute une époque. Car en cet endroit, décrit avec tant d'enthousiasme et paré de tant de charmes, se concentrent les grands thèmes de ce siècle: la mode des voyages en Suisse, la rencontre sentimentale avec la nature, les journaux intimes et les récits de voyage, les tableaux des petits maîtres paysagistes, l'engouement pour les parcs et les jardins, les promenades, la lecture en pleine nature perçue comme un décor ou une suite de coulisses magnifiques.

La multiplicité des sujets et des thèmes nous oblige à une certaine méthode. Car si l'île n'est pas seulement un lieu géographique mais une sorte de carte topographique focalisant tous les courants sentimentaux et romantiques d'un siècle, son histoire doit être racontée au long d'une promenade. C'est d'ailleurs un genre littéraire typique du XVIIIᵉ siècle. Les guides de parcs ou de jardins de l'époque – et c'est bien ce qu'est l'île Saint-Pierre – promènent le lecteur dans une visite imaginaire et lui décrivent les beautés du paysage. Le petit périple que nous faisons aujourd'hui dans l'île Saint-Pierre reprend donc une idée de l'époque. Il entraîne parfois le lecteur sur les chemins écartés des anecdotes et des apartés, le détournant quelque peu des voies toutes droites de l'Histoire.

Afin de mieux s'orienter au cours de cette promenade littéraire, une «pancarte» en forme de petite main ☞ signale les mots clés de l'époque: *Arcadie, Nouvelle Héloïse, contraste, langage des sentiments,* …

Une promenade dans l'île suppose d'abord la traversée du lac en bateau. Du moins, ce fut le cas jusqu'au milieu du XIXᵉ siècle, avant que le Chemin

---

[2] Brun, *Reise nach der Petersinsel auf dem Bielersee,* p. 332.

10

Lebrun, der frühromantische Dichter Etienne Pivert de Senancour, schliesslich Honoré Balzac, Alexandre Dumas père und Rodolphe Toepffer. Wer stehen bleibt, um die herrliche Landschaft, die im Südosten lieblichen, im Nord-
westen pittoresken Ufer des Bielersees zu bewundern, steht vielleicht am selben Fleck, auf dem schon Rousseau und nach ihm Damen und Herren stan-
den, deren einziges Ziel es war, so zu empfinden wie «Freund Jean-Jacques».
«Wir landeten in einem schmalen Kanal, der sich in die Insel öffnet», erinnert
sich Friederike Brun an ihren Insel-Besuch im Wonnemonat Mai des Jahres
1791. «Süsse heimliche Stille umlauschte uns, nur durch das dumpfe Brechen
der Wogen am Steinwall unterbrochen. Ich erstieg mit klopfendem Herzen
die Höhe der Insel, und irrte auf engen bewachsenen Pfaden im schönen
Eichenhain umher. Wie rührte mich Alles! Diese hohen verschränkten Schat-
tendome, unter denen Er sinnend wandelte; dieser vollblümige Rasen, in dessen kleiner Welt sicher kein Pflänzchen Ihm fremd war; […] Ich suchte den
Ort, den Er vorzüglich liebt, die Spitze der Insel, wo sie schroff über den
See blickt, und an ihrer in die grüne Fluth sich in flachen Lagen streckenden
Felsgründung die dumpfen Schläge der Wogen aufhallen.»[2]

Es fällt auf dieser Insel auch heute nicht schwer, das Rousseausche Na-
turgefühl zu verstehen, das eine ganze Epoche geprägt hat. Denn an diesem
Ort, der so schwärmerisch geschildert, so entzückend gemalt worden ist, ver-
sammeln sich wie in einem Brennpunkt die grossen Themen jener Zeit: die
Mode der Schweizerreisen, die empfindsame Begegnung mit der Natur, die
Reiseberichte und -journale, die Kleinmeister-Veduten, die Garten- und
Parkbegeisterung, der Spaziergang, die Lektüre in der freien Natur, die Vor-
stellung der Natur als Gemäldegalerie.

Die Vielfalt der Motive und Themen nötigt uns zu einem etwas besonderen Vorgehen. Denn wenn die Insel nicht nur ein geographisch fixierter Ort
ist, sondern als eine Art Landkarte der empfindsamen und romantischen
Strömungen verstanden werden kann, auf der sich die genannten Themen
«einzeichnen» lassen, dann muss auch ihre Geschichte als Spaziergang erzählt werden. Texte nach dem Muster eines Spaziergangs zu gestalten, war
für das 18. Jahrhundert ausgesprochen typisch, vor allem in der sogenannten
«Gartenliteratur». Die Autoren von Garten- und Parkführern – und ein solcher Garten ist die St. Petersinsel ja – pflegen häufig die Landschaft «be-
schreibend zu durchwandern» und nehmen ihr Lesepublikum so gleich mit
auf einen Rundgang, der nur in der Einbildung stattfindet. Die vorliegende
kleine Kulturgeschichte der St. Petersinsel macht sich also ein Konzept
der damaligen Zeit zu eigen. Das heisst, dass Anekdoten und Exkurse uns

[2] Brun, *Reise nach der Petersinsel auf dem Bielersee*, S. 332.

des Païens relie l'île à la petite ville d'Erlach (Cerlier), au sud du lac de Bienne. Mais aujourd'hui encore, la voie d'accès classique pour l'île est le bateau. Notre périple est découpé en trois «visites». Lors de la première visite, l'ombre du plus célèbre des habitants de l'île, celui qui en créa le mythe, Jean-Jacques Rousseau, accompagne le lecteur dans ses vagabondages. La deuxième visite se fait en compagnie des nombreux admirateurs de Rousseau, qui vinrent sur l'île rendre hommage à leur maître disparu. Les compagnons de la troisième visite sont les descendants de ces premiers voyageurs sentimentaux, ressentant pour eux des «affinités électives», comme l'écrivain contemporain W. G. Sebald, qui succomba au charme de l'île, il n'y a pas si longtemps que cela.

Vers 1815 parut la première monographie française de l'île sous le titre *L'île de St-Pierre dite L'île de Rousseau dans le lac de Bienne*. Elle était traduite de l'allemand, avec vingt ans de décalage. L'auteur, Sigmund von Wagner, originaire d'une vieille famille bernoise, avait été inspiré par une visite de l'île: «j'ai pensé qu'une collection des points de vue les plus remarquables que présente cette île, accompagnée d'une description générale et de quelques détails historiques, pourrait être favorablement reçue du public.»[3] Comme il avait raison! Les deux éditions sont illustrées d'une série de charmantes gravures de petits maîtres suisses, tels que Daniel Simon Lafond et Franz Niklaus König: vues de l'île, joyeuses scènes de vendanges, Rousseau et son chien, en bateau, ramant sur le lac de Bienne ou participant à la cueillette des fruits.

Notre périple culturel se veut dans la tradition de ces albums de souvenirs illustrés. Comme le modèle donné par Sigismond Wagner, on peut lire ce périple en français ou en allemand. Les illustrations en couleur sont identiques à celles qui figuraient dans les différentes éditions de l'album de Wagner (ill. en couleur I–XI, p. 178–188). C'est dans cet esprit que nous nous mettons en route pour découvrir «ce petit coin du monde, célèbre par la beauté de son site, et plus encore par la peinture séduisante que Rousseau nous a laissée du bonheur dont il y a joui»[4], l'île de Rousseau sur le lac de Bienne.

---

[3] Wagner, *L'île de St. Pierre dite l'île de Rousseau* (Préface).
[4] Wagner, *L'île de St. Pierre dite l'île de Rousseau* (Préface).

oft auf Seiten- und Umwegen vom geraden geschichtlichen Weg abbringen werden.

Um sich auf auf diesen Spaziergängen besser orientieren zu können, sind deshalb kleine Wegweiserhändchen (☛) im Text verteilt. Sie markieren die Zauberworte der Epoche: Arkadien, Kontrast, Sprache des Gefühls …

Ein Spaziergang über die St. Petersinsel setzt zunächst aber eine Bootsfahrt über den See voraus. Wenigstens verhielt es sich bis in die Mitte des 19. Jahrhunderts so, bevor der sogenannte Heidenweg die Insel mit dem Städtchen Erlach am Westufer des Bielersees verband. Aber auch heute ist die Anreise mit dem Schiff der klassische Weg zur St. Petersinsel. Drei «Besuche» der Insel strukturieren die vorliegende kleine Kulturgeschichte. Beim ersten begleitet der berühmteste Inselbewohner und Schöpfer des St. Petersinsel-Mythos, Jean-Jacques Rousseau, die Lesenden auf ihren Streifzügen; der zweite findet in Gesellschaft der zahllosen Rousseauverehrerinnen und -verehrer statt, die dem Ort ihre Reverenz erwiesen haben; die Reisegefährten des dritten Ausflugs zur Insel sind wahlverwandte Nachkommen dieser empfindsamen Reisenden, wie der Schriftsteller W. G. Sebald, der dem Zauber dieser kleinen Insel vor noch gar nicht allzu langer Zeit verfallen ist.

1795 ist die erste Insel-Monographie erschienen: Sigmund von Wagners *Die St. Peters Insel in dem Bielersee*. Ein Besuch auf der Insel hatte den Verfasser «auf den Gedanken gebracht, dass eine mahlerische Darstellung der vorzüglichsten Points de vues und eine Beschreibung der historischen, ökonomischen und poetischen Merkwürdigkeiten desselben [Eylands] vielleicht kein unangenehmes Geschenk für das Publikum seyn dürfte».[3] Wie recht er damit hatte! Rund zwanzig Jahre später kam die französische Übersetzung des kleinen Werks auf den Markt, unter dem Titel *L'Ile de St-Pierre dite L'île de Rousseau dans le lac de Bienne*. Illustriert sind die beiden Ausgaben mit einer Reihe reizender Blätter von Schweizer Kleinmeistern: fröhliche Weinernteszenen, Augenblicke, die Rousseau im Ruderboot oder beim Obstpflücken zeigen.

Die vorliegende kleine Kulturgeschichte der St. Petersinsel versteht sich als Fortsetzung dieser Tradition der bebilderten Souveniralben. Sie ist, wie das Vorbild, wahlweise deutsch oder französisch zu lesen. Und der farbige Bildteil in der Mitte enthält unter anderem genau diejenigen Illustrationen, die die verschiedenen Ausgaben von Wagners St. Petersinsel-Album schmücken (Farbtafeln I–XI, S. 178–188). In diesem Sinne machen wir uns nun auf, «dieses sehr bekannt gewordene kleine Eyland»[4] zu entdecken, die «Rousseau-Insel» im Bielersee.

[3] Wagner, *Die Peters-Insel im Bieler-See*, Vorbericht (ohne Seitennumerierung).
[4] Wagner, *Die Peters-Insel im Bieler-See*, Vorbericht (ohne Seitennumerierung).

La première visite

L'arrivée de Rousseau sur l'île Saint-Pierre

Le 12 septembre 1765, Rousseau arrive sur l'île Saint-Pierre. Il ne vivra que six semaines dans ce paradis, bien qu'il souhaitât y passer le reste de ses jours. Dès le 24 octobre, sur ordre des autorités de Berne, il doit quitter son refuge en toute hâte. Ce n'est que beaucoup plus tard, vers la fin de sa vie, qu'il décrira ces journées d'automne ensoleillées: «De toutes les habitations où j'ai demeuré (et j'en ai eu de charmantes), aucune ne m'a rendu si véritablement heureux et ne m'a laissé de si tendres regrets que l'île de Saint-Pierre au milieu du lac de Bienne.»[5] Ainsi commence la *Cinquième Promenade* des *Rêveries du promeneur solitaire*, qui parurent en 1782, quatre ans après sa mort. A la fin de cet hommage à l'île encore inconnue du public, il s'écrie que personne ne saurait l'empêcher «du moins de m'y transporter chaque jour sur les ailes de l'imagination, et d'y goûter durant quelques heures le même plaisir que si je l'habitais encore.»[6] L'île Saint-Pierre, c'est le jardin de Rousseau, l'île de ses rêves. Mais avant de suivre les pas du philosophe, il faut d'abord raconter dans quelles circonstances Rousseau échoua sur ses rives.

La fuite hors de France

Les circonstances du séjour de Rousseau sur l'île sont au moins aussi dramatiques que celles qui l'obligèrent à fuir de nouveau ensuite, fin octobre, au début de la mauvaise saison. Le destin de Rousseau connut un tournant au cours de l'été 1762, peu après la parution de son nouveau roman, *Emile ou De l'éducation*. Dans ce roman, Emile, un jeune garçon, grandit dans des conditions idéales qui lui permettent de déployer ses talents et de développer son caractère; sous l'influence de son professeur, il devient un homme parfait. Fasciné par la lecture d'*Emile,* Kant, célèbre pour sa ponctualité sur laquelle ses concitoyens réglaient leurs montres, en oublia sa promenade du soir, pour expliquer avec émotion: «Rousseau m'a remis d'aplomb […] j'apprends à honorer l'homme.»[7]

Mais les gouvernements ne partageaient pas cet enthousiasme pour *Emile*. La pomme de discorde était la sulfureuse *Profession de foi du vicaire savoyard* intercalée dans le récit. Elle contient la demande d'une religion naturelle libérée du dogme, détachée de l'Eglise; à l'époque de Rousseau, comme on pense bien, un scandale sans précédent. Le 9 juin, le Parlement de

---

[5] Rousseau, *Rêveries*, Cinquième Promenade, p. 93.
[6] Rousseau, *Rêveries*, Cinquième Promenade, p. 104.
[7] Cité d'après *Metzler Philosophen Lexikon*, p. 759.

14

Der erste Besuch

Rousseaus Ankunft auf der St. Petersinsel

Am 12. September 1765 kommt Jean-Jacques Rousseau auf der St. Petersinsel an. Es bleiben ihm nur sechs Wochen in diesem Paradies vergönnt, und das, obwohl er sich nichts sehnlicher wünscht, als sich für den Rest seiner Tage dorthin zurückziehen zu können; schon am 24. Oktober muss er auf Befehl der Berner Obrigkeit seine Zufluchtsstätte Hals über Kopf verlassen. Erst viel später, gegen Ende seines Lebens, schildert er aus der Erinnerung die glücklichen, goldenen Herbsttage auf der St. Petersinsel: «Von allen Orten, die ich bewohnte (und ich bewohnte deren schöne), machte mich keiner wahrhaft glücklicher und an keinen denke ich mit so zärtlichem Bedauern zurück wie an die Insel Saint-Pierre mitten im Bielersee.»[5] So lauten die berühmten Anfangszeilen der *Cinquième Promenade* aus den *Rêveries du promeneur solitaire*, die 1782, vier Jahre nach Rousseaus Tod, erschienen sind. Und am Ende der Hommage an die bisher unbekannte Insel erklärt Rousseau, niemand könne ihn daran hindern, «dass ich mich täglich auf den Flügeln meiner Einbildungskraft dahin begebe und einige Stunden lang dasselbe Vergnügen koste, als wenn ich noch dort wohnte».[6] Die St. Petersinsel: Rousseaus Garten, die Insel seiner Träume. Doch ehe wir über die Insel spazieren, auf den Spuren des träumenden Philosophen, muss erzählt werden, weshalb Rousseau überhaupt hier, an diesen Ufern, landete.

Die Flucht aus Frankreich

Die Vorgeschichte von Rousseaus kurzem Inseldasein liest sich nicht weniger dramatisch als der überstürzte Aufbruch Ende Oktober, zu Beginn der kalten und unwirtlichen Jahreszeit. Das Schicksal Rousseaus nahm seinen Lauf im Sommer 1762, gleich nach Erscheinen seines neuen Romans *Emile ou De l'éducation*. In diesem Erziehungsroman wächst ein Junge, Emile, unter idealen Bedingungen auf, die es ihm erlauben, alle seine Fähigkeiten zu entfalten und seinen Charakter zu entwickeln; er wird von seinem Lehrer zu einem vollkommenen Menschen erzogen. Gefesselt von der Lektüre des *Emile,* versäumte kein geringerer als Kant zum ersten Mal seit vielen Jahren seinen ansonsten pedantisch eingehaltenen Abendspaziergang, um ergriffen zu erklären: «Rousseau hat mich zurechtgebracht […] ich lerne die Menschen ehren.»[7]

---

[5] Rousseau, *Träumereien des einsamen Spaziergängers*, S. 695.
[6] Rousseau, *Träumereien des einsamen Spaziergängers*, S. 703f.
[7] Zitiert aus *Metzler Philosophen Lexikon*, S. 759.

Paris vote de sévères mesures: «Arrest de la Cour de Parlement, qui condamne un Imprimé ayant pour titre, *Emile, ou l'Education; par J. J. Rousseau*, imprimé à la Haye … MDCCLXII à être lacéré & brûlé par l'Exécuteur de la Haute-Justice.»[8] Le livre est saisi par la police, à peine imprimé; les exemplaires confisqués sont déchirés et brûlés dans la cour du Palais de Justice. Les autorités de Genève suivent immédiatement l'exemple de Paris, allant même encore plus loin. Devant l'Hôtel de Ville sont jetés aux flammes non seulement *Emile*, mais aussi le *Contrat social*, projet d'un état où le peuple est souverain.

C'est un coup très dur pour Rousseau. Né en 1712 à Genève, il s'était nommé plus tard avec fierté «citoyen de Genève». Dans la préface de son célèbre deuxième discours, le *Discours sur l'origine de l'inégalité entre les hommes*, il chantait un hymne véritable à sa chère cité: «Puisse durer toujours, pour le bonheur de ses Citoyens et l'exemple des Peuples une République si sagement et si heureusement constituée!»[9]

Rousseau, menacé de procès, et même peut-être d'une peine de prison, fuit Paris en carrosse, le 9 juin 1762, c'est-à-dire le jour même où le Parlement ordonne par décret de brûler *Emile*. Ce n'est pas la première fois qu'il est en fuite, et ce ne sera pas la dernière. Cette fois-ci, il arrive en Suisse sans encombre. Il décrit dans son autobiographie, les *Confessions* (1782–1788), son émotion à passer la frontière. «En entrant sur le territoire de Berne, je fis arrêter; je descendis, je me prosternai, j'embrassai, je baisai la terre, et m'écriai dans mon transport: Ciel! protecteur de la vertu, je te loue, je touche une terre de liberté!»[10] Ces sentiments exaltés sont quelque peu étrangers aux lecteurs d'aujourd'hui, mais reflètent le pathétisme typique de Rousseau. On s'y habitue. Ces émotions débridées sont d'ailleurs magnifiées et auréolées du souvenir, car ce chapitre des *Confessions* a été écrit des années plus tard. Le ☛ *langage sentimental* de Rousseau imprégna celui de toute une époque. Nous y reviendrons plus loin.

Pour l'instant, les espoirs de l'homme pourchassé et méprisé, comme il le sera si souvent vers la fin de sa vie, sont déçus: Berne lui refuse l'autorisation de séjour. Dans sa détresse, Rousseau se tourne vers l'Ecossais George Keith, gouverneur de Neuchâtel, alors sous domination prussienne. Le Milord Maréchal, c'est le nom que lui donne Rousseau, le reçoit amicalement. Et le lointain roi de Prusse, Frédéric II, admirateur déclaré de la culture et de la littérature françaises (on disait en se moquant qu'à sa cour seuls les soldats et les chevaux ne parlaient pas français …), lui assure à plusieurs reprises ses

[8] Tatin-Gourier, ‹*Emile*› et le ‹*Contrat social*›, Ill. 8.
[9] Rousseau, *Œuvres complètes*, tome III (Du contrat social, écrits politiques), p. 116.
[10] Rousseau, *Confessions* II, p. 357.

1
Allan Ramsay: Rousseau im armenischen Kostüm mit Pelzmütze und Kaftan, wie er es auch auf der St. Petersinsel getragen hat.
Allan Ramsay: Rousseau en costume arménien, avec un bonnet de fourrure et un caftan, qu'il porta aussi sur l'île Saint-Pierre.

2
Manuskriptseite der «Cinquième Promenade».
Une page du manuscrit de la «Cinquième Promenade».

Die Regierungen teilten diese Begeisterung allerdings nicht. Stein des Anstosses war die locker in die Handlung eingefügte berühmt-berüchtigte *Profession de foi du vicaire savoyard*. Sie enthält Forderungen einer dogmenfreien, kirchlich ungebundenen Religion – zu Rousseaus Zeit, wie man sich unschwer denken kann, ein Skandal ohnegleichen. Schon am 9. Juni greift das Pariser Parlament zu drastischen Massnahmen: «Verfügung des parlamentarischen Gerichtshofes, ein Druckerzeugnis namens *Emile oder über die Erziehung* betreffend, geschrieben von *J. J. Rousseau*, gedruckt in Den Haag im Jahr 1762. Es sei im Namen des Vollstreckers des Hohen Gerichtshofes zu zerfetzen und zu verbrennen.»[8] Das Buch wird quasi frisch ab Druckpresse von der Polizei beschlagnahmt; die eingesammelten Exemplare werden im Hof des Justizpalastes zerrissen und verbrannt. Die Genfer Behörden folgen unverzüglich dem Beispiel von Paris, gehen aber noch einen Schritt weiter. Vor dem Hôtel de Ville werden nicht nur der *Emile*, sondern auch der *Contrat social* (der Entwurf eines Staates, in dem Volkssouveränität herrscht) den Flammen übergeben. Dies ist ein harter Schlag für Rousseau. 1712 in dieser Stadt geboren, nannte er sich später mit grossem Stolz «citoyen de Genève», Bürger von Genf. Und im Vorwort seines zweiten *Discours*, der vom Ursprung der Ungleichheit zwischen den Menschen handelt, hält er eine Lobeshymne auf den geliebten Stadtstaat: «O dass eine solche Republik, die so glücklich und so weise angelegt ist, zur Glückseligkeit ihrer Bürger und zum Muster für alle übrigen Völker ewig dauern möge!»[9]

Rousseau, dem ein Prozess, ja vielleicht sogar eine Gefängnisstrafe droht, flieht am 9. Juni 1762 in einer Kutsche aus Paris, am selben Tag, an dem das Parlament den *Emile* per Dekret verbrennen lässt. Es ist nicht seine erste Flucht und wird auch nicht seine letzte sein. Für diesmal erreicht er unbehelligt die Schweiz. Der Augenblick des Grenzübertritts ist aus den *Confessions* (1782–1788), Rousseaus Autobiographie, bekannt: «Als ich das Berner Gebiet erreicht hatte, liess ich halten. Ich stieg aus, warf mich nieder, breitete die Arme aus, küsste die Erde und rief in meinem Entzücken: ‹Himmel, Beschützer der Tugend, ich lobe dich, ich berühre freien Boden!›»[10] Nun mag dieser Gefühlsüberschwang auf uns heutige Leserinnen und Leser eher befremdlich, ja lächerlich wirken. Es ist das typische Rousseausche Pathos, das aus diesen Zeilen spricht. An das muss man sich erst gewöhnen. Das überbordende Gefühl ist überdies stilisiert, verklärt durch die Erinnerung, denn auch dieses Kapitel der *Confessions* ist Jahre nach dem wirklichen Ereignis

[8] Tatin-Gourier, ‹Emile› et le ‹Contrat social›, Abb. 8 (Bildanhang); (Übersetzung von Derek Bochmann, Basel. Im folgenden als D.B. abgekürzt).
[9] Rousseau, *Sozialphilosophische und politische Schriften*, S. 46.
[10] Rousseau, *Bekenntnisse*, S. 578.

bonnes dispositions. Le roi écrit au gouverneur Keith depuis un camp militaire: «Il faut consoler ce malheureux, qui ne pêche que par ses vues particulières qu'il pense justes [...]. Si nous n'étions pas en guerre, je lui ferais construire un ermitage avec un jardin, où il pourrait vivre à la façon dont, selon lui, vivaient nos ancêtres ...»[11]

3
Claude Louis Chatelet/François Godefroy: Das Wohnhaus Rousseaus in Môtiers.
Claude Louis Chatelet/François Godefroy: La maison de Rousseau à Môtiers.

Au Val-de-Travers

Ainsi protégé, Rousseau s'installa dans le Val-de-Travers, au village de Môtiers, à l'ouest du lac de Neuchâtel. Madame Boy de la Tour, une admiratrice aristocrate, mit à sa disposition une ferme vide (ill. 3). Rousseau séjourna trois ans dans cette vallée, charmante en été, mais sombre et triste en hiver. De nombreux admirateurs le pourchassèrent jusque dans ce refuge écarté. Toutes ces dames et messieurs venus de loin pour satisfaire leur curiosité sur le «philosophe de la nature» lui étaient un fardeau. Comme d'autres contemporains célèbres, il était victime de son succès. Ainsi les voyageurs se rendaient à Zurich non seulement pour en admirer le site, mais aussi pour rendre

[11] Cité d'après Holmsten, *Rousseau*, p. 129.

geschrieben worden. Rousseaus ☞ *Sprache des Gefühls* ist jedoch die Sprache einer ganzen Epoche geworden. Doch dazu später.

Für den Augenblick erfüllten sich die Hoffnungen des Verfolgten und Ge-
ächteten, wie so oft in den letzten Lebensjahren, nicht: Auch Bern verwei-
gerte ihm die Aufenthaltserlaubnis. Schliesslich wandte sich Rousseau in seiner Not an das Fürstentum Neuchâtel, das damals unter preussischer Hoheit
stand. Lord-Marschall George Keith, ein Schotte in preussischen Diensten,
empfing ihn freundlich. Und der ferne Preussenkönig Friedrich II., erklärter
Liebhaber der französischen Kultur und Literatur (man munkelte, dass an
seinem Hof nur die Soldaten und die Pferde deutsch sprächen …), versicherte
ihm mehrfach seine Zuneigung. An seinen Gouverneur Keith schrieb der
König aus einem Feldlager: «Man muss diesen armen Unglücklichen trösten,
der nur darum sündigt, weil er sonderbare Ansichten hat, die er jedoch für
gut hält […]. Wenn wir nicht Krieg hätten, würde ich ihm eine Einsiedelei
mit einem Garten bauen lassen, wo er leben könnte, wie seiner Ansicht nach
unsere Urväter gelebt haben.»[11]

Im Val-de-Travers

Rousseau liess sich so beschirmt im abgelegenen Val-de-Travers, im Dörf-
chen Môtiers, westlich des Lac de Neuchâtel nieder. Madame Boy de la Tour,
eine Verehrerin aus adeligen Kreisen, stellte ihm ein leerstehendes Bauernhaus zur Verfügung (Abb. 3). Im Winter karg und öde, im Sommer lieblich,
blieb das Tal Rousseaus Zufluchtsstätte für immerhin drei Jahre. Auch in Môtiers suchten ihn von weit her gereiste Verehrerinnen und Verehrer auf, oder
besser: suchten ihn heim, denn Rousseau waren diese vor Neugierde plat-
zenden Damen und Herren, die alles über den «wilden Philosophen» wissen
wollten, durchaus und seit jeher nur lästig. Rousseau war diesbezüglich kein
Einzelfall. Zürich etwa wurde wegen seiner reizenden Lage, aber auch wegen
der «lebenden Sehenswürdigkeiten» Lavater und Bodmer besucht, mit
denen man ein anregendes Gespräch zu führen hoffte. Und dass Goethe-Ver-
ehrer stundenlang vor dessen Haus ausharrten, um wenigstens einen Blick
auf den Rockzipfel des Unnahbaren zu erhaschen, ist bekannt. Rousseau
aber war damals gleichsam der Superstar unter den Gelehrten; die Begeisterung seiner Anhänger ist nur vergleichbar mit dem heutigen Kult um
Filmschauspieler und Hitparadenstars. Gleich nach dem Erscheinen der
☞ *Nouvelle Héloïse* (1761), neben Goethes ☞ *Werther* (1774) der empfindsame Liebesroman schlechthin, erhielt er bündelweise Briefe von seinem

[11] Zitiert nach Holmsten, *Rousseau*, S. 129.

hommage aux «attractions vivantes» qu'étaient le fameux théologien et théoricien de la physionomie Johann Caspar Lavater et l'écrivain Johann Jakob Bodmer, comptant bien avoir avec eux une conversation choisie. On sait aussi que les admirateurs de Goethe s'enracinaient pendant des heures devant sa maison dans l'espoir d'apercevoir l'homme inaccessible. Rousseau était à l'époque une «superstar» parmi les lettrés. L'enthousiasme de ses adeptes n'est comparable qu'au culte moderne pour les vedettes du cinéma et du show-business. Sitôt la parution de la ☞ *Nouvelle Héloïse* (1761), le roman sentimental par excellence avec le ☞ *Werther* (1774) de Goethe, Rousseau reçut des paquets de lettres de ses fervents lecteurs. Beaucoup tentèrent d'approcher le philosophe en lui confiant un travail de copie de manuscrits musicaux, tâche pénible grâce à laquelle Rousseau gagnait de quoi subvenir à son existence. Jusque dans sa retraite de Môtiers, il n'était pas à l'abri des curieux. Un de ces visiteurs excentriques – qu'il soit ici cité en exemple de nombreux autres – fut l'écrivain écossais James Boswell, âgé alors de vingt-quatre ans. Il décrit ses rencontres avec Rousseau dans de savoureux passages de son journal et de ses lettres. En voici un extrait: «Rousseau: ‹Vous aimez les chats?› Boswell: ‹Non›. Rousseau: ‹C'est bien ce que je pensais. C'est mon test de caractère. Les gens trahissent souvent à cette question leur caractère despotique, parce que les chats sont des êtres libres qui ne se laissent pas mettre en esclavage. On ne peut donner des ordres à un chat comme à un autre animal.› Boswell: ‹Pas non plus qu'à une poule.› Rousseau: ‹Une poule obéirait, si l'on arrivait à s'en faire comprendre. Un chat comprend parfaitement les hommes, mais ne leur obéit pas.›»[12] Lors des adieux, l'humour acerbe et l'ironie qui caractérisent les rapports entre ces hommes bien différents, mais apparentés par l'esprit, se manifestent à nouveau: «Rousseau m'embrassa plusieurs fois et me tint chaleureusement et avec élégance dans ses bras. Je n'oublierai jamais ce que je vécus alors. Rousseau: ‹Vous êtes un type remarquable.› Boswell: ‹Vous avez été très aimable avec moi, mais je l'avais mérité.› Rousseau: ‹Oui. Vous êtes méchant, mais d'une façon agréable qui me plaît.›»[13]

Mathieu Buttafoco, officier et chef des rebelles corses qui luttaient pour leur indépendance, avait également entrepris le long voyage jusqu'à Môtiers. Il souhaitait discuter avec Rousseau du projet de Constitution du futur Etat. Mais cet Etat corse idéal, dont Rousseau développa les bases au Val-de-Travers et sur l'île Saint-Pierre, ne devait jamais voir le jour.

---

[12] Boswell, *Journal*, p. 142.
[13] Boswell, *Journal*, p. 145s.

hingerissenen Lesepublikum. Viele versuchten, sich Zugang zu dem berühmten Philosophen zu verschaffen, indem sie ihm Aufträge zum Notenkopieren brachten. Denn mit dieser mühseligen Arbeit musste sich Rousseau des öfteren seinen Lebensunterhalt verdienen. Und eben auch im abgelegenen Môtiers blieb er vor Neugierigen nicht verschont. Ein höchst exzentrischer Besucher – er soll hier stellvertretend für viele genannt werden – war der vierundzwanzigjährige schottische Schriftsteller James Boswell, der seine Begegnungen mit Rousseau in köstlichen Tagebuchaufzeichnungen und Briefen festgehalten hat. Eine Kostprobe: «Rousseau: ‹Mögen Sie Katzen?› Boswell: ‹Nein›. Rousseau: ‹Das habe ich mir gedacht. Es ist meine Charakterprobe. Die Menschen verraten bei dieser Frage meistens ihre despotischen Züge. Sie mögen Katzen nicht, weil Katzen freie Geschöpfe sind und sich nicht versklaven lassen. Einer Katze kann man nicht Befehle geben wie anderen Tieren.› Boswell: ‹Einem Huhn auch nicht.› Rousseau: ‹Ein Huhn würde gehorchen, wenn man sich ihm verständlich machen könnte. Eine Katze versteht die Menschen ganz genau, gehorcht ihnen aber trotzdem nicht.»»[12] Beim Abschied machen sich noch einmal die Ironie und der trockene Humor bemerkbar, die die Gespräche zwischen den beiden ungleichen, aber doch geistesverwandten Männern geprägt haben: Rousseau «küsste mich mehrmals und hielt mich mit eleganter Herzlichkeit umschlungen. Nie werde ich vergessen, dass ich das erleben durfte. Rousseau: ‹Sie sind ein prächtiger Kerl.› Boswell: ‹Sie sind sehr liebenswürdig zu mir gewesen, aber das habe ich auch verdient.› Rousseau: ‹Ja. Sie sind zwar boshaft, aber auf eine angenehme Art und Weise, die mir gefällt.›»[13]

Mathieu Buttafoco, Offizier und Anführer der Aufständischen in Korsika, die für ihre Unabhängigkeit kämpften, hatte den weiten Weg bis nach Môtiers ebenfalls auf sich genommen. Er wünschte mit Rousseau über einen Verfassungsentwurf zu diskutieren. Doch der ideale korsische Staat, dessen Grundzüge Rousseau im Val-de-Travers und auf der St. Petersinsel entwickelte, sollte nie Wirklichkeit werden.

Eine tiefe Freundschaft verband Rousseau mit seinem Beschützer und Wohltäter Lord-Marschall Keith. Im Dorf selbst blieb er aber ein Aussenseiter, ein Fremdkörper, der mit Argwohn beobachtet wurde. Und das armenische Kostüm, das Rousseau zu tragen pflegte, ein langer Kaftan und eine pelzbesetzte Mütze (Abb. 1), war nicht eben dazu angetan, ihn in die Gemeinschaft der Bauern und Arbeiter zu integrieren – eher verlieh es ihm die Aura eines unerwünschten Exoten. Als er sich entgegen guter Vorsätze gegen

---

[12] Boswell, *Journal*, S. 142.
[13] Boswell, *Journal*, S. 145f.

4

Samuel Hieronymus Grimm/Pierre Philippe Choffard: Die «Steinigung» Rousseaus im Val-de-Travers. Auf der linken Seite sammeln Männer rund um Pfarrer Montmollin mit drohenden Gebärden Steine, rechts steht Rousseau, begleitet von seinem Hund. Er überreicht eben einem Bettler ein Almosen.

Samuel Hieronymus Grimm/Pierre Philippe Choffard: La «lapidation» de Rousseau au Val-de-Travers. A gauche, des hommes aux visages menaçants entourent le pasteur Montmollin et ramassent des pierres. A droite, Rousseau, accompagné de son chien, donne une aumône à un pauvre.

Une profonde amitié liait Rousseau et son protecteur et bienfaiteur, le Milord Maréchal Keith. Mais pour le village, il restait un étranger qu'on observait avec défiance. Le costume arménien que Rousseau avait pris l'habitude de porter, un long caftan et un bonnet fourré (ill. 1), ne contribuait pas à le rendre inaperçu dans la population d'ouvriers et de paysans. Il lui conférait plutôt l'aura d'un bizarre exotisme. Quand, malgré toutes ses bonnes résolutions, il saisit la plume pour se défendre contre les accusations et les reproches, la catastrophe était inévitable. Selon le récit des *Confessions*, le Pasteur Montmollin excita la population de Môtiers. Rousseau fut conspué dans la rue, on lui criait des insultes et bientôt on lui jeta une pierre (ill. 4). Une nuit, la situation devint si critique qu'il y eut une grêle de pierres: «A minuit, j'entendis un grand bruit dans la galerie qui régnait sur le derrière de la maison. Une grêle de cailloux, lancés contre la fenêtre et la porte qui donnaient sur cette galerie, y tomba avec tant de fracas, que mon chien, qui couchait dans la galerie, et qui avait commencé par aboyer, se tut de frayeur, et se sauva

zahlreiche Anschuldigungen und Vorwürfe mit der Feder zur Wehr setzte, war die Katastrophe nicht mehr aufzuhalten. Nach der Darstellung in den *Confessions* wiegelte der Pfarrer Montmollin die Bevölkerung auf. Rousseau wurde auf offener Strasse verhöhnt, man beschimpfte ihn, und bald wurde auch der erste Stein nach ihm geworfen (Abb. 4). Eines Nachts verschärft sich die Lage derart, dass es zu einem Steinhagel kommt: «Um Mitternacht hörte ich einen grossen Lärm auf der Galerie, die um die Hinterseite des Hauses lief. Ein Hagel von Steinen, geschleudert gegen das auf diese Galerie gehende Fenster und die Tür, fiel dort mit solchem Lärm dagegen, dass mein in der Galerie schlafender Hund, der zu bellen angefangen hatte, aus Furcht schwieg und sich in einen Winkel rettete, wo er an den Brettern nagte und kratzte, um einen Fluchtversuch zu machen. Ich hatte mich bei dem Lärm erhoben und wollte eben mein Zimmer verlassen, um in die Küche zu gehen, als ein von einer kräftigen Hand geschleuderter Stein durch die Küche flog, nachdem er das Fenster durchschlagen hatte, die Tür zu meinem Zimmer aufriss und am Fuss meines Bettes niederfiel, so dass, wäre ich eine Sekunde früher hinausgetreten, ich den Stein in den Magen bekommen hätte. […] Ich stürze in die Küche. Ich finde Thérèse, die sich auch erhoben hatte und zitternd zu mir eilte. Wir stellten uns an die Wand, an eine Stelle, die nicht dem Fenster gegenüberlag, um den Steinwürfen zu entgehen und zu überlegen, was wir zu tun hätten. Denn das Zimmer zu verlassen, um Hilfe herbeizurufen, hätte bedeutet, dass man uns erschlagen hätte.»[14]

Ob sich diese «Steinigung» so zugetragen hat, ist schon früh bezweifelt worden. Philippe Bridel spricht von einer «eingebildeten Steinigung».[15] In einer Fussnote zu seiner Reisebeschreibung erklärt er mit Verve, halb empört, halb belustigt: «Eingebildet, ist hier der rechte Ausdruck; es ist schon mehr als einmal gesagt und wiederholt worden, dass diese Steinigung, nie vorgefallen ist, sondern eine von den Visionen war, welche die gespannte Eigenliebe des ehrlichen Rousseau ihm so oft vorspiegelte […]. Den Stein, der in seiner Stube gefunden wurde, und grösser war, als das Loch in der zerbrochenen Glasscheibe, hatte seine Haushälterin hingelegt, der es im Dorfe nicht behagte, die den Karakter ihres Herrn von Grund aus kannte, und die wohl wusste, wie sie es anfangen musste, um ihn zur Veränderung seines Aufenthalts zu bewegen.»[16] Wie dem auch sei: Bleiben, den Anfeindungen zum Trotz, schien nicht geraten. Und so packten Rousseau und Thérèse, seine langjährige Lebensgefährtin, wieder einmal ihre paar wenigen Habseligkeiten. Ihre nächste Station war die St. Petersinsel im Bielersee.

---

[14] Rousseau, *Bekenntnisse*, S. 624f.
[15] Bridel, *Reise durch eine der romantischsten Gegenden der Schweiz*, S. 317.
[16] Bridel, *Reise durch eine der romantischsten Gegenden der Schweiz*, S. 317.

dans un coin, rongeant et grattant les planches pour tâcher de fuir. Je me lève au bruit ; j'allais sortir de ma chambre pour passer dans la cuisine, quand un caillou lancé d'une main vigoureuse traversa la cuisine, après en avoir cassé la fenêtre, vint ouvrir la porte de ma chambre, et tomber au pied de mon lit ; de sorte que, si je m'étais pressé d'une seconde, j'avais le caillou dans l'estomac. [...] Je saute dans la cuisine. Je trouve Thérèse, qui s'était aussi levée, et qui toute tremblante accourait à moi. Nous nous rangeons contre un mur, hors de la direction de la fenêtre pour éviter l'atteinte des pierres et délibérer sur ce que nous avions à faire ; car sortir pour appeler du secours était le moyen de nous faire assommer.»[14]

Les doutes sont permis sur cette «lapidation». Le pasteur et écrivain vaudois Philippe Bridel (1757–1845) parle de «chimérique lapidation»[15]. Dans une note de ses récits de voyage, il explique avec verve, moitié irrité, moitié amusé: «*Chimérique* est le terme: on l'a dit & répété, cette *lapidation* n'a jamais existé que dans l'imagination de *J. Jaques*; c'est une de ces visions que son amour-propre exalté lui suggérait si aisément [...]. [Le caillou] qui se trouva dans sa chambre plus gros que le trou de la vitre brisée, y avait été mis par sa gouvernante qui ne se plaisait pas dans ce village, & qui connaissant à fond le caractère de son maître, savait bien le moyen de le faire changer de demeure.»[16] Quoi qu'il en soit, il n'était pas recommandé de rester et de s'opposer à cette animosité. Rousseau et sa compagne Thérèse firent donc leurs maigres bagages. Leur prochain arrêt devait être l'île Saint-Pierre.

La vie dans l'île

Les explications qui précèdent montrent que Rousseau était un auteur politique écouté, dont les autorités craignaient l'influence. Berne et Genève refusaient l'asile au pourchassé, par déférence envers leur puissant voisin, la France. Mais sur l'île Saint-Pierre, les critiques redoutées de Rousseau sur la civilisation et la société ne jouent guère un rôle. Son court séjour le montre plutôt en créateur de la nature sentimentale, en promeneur solitaire, entièrement voué aux beautés et au charme du paysage.

Tout au long de sa vie, Rousseau a délaissé la ville pour la campagne, où il cherchait la solitude, et se jurait de ne plus jamais, au grand jamais, se laisser reprendre aux turbulences de la ville. Mireille Vedrine a consacré tout un ouvrage illustré aux «lieux [...] de son bonheur [...], paradis de Jean-Jacques»[17].

[14] Rousseau, *Confessions* II, p. 408f.
[15] Bridel, *Course de Bâle à Bienne*, p. 238s.
[16] Bridel, *Course de Bâle à Bienne*, p. 239.
[17] Vedrine, *Les jardins secrets de Jean-Jacques Rousseau*, p. 14.

Die Vorgeschichte macht deutlich, dass Rousseau ein bedeutender politischer Autor war, mit soviel Gewicht, dass er von den amtierenden Regierungen als Gefahr empfunden wurde. Bern und Genf, die dem Verfolgten kein Asyl gewähren wollten, taten dies mit Rücksicht auf ihre Beziehungen zum mächtigen Nachbarn Frankreich. Doch diese Seite von Rousseaus Schaffen, seine gefürchtete Gesellschafts- und Zivilisationskritik, spielt im Zusammenhang mit der St. Petersinsel kaum eine Rolle. Der kurze Aufenthalt zeigt Rousseau vielmehr als Schöpfer des empfindsamen Naturgefühls, als einsamen Spaziergänger, ganz hingegeben dem Reiz und der Schönheit der Landschaft.

Immer wieder hat es Rousseau im Laufe seines Lebens von der Stadt aufs Land gezogen, wo er die Einsamkeit suchte und sich vornahm, nie, nie wieder in die turbulente Wirklichkeit der Städte zurückzukehren. Mireille Vedrine hat diesen «Orten […] seines Glücks […], den Paradiesen von Jean-Jacques»[17] einen ganzen Bildband gewidmet. «Alle Landschaften, in denen Rousseau sich glücklich gefühlt hat, zeichnen sich durch ihre Ruhe aus. Er liebt ländliche Gegenden, ‹friedliche› Wohnsitze, fern von der Unruhe der Städte und dem Gedränge der Menschenmassen; dieser Friede allein erlaubt es ihm, zu träumen und vor allen Dingen er selbst zu sein.»[18]

Zusammen mit seiner mütterlichen Geliebten Madame de Warens bewohnte Rousseau in den 1730er Jahren das idyllisch gelegene Landgut Les Charmettes in einem kleinen Savoyer Tal, umrahmt von einem Kastanienhain und sanft ansteigenden Hügeln; später liess er sich nach anstrengenden Pariser Jahren in der «Eremitage» nieder, einem Gartenhaus, das ihm seine adelige Gönnerin, die Marquise d'Epinay, am Waldrand ihres weitläufigen Parks zurechtmachen liess; auf Einladung des Herzogs von Luxemburg logierte er im «Kleinen Schloss» von Montmorency, mitten in einem Park nach englischem Geschmack: «In der Tiefe bildet er eine Schlucht, die sich nach dem Tal zu öffnet und erweitert und deren Winkel durch eine grosse Wasserfläche ausgefüllt wird. Zwischen der Orangerie, die diese Erweiterung einnimmt, und dieser Wasserfläche, die von hübsch mit Bosketts und Bäumen besetzten Hügeln umrahmt wird, liegt das Kleine Schloss, von dem ich gesprochen habe.»[19] Ein Wohnort wie für einen Dichter geschaffen! Rousseaus nächster «Landsitz» war das erwähnte Môtiers, im Val-de-Travers, kein Garten diesmal, aber eine eindrückliche Landschaft mit bizarren Felsformationen, Wasserfällen und einer malerischen Schlossruine. Seine letzten sechs

---

[17] Vedrine, *Les jardins secrets de Jean-Jacques Rousseau*, S. 14 (Übersetzung von D. B.).
[18] Vedrine, *Les jardins secrets de Jean-Jacques Rousseau*, S. 14 (Übersetzung von D. B.).
[19] Rousseau, *Bekenntnisse*, S. 513.

«Tous les paysages où Rousseau s'est senti heureux ont en commun leur calme. Il aime la campagne, les demeures ‹paisibles›, loin de l'agitation des villes et de la foule, cette paix seule lui permet de rêver et surtout d'être lui-même.»[18]

Dans les années 1730, Rousseau avait vécu sous la houlette de sa protectrice, Madame de Warens, aux Charmettes, propriété idyllique dans une petite vallée savoyarde entourée d'une chênaie et de douces collines. Après les dures années parisiennes, il se reposa à l'Ermitage, maison des champs qu'une autre bienfaitrice, la Marquise d'Epinay, lui fit aménager au bord de la forêt dans le parc de son château de la Chevrette, au nord de Paris. Brouillé plus tard avec Madame d'Epinay, il accepta l'invitation du Maréchal de Luxembourg et logea dans une dépendance de la propriété de celui-ci, à Montmorency. Séjour idéal pour un poète, ce pavillon écarté, «le petit Château», est situé au cœur d'un parc selon le goût anglais: «Ce parc est couronné dans le haut par la terrasse et le château; dans le bas, il forme une gorge qui s'ouvre et s'élargit vers la vallée, et dont l'angle est rempli par une grande pièce d'eau. Entre l'orangerie qui occupe cet élargissement et cette pièce d'eau entourée de coteaux, bien décorés de bosquets et d'arbres, est le petit Château dont j'ai parlé.»[19] La résidence campagnarde suivante de Rousseau fut Môtiers, déjà cité, dans le Val-de-Travers. Ce n'était pas un jardin cette fois, mais un paysage impressionnant composé d'une ruine pittoresque, de rochers aux formes bizarres et de cascades. Rousseau passa les six dernières semaines de sa vie dans le Parc d'Ermenonville, un des plus beaux jardins-paysages français (ill. 5). Son propriétaire, le Marquis René-Louis de Girardin, était de longue date un admirateur de Rousseau et s'inspira même, pour l'aménagement de son jardin, d'un passage du roman d'amour de Rousseau, *Julie ou La nouvelle Héloïse* (1761), qui décrit le jardin de Julie, d'une sauvagerie artificielle remplie de rosiers, de framboisiers, de lilas, de sureaux, de jasmins et de genêts.[20] Rousseau coula ainsi ses dernières heures dans un véritable paysage romantique.

En toile de fond de tous les refuges campagnards de Rousseau se trouve la vision du jardin d'Eden: «Les lieux qu'a aimés Rousseau ont bien des parentés, tout un jeu d'échos s'établit entre eux, mais leur point commun est la présence de la nature: plantes, animaux, arbres, sources, montagnes, soleil, tels sont les paradis de Jean-Jacques, comme au premier jardin du monde.»[21]

---

[18] Vedrine, *Les jardins secrets de Jean-Jacques Rousseau*, p. 14.
[19] Rousseau, *Confessions* II, p. 284.
[20] Rousseau, *La Nouvelle Héloïse* II, IVe partie, lettre XI, p. 91.
[21] Vedrine, *Les jardins secrets de Jean-Jacques Rousseau*, p. 23.

5
Charles Etienne Pierre Motte: Das Wohnhaus Rousseaus im Park von Ermenonville. Rousseau, rechts im Vordergrund, kehrt von einem seiner botanischen Spaziergänge zurück.
Charles Etienne Pierre Motte: La maison de Rousseau dans le parc d'Ermenonville. Rousseau, à droite au premier plan, revient d'une de ses promenades botaniques.

Dans une lettre, Rousseau présente ses modestes vœux: «Seulement qu'on me laisse avec l'usage de quelques livres la liberté de me promener quelque fois dans un jardin, et je suis content.»[22]

L'île Saint-Pierre où Rousseau aborde le 12 septembre, dans l'idée de s'y installer pour toujours, est bien le plus parfait de ces endroits retirés qui l'accueillirent lors de sa vie mouvementée. Il arrive en barque, car le Chemin des Païens qui relie Erlach (ou Cerlier) à l'île Saint-Pierre depuis la deuxième moitié du XIXe siècle était encore sous l'eau (il apparut lors de la première correction des eaux du Jura entre 1868 et 1891, le niveau du lac descendant alors de plus de deux mètres).

A l'arrivée de Rousseau, c'était donc vraiment une île, un monde en soi, circonstance qui avait une certaine importance pour le bonheur de Rousseau. «Je prenais donc en quelque sorte congé de mon siècle et de mes contemporains, et je faisais mes adieux au monde en me confinant dans cette île pour le reste de mes jours.»[23] La petite île n'était pas très connue de la Suisse, raconte Rousseau dans la *Cinquième Promenade*: «Aucun voyageur, que je sache, n'en fait mention.»[24]. Ceci devait bientôt changer. Après le séjour de Rousseau, l'île devint un véritable pôle d'attraction pour les voyageurs, dans leur parcours des sites à la mode, des points de vue et paysages spectaculaires suisses. Mais, pour l'instant, le premier devoir de l'île est de rendre Rousseau heureux. Il se trouve là pour jouir de l'automne, dans la seule compagnie de Thérèse, du receveur des contributions et de son épouse, Gabriel et Salomé Engel: «Je compte ces deux mois pour le temps le plus heureux de ma vie et tellement heureux qu'il m'eût suffi durant toute mon existence sans laisser naître un seul instant dans mon âme le désir d'un autre état.»[25] La vaste demeure du receveur des contributions est la seule maison de l'île. C'est un ancien couvent clunisien du XIIe siècle, dont le prieuré est dédié aux apôtres Pierre et Paul. Il a été plusieurs fois modifié et agrandi au cours des siècles. Rousseau loge dans une modeste pièce du premier étage, avec vue sur le lac. Par temps clair, il voit même les Alpes (voir cette demeure sur les ill. en couleur VII, IX et XI, p. 184s.). Il arrange ses journées entièrement à sa convenance, ne déballant même pas ses caisses de livres ni ses ustensiles pour écrire. Il préfère explorer l'île à sa guise. Se promener, rêver, botaniser, se laisser doucement bercer par les vagues dans un bateau à rames, voilà ses joies quotidiennes.

---

[22] Cité d'après Vedrine, *Les jardins secrets de Jean-Jacques Rousseau*, p. 23.
[23] Rousseau, *Confessions* II, p. 414.
[24] Rousseau, *Rêveries*, Cinquième Promenade, p. 93.
[25] Rousseau, *Rêveries*, Cinquième Promenade, p. 95.

Lebenswochen verbrachte Rousseau im Park von Ermenonville, einem der schönsten Landschaftsgärten Frankreichs (Abb. 5). Der Besitzer, Marquis René-Louis de Girardin, war seit langem ein Bewunderer Rousseaus. Bei der Planung seiner Parkanlage hatte ihn eine Passage aus Rousseaus Liebesroman *Julie ou La nouvelle Héloïse* (1761) inspiriert: die Schilderung von Julies wildem Garten, einer «künstlichen Wildnis»[20] voller Rosenbüsche, Himbeersträucher, Flieder, Holunder, Jasmin und Ginster. Rousseau verbrachte also, wenn man so will, seine letzten Tage in einer wirklich gewordenen Romanlandschaft.

Hinter allen ländlichen Refugien Rousseaus steht die Vorstellung des Garten Eden: «Die Orte, die Rousseau geliebt hat, sind einander durchaus verwandt, wie Echos klingen die Verbindungen zwischen ihnen an, doch ihre wichtigste Gemeinsamkeit ist die Fülle der Naturschönheiten: Pflanzen, Tiere, Bäume, Quellen, Berge, Sonnenstrahlen, so sind Jean-Jacques' Paradiese beschaffen, ganz wie der erste Garten auf Erden.»[21] In einem Brief bringt Rousseau seine bescheidenen Wünsche auf den Punkt: «Wenn man mir nur, zusammen mit dem Gebrauch einiger Bücher, die Freiheit lässt, zuweilen in einem Garten zu spazieren, dann bin ich zufrieden.»[22]

Die St. Petersinsel, die Rousseau am 12. September betritt in der Absicht, da zu bleiben, ist der wohl vollkommenste dieser abgeschiedenen Orte, die er im Laufe seines bewegten Lebens bewohnt hat. Über den See kommt er, auf einer Barke, denn der Heidenweg, der seit der zweiten Hälfte des 19. Jahrhunderts Erlach mit der St. Petersinsel verbindet, stand damals noch unter Wasser (er ist im Laufe der ersten Juragewässerkorrektion, 1868–1891, aufgetaucht, als sich der Seespiegel um mehr als zwei Meter senkte). Bei seiner Ankunft war die St. Petersinsel noch eine richtige Insel, eine Welt für sich – keine unwichtige Voraussetzung für das Glück Rousseaus. «Ich nahm also gleichsam von meinem Jahrhundert und meinen Zeitgenossen Abschied und sagte der Welt Lebewohl, indem ich mich auf diese Insel für den Rest meiner Tage zurückzog […].»[23] Die kleine Insel sei selbst in der Schweiz kaum bekannt, berichtet Rousseau in der *Cinquième Promenade*: «Kein Reisender tut ihrer Erwähnung, soweit ich weiss».[24] Das sollte sich sehr bald ändern. Nach Rousseaus Aufenthalt wird die St. Petersinsel zu einem wahren Magneten innerhalb des immer dichter werdenden Netzwerks schöner Punkte und spektakulärer Naturschauspiele in verschiedenen Gegenden der Schweiz. Doch vorerst ist sie nur da, um Rousseau zu beglücken, der zusammen mit Thérèse,

---

[20] Rousseau, *Julie oder Die neue Héloïse*, S. 494.
[21] Vedrine, *Les jardins secrets de Jean-Jacques Rousseau*, S. 23 (Übersetzung von D. B.).
[22] Zitiert nach Vedrine, *Les jardins secrets de Jean-Jacques Rousseau*, S. 23 (Übersetzung von D. B.).
[23] Rousseau, *Bekenntnisse*, S. 629.
[24] Rousseau, *Träumereien des einsamen Spaziergängers*, S. 695.

«De même que le corps est libre de choisir où aller, l'esprit se sent libre de vagabonder comme il veut.»[26] C'est l'explication du titre poétique des *Rêveries du promeneur solitaire*. Montaigne était déjà d'avis que la marche activait la pensée: «Mes pensées dorment, si je les assis. Mon esprit ne va, si les jambes ne l'agitent.»[27] Et Rousseau de confirmer quelques siècles plus tard: «La marche a quelque chose qui anime et avive mes idées: je ne puis presque penser quand je reste en place; il faut que mon corps soit en branle pour y mettre mon esprit.»[28] Au début du XVIIIᵉ siècle, l'engouement pour les promenades et errances sans but précis n'avait pas encore saisi la bonne société. ☛ *Les voyages à pied* étaient aux yeux de celle-ci le moyen de locomotion des pauvres, qui ne pouvaient s'offrir une voiture de poste, encore moins un véhicule pour eux seuls. C'est seulement dans les années 1770 que les randonnées furent découvertes comme une forme du voyage sentimental. Toutes sortes d'arguments mirent alors le voyage à pied à la mode: exercice bon à la santé, joie de l'indépendance, proximité de la nature, solitude, possibilité de s'arrêter et de contempler le paysage à sa guise. Le modèle, une fois de plus, était Rousseau, comme pour bien des idées qui agitaient les âmes de l'époque. Dans les *Confessions*, il décrit ses longues randonnées et laisse transparaître qu'il ne saurait s'imaginer plus grande jouissance: «Jamais je n'ai tant pensé, tant existé, tant vécu, tant été moi, si j'ose ainsi dire, que dans ceux [voyages] que j'ai faits seul à pied.»[29] Cette «confession» devint un leitmotiv de l'époque. Mais le préjugé que la marche à pied était réservée au bas peuple ou encore que celui qui errait sans but et sans motif était un flâneur (inutile) était bien ancré dans les esprits. En 1800, le Professeur Heinrich Christian Ludwig Böttger propose avec le plus grand sérieux dans le *Journal du Luxe et de la Mode* de faire tailler un uniforme pour les marcheurs volontaires, permettant de les identifier comme tels. Il faut bien pouvoir distinguer le «voyageur dilettante et honnête» des vagabonds et des trimardeurs!

Rousseau reprend dans l'île un autre loisir exercé à Môtiers: «Jean-Jacques avait découvert à Môtiers un intérêt nouveau pour la nature, si intense qu'il n'allait plus se démentir jusqu'à la fin de ses jours, se développer même en une véritable passion: l'étude de la botanique.»[30] Au milieu du lac de Bienne, son besoin de systématisation devient une vraie passion. Il projette de rédiger une «Flora Petrinsularis». Le moindre brin d'herbe, mousse, rameau, lichen doit y figurer et être décrit en détail: «En conséquence de ce

[26] Barguillet, *Rousseau ou l'illusion passionnée*, p. 139.
[27] Montaigne, *Œuvres complètes*, p. 806.
[28] Rousseau, *Confessions* I, p. 199.
[29] Rousseau, *Confessions* I, p. 199.
[30] Matthey, *Un herbier de Jean-Jacques Rousseau*, p. 39.

dem Inselschaffner Gabriel Engel und dessen Gattin Salome den Herbst geniesst: «Ich halte diese zwei Monate für die glücklichste Zeit meines Lebens;
und so glücklich war ich, dass ich mein ganzes Leben hindurch zufrieden gewesen wäre, ohne dass auch nur für einen einzigen Augenblick in meiner Seele
der Wunsch nach einem anderen Zustand aufgekommen wäre.»[25] Das einzige
Wohnhaus auf der Insel ist das geräumige Gutshaus, ein ehemaliges Cluniazenserpriorat aus dem 12. Jahrhundert, dessen Kirche den Apostelfürsten
Petrus und Paulus geweiht war. Es ist im Laufe der Jahrhunderte mehrfach
umgebaut und erweitert worden. Rousseau bezieht im ersten Stock eine
bescheidene Kammer, doch mit Ausblick auf den See und, bei klarer Luft, auf
die Alpen in der Ferne (das Gutshaus ist von verschiedenen Seiten auf den
Farbtafeln VII, IX und XI zu sehen, S. 184ff.). Die Tage teilt er ganz nach
seinen Bedürfnissen und Vorlieben ein. Die angekommenen Kisten und
Koffer mit Büchern und Schreibzeug packt er gar nicht erst aus, viel lieber
zieht er los, um die Insel zu erkunden. Spazieren, träumen, botanisieren, sich
von den Wellen im Ruderboot sanft schaukeln lassen, das sind seine täglichen
Freuden.

Spazieren und träumen: «Wenn der Körper frei ist, zu gehen, wohin es ihm
gefällt, so nimmt sich auch der Geist die Freiheit des ungehinderten Umher-
schweifens […].»[26] Das ist die Erklärung für den poetischen Titel von Rousseaus Aufzeichnungen: *Träumereien des einsamen Spaziergängers*. Schon
Montaigne kam zur Einsicht, dass das Gehen die Gedanken anrege: «Meine
Gedanken schlafen ein, wenn ich sitze. Mein Geist geht nicht voran, wenn ihn
nicht meine Beine in Bewegung setzen.»[27] Und Rousseau schliesst sich ihm
an, wenn er quasi über die Jahrhunderte hinweg bestätigt: «Im Wandern liegt
etwas meine Gedanken Anfeuerndes und Belebendes, und ich kann kaum
denken, wenn ich mich nicht vom Platze rühre; mein Körper muss in Bewegung sein, wenn es mein Geist sein soll.»[28] Das ziellose Spazieren und Wandern galt im 18. Jahrhundert keineswegs als Selbstverständlichkeit. ☛ *Fussreisen* waren in den Augen der Gesellschaft eine Fortbewegungsart für Hand-
werksburschen und mittellose Leute, für arme Schlucker, die sich die Post-
kutsche nicht leisten konnten, geschweige denn ein eigenes Gefährt. In den
1770er Jahren begann man Wanderungen als Form des empfindsamen Rei-
sens zu entdecken. Förderung der Gesundheit, Unabhängigkeit, Naturnähe,
Einsamkeit, die Möglichkeit, jederzeit anzuhalten und die Landschaft eingehender zu betrachten, all das waren Argumente, welche die Fussreisen

[25] Rousseau, *Träumereien des einsamen Spaziergängers*, S. 696.
[26] Barguillet, *Rousseau ou l'illusion passionnée*, S. 139 (Übersetzung von D. B.).
[27] Zitiert nach Wellmann, *Der Spaziergang*, S. 72.
[28] Rousseau, *Bekenntnisse*, S. 162.

beau projet, tous les matins après le déjeuner, que nous faisions tous ensemble, j'allais, une loupe à la main et mon *Systema naturae* sous le bras, visiter un canton de l'île que j'avais pour cet effet divisée en petits carrés dans l'intention de les parcourir l'un après l'autre en chaque saison.»[31] La botanique est un plaisir pur pour Rousseau, comme il le souligne à plusieurs reprises. L'étude des plantes l'emplit de ravissement, d'enthousiasme et de joie. Rien ne lui est plus étranger que de botaniser dans un but purement professionnel. Dans la *Septième Promenade*, consacrée entre autres au Val-de-Travers, il trouve sans cesse de nouvelles expressions pour décrire la nouvelle occupation qui lui est chère: «un autre amusement», une «fantaisie», une «récréation des yeux», une «oiseuse occupation».[32] «Attiré par les riants objets qui m'entourent, je les considère, je les contemple, je les compare, j'apprends enfin à les classer, et me voilà tout d'un coup aussi botaniste qu'a besoin de l'être celui qui ne veut étudier la nature que pour trouver sans cesse de nouvelles raisons de l'aimer.»[33] Il arrange son installation austère dans la maison du receveur – un lit, une table, quelques chaises, et un poêle de faïence – en se gardant de déballer ses caisses de livres: « Au lieu de ces tristes paperasses, et de toute cette bouquinerie, j'emplissais ma chambre de fleurs et de foin.»[34] (ill. 6).

Il botanise avec zèle, remplissant les pages de son herbier de plantes et de fleurs séchées, tâche qu'il poursuivra même après son départ de l'île. En parfait esthète, il prend plaisir à en décorer les pages: «Il plie en deux la feuille de papier vergé, y dessine en rouge un cadre dans lequel il dispose la plante identifiée avec certitude en la fixant sur la page avec des bandelettes de papier doré.»[35] Quelques-unes de ces remarquables collections ont été conservées. Un exemplaire superbe se trouve à la *Bibliothèque publique et universitaire* de Neuchâtel, dans la «Salle Rousseau» (ill. 7). A Paris, vers la fin de sa vie, Rousseau se prend à rêver au-dessus de ces pages. Le bonheur de ces journées «lui est magiquement restitué par l'herbier […], grâce à l'herbier, le bonheur est là, tangible, enfermé à portée de main.»[36] L'herbier devient un ouvrage enchanté dans les mains de Rousseau: «maintenant que je ne peux plus courir ces heureuses contrées, je n'ai qu'à ouvrir mon herbier et bientôt il m'y transporte.»[37]

[31] Rousseau, *Rêveries*, Cinquième Promenade, p. 97.
[32] Rousseau, *Rêveries*, Septième Promenade, p. 119, 120, 123, 131
[33] Rousseau, *Rêveries*, Septième Promenade, p. 130.
[34] Rousseau, *Rêveries*, Cinquième Promenade, p. 96.
[35] Matthey, *Un herbier de Jean-Jacques Rousseau*, p. 41.
[36] Barguillet, *Rousseau ou l'illusion passionnée*, p. 146.
[37] Rousseau, *Rêveries*, Septième Promenade, p. 136.

zunehmend in Mode brachten. Prägendes Vorbild war wieder einmal – wie in vielem, was die Gemüter in jener Zeit bewegte – Rousseau. In den *Confessions* beschreibt er lange Wanderungen und lässt verlauten, er könne sich keinen grösseren Genuss vorstellen als zu wandern: «Nie habe ich so viel nachgedacht, nie war ich mir meines Daseins, meines Lebens so bewusst, nie war ich sozusagen mehr ich selbst als auf den Reisen, die ich allein und zu Fuss gemacht habe.»[29] Auch dieses «Bekenntnis» wurde zu einem Motto der Epoche. Doch das Vorurteil, Wanderungen seien etwas für das niedere Volk, oder: wer spaziere ohne Sinn, Zweck und Ziel, der gebe sich dem Müssiggang hin, waren schwer auszuräumen. Noch um 1800 schlägt deshalb Professor Heinrich Christian Ludwig Böttger im *Journal des Luxus und der Moden* allen Ernstes vor, dass sich Fussreisende eine Uniform schneidern lassen sollen, die sie als *freiwillige* Fussreisende kennzeichne. Den «honetten blossen Reisedilettanten», den Liebhaber der Natur, soll man nicht für einen Landstreicher oder Schausteller halten!

Ein weiteres Vergnügen, das er in Môtiers entdeckt hat, pflegt Rousseau auf seiner geliebten Insel weiter. «[…] Jean-Jacques hat in Môtiers ein neues Interesse für die Natur entdeckt, so intensiv, dass es ihn nicht mehr loslassen sollte bis zum Ende seiner Tage; ja es hat sich sogar zu einer veritablen Leidenschaft entwickelt: das Studium der Botanik.»[30] Mitten im Bielersee gesellt sich zur Leidenschaft nun das Bedürfnis nach Systematik. Er nimmt sich vor, eine «Flora Petrinsularis» zu verfassen: Jedes Wiesengras, jedes Waldmoos, jedes Hälmchen, jede Flechte soll erfasst und ausführlich beschrieben werden: «Um diesen schönen Plan auszuführen, besuchte ich jeden Morgen nach dem Frühstück, das wir alle gemeinsam einnahmen, mit einem Vergrösserungsglas in der Hand und meinem *Systema naturae* unterm Arm ein bestimmtes Revier der Insel, die ich zu diesem Zweck in kleine Quadrate aufgeteilt hatte, um sie nacheinander in jeder Jahreszeit aufzusuchen.»[31] Botanisieren ist für Rousseau, wie er mehrfach betont, ein reines Vergnügen. Die Pflanzenstudien erfüllen ihn mit Entzücken, Begeisterung, Freude. Nichts liegt ihm ferner, als das Botanisieren zu einer professionellen, zweckorientierten Beschäftigung zu machen. In der *Septième Promenade*, die unter anderem den Streifzügen durch das Val-de-Travers gewidmet ist, findet er ständig neue Umschreibungen für die ihm so liebgewordene Tätigkeit des Botanisierens: «un autre amusement», «fantaisie», «récréation des yeux», «oiseuse occupation».[32]

[29] Rousseau, *Bekenntnisse*, S. 162.
[30] Matthey, *Un herbier de Jean-Jacques Rousseau*, S. 39 (Übersetzung von D. B.).
[31] Rousseau, *Träumereien des einsamen Spaziergängers*, S. 697f.
[32] Rousseau, *Les Rêveries du promeneur solitaire*, S. 119, S. 120, S. 123, S. 131.

6
Alexandre François Girardin/Antoine Maurin: Rousseau in seiner Stube auf der St. Petersinsel, botanische Studien betreibend.
Alexandre François Girardin/Antoine Maurin: Rousseau dans sa chambre sur l'île Saint-Pierre, étudiant la botanique.

«Angezogen von den reizenden Gegenständen um mich her, betrachte ich sie [die Pflanzen], beobachte und vergleiche ich sie, lerne sie schliesslich einteilen und werde plötzlich so sehr zum Botaniker, wie derjenige es sein muss, welcher die Natur nur deshalb erforschen will, um unaufhörlich neue Gründe zu finden, sie zu lieben.»[33] Seine karge Unterkunft im Gutshaus – die Einrichtung besteht aus Bett, Tisch, ein paar Stühlen und einem Kachelofen – füllt er nicht mit Büchern, sondern mit «Blumen und Heu»[34] (Abb. 6). Eifrig legt er mit den getrockneten Blumen und Pflanzen Herbarien an, die er auch nach seiner Abreise von der Insel weiter vervollständigt. Rousseau, immer Ästhet, findet auch grossen Gefallen am Schmücken und Gestalten dieser Bücher: «Er faltet das gerippte Papier einmal, zeichnet mit roter Tinte einen Rahmen und plaziert darin die Pflanze, die er mit Sicherheit bestimmt hat; dann fixiert er sie mit Streifchen aus vergoldetem Papier.»[35] Einige dieser eindrücklichen Pflanzensammlungen sind erhalten geblieben. Ein besonderes Prachtstück befindet sich im Besitz der *Bibliothèque publique et universitaire* von Neuchâtel, in der «Salle Rousseau» (Abb. 7). In Paris, gegen Ende seines Lebens, träumt Rousseau erneut über diesen Seiten. Das vollkommene Glück vergangener Tage eröffnet sich ihm auf magische Weise beim Aufschlagen des Herbariums. «Dank des Pflanzenbuches ist das Glück wieder da, fühlbar, eingeschlossen zwischen zwei Buchdeckeln und jederzeit mit Händen zu greifen.»[36] Das Herbarium wird in den Händen Rousseaus zum Zauberbuch: «Aber nun, da ich nicht mehr jene glücklichen Gefilde durchwandern kann, brauche ich nur meine Pflanzensammlung zu öffnen, und sogleich bin ich dorthin versetzt.»[37]

Wieder ein anderes Vergnügen halten die Stunden nach dem Mittagsmahl bereit. Bei schönem Wetter schleicht sich Rousseau so schnell wie möglich von der munteren Tischgesellschaft weg und rudert in Begleitung seines Hundes Sultan in einer Barke auf den See hinaus. Im Boot streckt er sich lang hin und lässt sich stundenlang treiben. Oder er rudert den grünen Ufern entlang und nimmt ein erfrischendes Bad. Oft lockt ihn auch die kleine, gegen Erlach hin gelegene, unbewohnte Insel. Er geht an Land und erforscht kindlich erregt ein ihm unbekanntes Gebiet.

Nebst diesen einsamen Vergnügungen bringt Rousseau auch einige Stunden in Gesellschaft anderer zu, etwa bei der Obsternte oder beim Spielen mit den Kindern der Weinbauern (Farbtafel VII, S. 184). Einmal bricht er zu

---

[33] Rousseau, *Träumereien des einsamen Spaziergängers*, S. 723.
[34] Rousseau, *Träumereien des einsamen Spaziergängers*, S. 697.
[35] Matthey, *Un herbier de Jean-Jacques Rousseau*, S. 41 (Übersetzung von D. B.).
[36] Barguillet, *Rousseau ou l'illusion passionnée*, S. 146 (Übersetzung von D. B.).
[37] Rousseau, *Träumereien des einsamen Spaziergängers*, S. 728.

7
Blatt aus einem Herbarium Jean-Jacques Rousseaus.
Feuille d'un herbier de Jean-Jacques Rousseau.

8
Sigismond Himely: Die St. Petersinsel von der Kanincheninsel aus gesehen.
Sigismond Himely: L'île saint-Pierre vue de l'île aux Lapins.

einem Abenteuer auf: Die kleine Nachbarinsel soll mit Kaninchen (extra aus Neuchâtel bestellt!) besiedelt werden. Feierlich bringt Rousseau – in Begleitung einiger Damen – die Tierchen mit einem Ruderboot zu ihrem neuen Bestimmungsort: «Ein Fest mehr für Jean-Jacques. Dies Völkchen machte mir die kleine Insel noch anziehender. Ich besuchte sie seitdem noch öfter und mit grösserem Vergnügen, um Spuren der Vermehrung der neuen Bewohner zu suchen.»[38] Daniel Lafond hat dieses Spektakel in einer köstlichen Illustration zu Wagners Inselbeschreibung *Die St. Peters Insel in dem Bielersee* festgehalten (Farbtafel IX, S. 186). Die Kaninchen werden in einem grossen Korb im Boot untergebracht. Rousseau hält gekonnt eines der verschreckten Tierchen am Nacken fest. Und Hund Sultan, auf der Mauer stehend, beobachtet das Treiben leicht irritiert. «L'embarquement des Lapins», «Die Einschiffung der Kaninchen» ist eine der berühmtesten Szenen von Rousseaus Inselaufenthalt. Deshalb findet sich auf vielen Bielerseekarten die kleinere Insel als «Ile des Lapins» beschriftet (siehe Karte, vordere Klappe). Und Kaninchen waren seitdem auch auf bildlichen Darstellungen der kleinen Insel unabdingbare Zutat … (Abb. 8).

[38] Rousseau, *Bekenntnisse*, S. 633.

Un autre plaisir remplit les heures de l'après-midi. Par beau temps, Rousseau délaisse dès qu'il le peut les convives encore à table et va ramer sur le lac en compagnie de son chien Sultan. Il s'allonge dans le bateau et se laisse bercer des heures durant. Il accoste parfois sur les rives verdoyantes et prend un bain rafraîchissant. La petite île inhabitée près d'Erlach l'attire aussi. Il s'y rend et explore avec une joie d'enfant cette terre inconnue.

Il ne reste pas toujours dans la solitude. Il rejoint la société, pour la cueillette ou pour jouer avec les enfants des vignerons (ill. en couleur VII, p. 184). Un jour, il entreprend une petite expédition: la petite île voisine doit être colonisée par des lapins (commandés tout exprès à Neuchâtel!). Rousseau conduit solennellement les animaux sur l'île en compagnie de quelques dames: «Autre fête, pour Jean-Jacques. Cette peuplade me rendit la petite île encore plus intéressante. J'y allais plus souvent et avec plus de plaisir depuis ce temps-là, pour rechercher des traces du progrès des nouveaux habitants.»[38] Daniel Simon Lafond a retenu cette équipée dans une savoureuse gravure figurant dans la description de l'île de Sigmund von Wagner *L'île Saint-Pierre dans le lac de Bienne* (ill. en couleur IX, p. 186). Les lapins sont placés dans une grande corbeille sur le bateau. Rousseau lui-même tient avec aisance par le cou un des animaux effarouchés. Et son chien Sultan, perché sur le mur, observe la scène avec une légère irritation. «L'embarquement des Lapins» est une des illustrations les plus célèbres du séjour de Rousseau. C'est pourquoi, sur de nombreuses cartes du lac, la petite île est depuis appelée «île des Lapins» (voir carte, rabat avant) et que, depuis, les lapins sont des figurants obligés sur toute représentation de ce lieu ... (ill. 8).

Du reste, Rousseau joue volontiers au paysan. Il est en cela le père de tous les réfractaires modernes à la civilisation qui cherchent à se reconvertir. Le philosophe se plaît à se tenir dans les champs et les vergers, en cette belle saison d'automne. «Je me souviens qu'un Bernois, nommé M. Kirkebergher, m'étant venu voir, me trouva perché sur un grand arbre, un sac attaché autour de ma ceinture et déjà si plein de pommes, que je ne pouvais plus me remuer.»[39] Cette scène est très connue, elle illustrait si bien la vie de Rousseau sur l'île qu'elle devint un sujet favori des peintres. Le graveur bernois Franz Niklaus König (1765–1832) l'interprète avec une pointe d'humour (ill. en couleur VIII, p. 185), comme M.-L. Schaller le souligne dans sa description du tableau: «Reconnaissable à son bonnet, Rousseau se tient debout sur une échelle; en équilibre, il cueille une pomme et se tourne vers une femme qui tend son tablier pour recevoir le fruit. Pour un philosophe dont la souplesse

---

[38] Rousseau, *Confessions* II, p. 418s.
[39] Rousseau, *Confessions* II, p. 419.

Im übrigen spielt Rousseau, der Urvater aller «Aussteiger», gern ein wenig den Bauer. Die herbstliche Jahreszeit lädt ihn besonders dazu ein, sich im Obstgarten und auf den Feldern zu betätigen: «Ich erinnere mich, dass ein Berner namens Kirchberger, der mich besuchte, mich auf einem hohen Baum sitzend fand, einen Sack um die Hüfte, der schon so voller Äpfel war, dass ich mich nicht mehr bewegen konnte.»[39] Auch zu dieser Szene, die gleichfalls zu den bekanntesten gehört, weil sie Rousseaus Inselleben so prächtig veranschaulicht, existieren Illustrationen. Franz Niklaus König interpretierte die Szene, gemäss Schaller, mit einer Prise feinen Humors (Farbtafel VIII, S. 185). «Rousseau, erkenntlich an seiner hohen Mütze, steht auf einer Leiter, ergreift einen der roten Äpfel, kehrt sich, immer noch auf der Sprosse stehend, um, wendet sich der erwartungsvoll unten auf dem Rasen stehenden Begleiterin zu – ein wahrhaft halsbrecherisches Unternehmen für einen etwas unbeholfenen Philosophen – und wirft ihr diese eine Frucht in die aufgehaltene Schürze. Die beiden werden dieses Spiel zwei-, dreimal wiederholen. Sie lassen dabei die Zeit im glücklichen Augenblick stille stehen und kümmern sich wenig um den kommenden Winter mit seinen Vorratsproblemen. Für sie sind die Früchte jetzt zum Essen da, ihr Herunterholen betreiben sie so lange, wie der Spass daran anhält. Arbeit bedeutet ihnen Bewegung in frischer Luft, bedeutet frei gewählte Betätigung, lustvolle Selbstentfaltung.»[40]

Landleben

Rousseaus Zeitgenossen und auch die nachfolgenden Generationen waren buchstäblich verrückt nach solchen Bildern und Szenen. Erstens brachten ihnen diese Alltagsszenen aus der Inselwelt den grossen Philosophen näher, betonten die menschlichen Seiten des Genies; zweitens trafen diese spielerisch-lustvollen Landarbeiten genau den Geschmack der Zeit, sie antworteten auf ein dringendes Bedürfnis vor allem des in Städten und Schlössern lebenden Publikums. Die Sehnsucht nach dem unverdorbenem ☛ *Landleben* wird in unzähligen Texten des 18. Jahrhunderts, vor allem aus dessen zweiter Hälfte, ausgesprochen. Im Vorwort seiner *Idyllen* von 1756 richtet sich Salomon Gessner direkt an die Lesenden: «Oft reiss ich mich aus der Stadt los, und fliehe in einsame Gegenden, dann entreisst die Schönheit der Natur mein Gemüth allem dem Ekel und allen den widrigen Eindrücken, die mich aus der Stadt verfolgt haben; ganz entzückt, ganz Empfindung über ihre Schönheit, bin ich dann glücklich wie ein Hirt im goldnen Weltalter und rei-

[39] Rousseau, *Bekenntnisse*, S. 634.
[40] Schaller, *Die Schweiz – Arkadien im Herzen Europas*, S. 77f.

et l'agilité sont problématiques, pareil exploit digne d'un équilibriste ne laisse pas de surprendre. Deux, trois fois, le jeu se renouvelle. Rousseau et l'inconnue jouissent pleinement de l'instant présent; l'hiver qui approche et les problèmes de ravitaillement qu'il pose les laissent indifférents. Pour eux, les pommes n'existent que pour être mangées et la cueillette cessera dès qu'elle ne sera plus un jeu. Travail est synonyme d'activité de plein air, de plaisir, de liberté et de détente.»[40]

La vie champêtre

Les contemporains de Rousseau et les générations qui suivirent étaient absolument fous de telles scènes. En effet, elles montraient la vie quotidienne du grand philosophe sur l'île, tout en soulignant l'aspect humain de son génie. De plus, les joies des travaux champêtres étaient entièrement dans le goût de l'époque, elles correspondaient à une aspiration intense d'un public vivant dans les villes et dans des châteaux. La nostalgie d'une ☛ *vie champêtre* et non corrompue apparaît dans de nombreux textes du XVIIIᵉ siècle, surtout dans la seconde moitié. Dans la préface de ses *Idylles* (1756), le zurichois Salomon Gessner s'adresse ainsi directement au lecteur: «Souvent je m'enfuis de la ville et cherche des endroits solitaires où la beauté de la nature chasse mes humeurs tristes et toutes les impressions repoussantes qui me poursuivent en ville; pris sous le charme de la nature et ravi dans tous mes sens je suis plus heureux qu'un berger à l'âge d'or du monde et plus riche qu'un roi.»[41]

Ceux qui, comme Gessner, n'avaient pas la nature à leur porte, allaient à sa recherche dans les parcs et les jardins. Pour donner aux ☛ *jardins-paysages* des châteaux et domaines un aspect naturaliste, on les agrémentait de fermes et d'animaux. La reine Marie-Antoinette se fit construire dans le parc de Versailles une fermette jouet, où elle fuyait l'étiquette de la cour, se distrayant avec ses dames habillées en paysannes. Dans le parc de Malmaison, une étable fut construite selon une gravure représentant une ferme du canton de Berne, tirée du *Voyage pittoresque de l'Oberland Bernois* de Gabriel Lory.[42]

En 1801, Kleist écrit avec humour depuis Paris: «on quitte cette ville terne, insipide, puante, et on se rend … dans la banlieue, pour goûter la grandeur simple et pathétique de la nature. On paye (au hameau de Chantilly) 20 sols à l'entrée pour avoir le droit de vivre une journée d'une simplicité patriar-

---

[40] Schaller, *La Suisse – Arcadie au cœur de l'Europe*, p. 77.
[41] Gessner, *Idyllen*, p. 15.
[42] Voir Schaller, *Sehnsucht nach dem Goldenen Zeitalter*, p. 39.

cher als ein König.»[41] Wer die Natur nicht direkt vor der Haustür liegen hatte, wie der Zürcher Gessner, der holte sie sich in die Parks und Gartenanlagen. Um die ☞ *Landschaftsgärten* von Schlössern und Landsitzen möglichst natürlich wirken zu lassen, plante man bisweilen Bauernhöfe mit echten Tieren in die Konzepte mit ein. Marie-Antoinette liess sich im Park von Versailles ein spielzeughaftes Bauerndorf errichten, um in entsprechender Kleidung, zusammen mit Gespielen und Gespielinnen, der steifen Etikette und den Normen des Hofes zu entfliehen. Im Park von Malmaison hatte man einen Kuhstall gebaut, und zwar nach einer Bildvorlage. Das Vorbild lieferte ein Stall im Kanton Bern, den Lory in seinem Album *Voyage pittoresque de l'Oberland Bernois* abbildete.[42] 1801 berichtet Kleist aus Paris: «Von Zeit zu Zeit verlässt man die matte, fade, stinkende Stadt und geht in die – Vorstadt, die grosse, einfältige, rührende Natur zu geniessen. Man bezahlt (im Hameau de Chantilly) am Eingange 20 sols für die Erlaubnis, einen Tag in patriarchalischer Simplicität zu durchleben. Arm in Arm wandert man, so natürlich wie möglich, über Wiesen, an dem Ufer der Seen, unter dem Schatten der Erlen, hundert Schritte lang, bis an die Mauer, wo die Unnatur anfängt – dann kehrt man wieder um. Gegen die Mittagszeit [...] sucht jeder sich seine Hütte, der Eine die Hütte eines Fischers, der Andere die eines Jägers, Schiffers, Schäfers & &, jede mit den Insignien der Arbeit und einem Namen bezeichnet, welchen der Bewohner führt, so lange er sich darin aufhält. Funfzig Laquaien, aber ganz natürlich gekleidet, springen umher, die Schäfer- oder die Fischer-Familie zu bedienen. Die raffinirtesten Speisen und die feinsten Weine werden aufgetragen, aber in hölzernen Näpfen und in irdenen Gefässen; und damit nichts der Täuschung fehle, so isst man mit Löffeln von Zinn.»[43] Bald darauf fasste Kleist den Entschluss, sich einen hübschen Flecken Land in der Schweiz zu suchen, um sich dort nicht als verkleideter, sondern als echter Bauer niederzulassen. Auch er wählte vorübergehend eine Insel zu seinem Aufenthaltsort und zeichnete ein ähnliches Idyll wie Rousseau von seinem Eiland: «Jetzt leb' ich auf einer Insel in der Aare, am Ausfluss des Thunersees, recht eingeschlossen von Alpen, ¼ Meile von der Stadt. Ein kleines Häuschen an der Spitze, das wegen seiner Entlegenheit sehr wohlfeil war, habe ich für sechs Monate gemiethet und bewohne es ganz allein. Auf der Insel wohnt auch weiter niemand, als nur an der andern Spitze eine kleine Fischerfamilie, mit der ich schon einmal um Mitternacht auf den See gefahren bin, wenn sie Netze einzieht und auswirft. Der Vater hat mir von zwei

[41] Gessner, *Idyllen*, S. 15.
[42] Siehe Schaller, *Sehnsucht nach dem Goldenen Zeitalter*, S. 39.
[43] Kleist an Louise von Zenge, 16. August 1801. In: Kleist, *Briefe von und an Heinrich von Kleist 1793–1811*, S. 269.

cale. On se promène bras dessus, bras dessous, aussi naturellement que possible, dans les prairies, sur les berges des lacs, à l'ombre des aulnes, le temps de faire cent pas jusqu'au mur au-delà duquel commence la non-nature – puis on fait demi-tour. Vers l'heure du déjeuner […] on se met en quête d'une cabane, qui celle d'un pêcheur, qui celle d'un chasseur, d'un batelier, d'un berger, etc., etc., pourvue chacune des insignes de ce métier et d'un nom que son occupant doit porter aussi longtemps qu'il y demeure. Cinquante laquais, habillés il est vrai de façon naturelle, bondissent en tous sens pour servir ces familles de bergers ou de pêcheurs. On leur apporte les mets les plus fins et les vins les plus fameux, mais dans des écuelles de bois ou des pots en terre ; enfin, pour que l'illusion soit complète, on mange avec des cuillères en étain.»[43]

Un peu plus tard, Kleist décide de chercher en Suisse un joli coin où s'installer en vrai paysan, sans déguisement. Lui aussi choisit d'abord une île pour mener une vie idyllique rousseauiste : «J'habite maintenant sur une île de l'Aar, à la sortie du lac de Thoune, bien encerclé par les Alpes, à un quart de lieue de la ville. J'ai loué pour six mois une petite maison située à la pointe et très bon marché à cause de son isolement, et j'y vis tout seul. Personne d'autre ne demeure d'ailleurs dans l'île, sinon à l'autre pointe une petite famille de pêcheurs, avec lesquels j'ai déjà fait un tour sur le lac une fois à minuit, quand ils ramenaient et rejetaient leurs filets. Le père m'a cédé une de ses deux filles pour qu'elle s'occupe de mon intérieur : une fille délicieuse, gentille, qui répond bien à son nom de baptême, Mädeli. Nous nous levons avec le soleil, elle plante des fleurs dans mon jardin, me fait la cuisine, tandis que je travaille en vue d'un retour chez vous.»[44]

Le dénominateur commun de tous ces témoignages sur la ☛ *nostalgie de la nature*, dont les romans, journaux et récits de voyage du XVIIIᵉ et XIXᵉ siècles sont remplis, c'est la quête de ☛ l'*Arcadie*, l'heureux pays mythique des bergers et bergères.

L'Arcadie en Suisse

L'Arcadie, la vraie, était (et est) en fait une aride région montagneuse de Grèce, chantée et embellie en un pays de rêve par le poète romain Virgile. Dans ses *Bucoliques*, poèmes célébrant les idylles pastorales, de charmants pastoureaux et de gentes pastourelles s'amusent et se taquinent sur des tapis de verdure, se reposent à l'ombre des arbres, dansent et jouent de la flûte, amoureusement bercés par de doux alizés :

---

[43] Kleist à Louise von Zenge, 16 août 1801. In: Kleist, *Correspondance 1793–1811*, p. 255s.
[44] Kleist à Ulrike von Kleist, 1 mai 1802. In: Kleist, *Correspondance 1793–1811*, p. 290.

Töchtern eine in mein Haus gegeben, die mir die Wirthschaft führt: ein freundlich-liebliches Mädchen, das sich ausnimmt, wie ihr Taufname: Mädeli. Mit der Sonne stehn wir auf, sie pflanzt mir Blumen in den Garten, bereitet mir die Küche, während ich arbeite für die Rückkehr zu euch […].»[44]

Hinter all diesen Zeugnissen der ☛ *Natursehnsucht*, von der die Romane, Briefe, Tagebücher und Reiseberichte des 18. und frühen 19. Jahrhunderts übervoll sind, steht *ein* Suchbild: Es ist die Suche und Sehnsucht nach einem betretbaren, erlebbaren ☛ *Arkadien*, dem mythischen Glücksland der Hirten und Schäferinnen.

Arkadien in der Schweiz

Arkadien, das wirkliche, war (und ist) eine rauhe, karge Berglandschaft in Griechenland. Der römische Dichter Vergil verwandelte diesen historisch und topographisch genau bestimmbaren Landstrich in ein Traumland. In seinen *Bucolica*, den Hirtengedichten, tummeln sich schöne Jünglinge und liebreizende Mädchen auf Rasenteppichen, schäkern, tändeln und necken sich, ruhen sich im Schatten, unter Bäume gelagert vom Schafehüten aus und spielen Flöte, während laue Lüfte sie umsäuseln:

> Zufällig hatte sich Daphnis gesetzt unter rauschender Eiche,
> Thyrsis und Corydon hatten ihr Vieh zusammengetrieben,
> Thyrsis Schafe und Corydon trieb milchstrotzende Ziegen,
> beide an Jahren blühend jung, Arkadier beide,
> gleich im Spiel auf der Flöte, bereit auch zum Wechselgesange.[45]

Vergil ist der eigentliche Schöpfer Arkadiens: Nun ist es keine reale Landschaft mehr, sondern eine rein poetische, jenseits von Raum und Zeit. Und schon damals ist es ein Gegenbild zur Wirklichkeit der Städte: ein Refugium. Vergil erdichtete seine idyllische Landschaft und bevölkerte sie mit friedliebenden Menschen, mit Geschöpfen, wie sie nur in der Poesie existieren können, während in Rom der Bürgerkrieg tobte. In der Renaissance lebte diese bukolische, anti-städtische Tradition wieder auf, und bald lag Arkadien schon greifbar nahe: In den Gemälden von Claude Lorrain und Nicolas Poussin verschmolzen das von den Künstlern persönlich erlebte Italien und das tradierte Arkadienbild der Antike zu einem idealen Lebensraum.[46] Die Rokoko-Zeit ergötzte sich an ☛ *Schäferspielen*: Vor bukolischen Kulissen

---

[44] Kleist an Ulrike von Kleist, 1. Mai 1802. In: Kleist, *Briefe von und an Heinrich von Kleist 1793–1811*, S. 306.
[45] Vergil, *Bucolica – Hirtengedichte*, S. 39.
[46] Siehe Schaller, *Die Schweiz – Arkadien im Herzen Europas*, S. 6.

Daphnis était assis sous un chêne sonore;
Thyrsis et Corydon confondaient leurs troupeaux;
Brebis de l'un; chèvres de l'autre, de lait lourdes,
Et tous deux dans leur fleur, Arcadiens jumeaux,
Egaux dans l'art du chant et prêts à se répondre.[45]

Virgile est le véritable père de l'Arcadie. Sa vision poétique transforma un paysage réel en un refuge idéal, en-dehors du temps et de l'espace, contre la triste réalité des villes. Il chanta un séjour idyllique, peuplé d'êtres paisibles, comme il n'en existe que dans les poèmes, alors que la guerre civile faisait rage à Rome. Cette tradition bucolique et anticitadine connut une nouvelle vogue à la Renaissance, et des maîtres comme Claude Lorrain et Nicolas Poussin s'en inspirèrent. Sous leurs pinceaux, les voyages en Italie et l'image antique d'Arcadie se confondirent en une contrée parfaite.[46] L'époque rococo se pâma au spectacle de ☛ *comédies pastorales*. Les riches aristocrates s'offraient de luxueuses fêtes costumées devant des coulisses bucoliques. Monsieur le Baron et Madame la Comtesse, déguisés en pastoureaux, se divertissaient joyeusement sous leurs masques.

Il est dans la nature humaine, loin de se contenter de fabriquer des paradis artificiels, de chercher de véritables paradis terrestres. Où se trouvait donc l'Arcadie au XVIIIᵉ siècle, à une époque où la ☛ *nostalgie de la nature* devenait de plus en plus forte? La réponse était fort simple: l'Arcadie se trouvait en Suisse. Le bernois Albrecht von Haller, l'un des derniers grands savants universels, à la fois scientifique et poète, attribua très tôt un lieu précis à cette quête. Son long poème *Les Alpes* (1729) donne réalité au rêve d'une nouvelle Arcadie: «Voyez – disait-il – elle est ici, hic et nunc.»[47] Avec une grande verve, il décrit la vie simple mais heureuse des montagnards suisses, contrastant avec les plaisirs troubles, excessifs et discutables des villes.

Les peintres et dessinateurs donnèrent bientôt couleurs et détails à cette représentation de l'Arcadie suisse: «Ce n'est plus, désormais, l'univers pastoral et idéalisé qu'on recherchera dans un passé perdu, dans les brumes des mythes ou dans l'aimable et hospitalière Italie, mais une réalité immédiate et tangible. Les paysages que peignent les artistes se peuplent de scènes de la vie paysanne; les limites entre l'atmosphère bucolique et mythique et l'optique réaliste s'estompent.»[48] Les tableaux sont emplis de joyeux arcadiens et arcadiennes qui gardent les moutons et les agneaux, puisent de l'eau,

---

[45] Virgile, *Bucoliques – Géorgiques*, p. 101.
[46] Voir Schaller, *La Suisse – Arcadie au cœur de l'Europe*, p. 6.
[47] Wozniakowski, *Die Wildnis*, p. 247.
[48] Schaller, *La Suisse – Arcadie au cœur de l'Europe*, p. 6.

feierte die Oberklasse aufwendige Kostümfeste, Herr Baron und Frau Gräfin maskierten sich als Hirte und Schäferin und amüsierten sich dabei prächtig.

Es gehört aber zu den menschlichen Grundbedürfnissen, nicht nur künstliche Paradiese zu gestalten, sondern sich auf die Suche nach echten, irdischen paradiesischen Orten zu machen. Wo also lag Arkadien im 18. Jahrhundert, in einer Zeit, in der die ☛ *Natursehnsucht* immer heftiger wurde? Die Antwort lautet ganz einfach: Arkadien lag in der Schweiz. Albrecht von Haller, Wissenschaftler und Dichter, ein Universalgelehrter im besten Sinne des Wortes, wies als einer der ersten der damaligen Natursehnsucht einen exakt bestimmten Ort zu. Sein Langgedicht *Die Alpen* (1729) verlieh dem Traum von einem neuen Arkadien festen Boden: «Seht – sagte er – es ist da, hic et nunc.»[47] Wortgewaltig beschrieb er das einfache, aber glückliche Leben der schweizerischen Alpenbewohner, im Kontrast zu den trüben, masslosen und verwerflichen Vergnügungen der Städte. Die Vorstellung des schweizerischen Arkadiens wurde durch die farbenfrohen Darstellungen von Malern und Zeichnern bald mit Details angereichert: «Die idealisierte Hirtenwelt suchten sie nun nicht mehr in einer mythisch versunkenen Vergangenheit und im milden Italien, sondern im Jetzt und Hier. Sie schufen Landschaftsbilder, belebt durch Szenen aus dem bäuerlichen Alltag, in denen sich die Grenze zwischen arkadisch-mythischer Stimmung und realistischem Genre auflösten.»[48] Der Bildraum wird bewohnt von munteren Arkadiern und Arkadierinnen. Sie hüten Schafe und Lämmer, schöpfen Wasser, sitzen im Sonnenschein vor einfachen Hütten und lagern im grünen Gras. Einige dieser Staffage-Figuren (so nennt man im Fachjargon die Figürchen, die Landschaftsdarstellungen beleben und schmücken) verraten wie auf den zarten Aquarellen Salomon Gessners ihre Abstammung aus der Tradition der antiken Hirtendichtung; sie tragen togaähnliche Gewänder und Sandalen. Andere sind, bekleidet mit zeitgenössischen Trachten, als Schweizerinnen und Schweizer zu erkennen.

So kam es, dass Arkadien von fremden Reisenden in der Schweiz gesucht und auch gefunden wurde. 1791 widmet Georg August von Breitenbauch sein opulentes wissenschaftliches Werk über die Geschichte von Arkadien den «Helvetiern»: «Keinem germanischen Volke konnte die Geschichte der Arkadier mit mehrerm Rechte gewidmet werden, als Euch; denn keines war diesen Erdensöhnen in ihren Schicksalen und Geschäften ähnlicher.»[49] Der Arkadiencharakter erstreckte sich bald nicht mehr nur auf die Alpengebiete,

---

[47] Wozniakowski, *Die Wildnis*, S. 247.
[48] Schaller, *Die Schweiz – Arkadien im Herzen Europas*, S. 6.
[49] Breitenbauch, *Geschichte von Arkadien*, Vorrede «An die Helvetier», unpag.

s'asseyent au soleil devant de simples huttes et s'étendent sur l'herbe verte. Certains personnages portent toges et sandales, comme sur les aquarelles tendres de Salomon Gessner, trahissant l'antique tradition poétique pastorale dont ils sont issus. Dans d'autres tableaux, les figurants qui animent le décor portent les costumes traditionnels suisses.

C'est ainsi que les voyageurs qui cherchaient l'Arcadie la découvrirent en Suisse. En 1791, Georg August von Breitenbauch dédia son œuvre scientifique opulente sur l'histoire de l'Arcadie «aux Helvètes»: «A aucun autre peuple germanique, cette histoire de l'Arcadie ne peut être dédiée avec plus de droit qu'à vous; car aucun n'était plus proche des enfants de l'Arcadie, dans leur destin et leur labeur»[49]. D'autres paysages que les régions alpines furent bientôt reconnus comme «arcadiens», dont bien sûr la charmante île Saint-Pierre.

Départ de l'île Saint-Pierre

Rousseau passa donc de douces journées au paisible bonheur arcadien sur l'île, encore solitaire, mais qu'il eût dû partager ensuite avec des milliers d'amateurs de la nature, fût-il resté. Malheureusement, sa félicité sur l'île devait être de courte durée. Au début, Berne n'avait pas pris note du lieu de séjour de Rousseau. Dès que le Sénat en apprit la nouvelle, une lettre (datée du 10 octobre 1765) fut adressée aussitôt au bailli de Nidau, Emanuel von Graffenried. Elle est formulée sur un ton sans réplique: «Vu les précédents, le nommé Jean-Jacques Rousseau se trouve sur l'île Saint-Pierre: Nous nous voyons donc dans la nécessité de vous ordonner de lui faire comprendre clairement, s'il s'y trouve encore, de sortir de notre et votre territoire»[50]. Le 18 octobre, Rousseau, mesurant ses mots, mais saisi d'une émotion qui se lit entre les lignes, demande un délai à Graffenried: «Nous entrons dans une saison dure, surtout pour un pauvre infirme, je ne suis point préparé pour un long voyage, mes affaires demanderaient quelque préparation.»[51] Hélas, même Graffenried, qui n'est pas opposé au philosophe solitaire, ne peut rien faire pour lui. Trois jours plus tard, une dépêche arrive de Berne, anéantissant tout espoir. C'est un ordre sans équivoque, où il est écrit que d'ici samedi prochain, Rousseau doit avoir quitté le territoire bernois pour toujours.[52] Graffenried se voit dans la triste obligation de faire part de la mauvaise nou-

---

[49] Breitenbauch, *Geschichte von Arkadien*, An die Helvetier, non paginé.
[50] *Correspondance complète de Jean Jacques Rousseau*, Vol. XXVII, p. 102.
[51] *Correspondance complète de Jean Jacques Rousseau*, Vol. XXVII, p. 131.
[52] *Correspondance complète de Jean Jacques Rousseau*, Vol. XXVII, p. 154.

sondern wurde auf andere Gegenden ausgeweitet, zu denen natürlich auch die liebliche St. Petersinsel zählte.

Abschied von der St. Petersinsel

So also verbrachte Rousseau seine Tage auf der St. Petersinsel tatsächlich in arkadischen Gefilden, die er, wäre er länger geblieben, mit Tausenden von anderen Naturschwärmern hätte teilen müssen. Doch sein Inselglück war bekanntlich nicht von Dauer. Bern hatte zunächst schlicht noch keine Notiz von Rousseaus Aufenthalt auf der St. Petersinsel genommen. Als der Geheime Rat davon erfährt, wird ein Schreiben an den Herrn Emanuel von Graffenried, Landvogt von Nidau, verfasst. Es ist datiert auf den 10. Oktober 1765 und verfasst in einem Ton, der keine Widerrede duldet: «Dem vernemmen nach soll sich der bekante Jean Jaques Rousseau auf der St Peters Insul im ambt Nÿdauw befinden; Wir haben dahero der nothwendigkeit zu seÿn befunden, Euch befelchlichen aufzutragen, Ihme wann er sich noch allda aufhielte, zu verdeuten, dass er sich von da wegg– und auss Ihrgn. Landen begeben thüe […].»[50] Gefasst, doch seine Verzweiflung ist zwischen den Zeilen spürbar, bittet Rousseau Graffenried am 18. Oktober um einen Aufschub: «Eine harte Jahreszeit beginnt, hart vor allem für einen armen gebrechlichen Mann, ich bin nicht auf lange Reisen gefasst, meine häuslichen Angelegenheiten verlangen einige Vorbereitung.»[51] Graffenried, dem eigenbrötlerischen Philosophen durchaus zugetan, kann nichts ausrichten. Schon drei Tage später kommt die vernichtende Antwort aus Bern. Unmissverständlich heisst es da, «dass der Rousseau biss Künftigen Samstag»[52] das bernische Territorium für immer zu verlassen habe. Der Befehl erreicht Graffenried durch einen Eilboten. Und wieder ist es Graffenried, der Rousseau die schlechte Nachricht überbringen muss: «Ich bin vom Schicksal dazu ausersehen, Monsieur, Ihnen immerzu Botschaften zu überbringen, die für das Herz eines Mannes, der Sie zutiefst liebt und schätzt, höchst betrüblich sind.»[53] Am 25. oder 26. Oktober 1765 verlässt Rousseau die St. Petersinsel; Thérèse bleibt vorerst bei der Schaffnerfamilie auf der Insel. Am 30. Oktober schreibt er aus Basel an seine Lebensgefährtin: «Ich bin heute, Mittwoch, ohne grosse Zwischenfälle in dieser Stadt angekommen, aber mit Halsschmerzen, Fieber und dem Tod im Herzen. Noch hat meine Reise kaum begonnen, und schon regt sich in mir das Gefühl, dass ich sie nicht zu Ende bringen werde, vor allem

[50] *Correspondance complète de Jean Jacques Rousseau*, Bd. XXVII, S. 102
[51] *Correspondance complète de Jean Jacques Rousseau*, Bd. XXVII, S. 131 (Übersetzung von D. B.).
[52] *Correspondance complète de Jean Jacques Rousseau*, Bd. XXVII, S. 154.
[53] *Correspondance complète de Jean Jacques Rousseau*, Bd. XXVII, S. 155 (Übersetzung von D. B.).

velle à Rousseau: «Je suis destiné par le sort, Monsieur à Vous annoncer toujours des Nouvelles des plus Affligeantes pour le Cœur d'un Homme qui Vous Chérit et Vous Estime.»[53] Le 25 ou le 26 octobre 1765, Rousseau quitte l'île Saint-Pierre; Thérèse reste encore quelque temps dans la famille du receveur. Le 30 octobre, Rousseau écrit de Bâle à sa compagne: «J'arrive aujourd'hui Mercredi dans cette Ville sans grand accident, mais avec un mal de gorge, la fièvre, et la mort dans le cœur. A peine mon voyage est-il commencé et je sens déjà l'impossibilité totale de l'achever, surtout dans cette saison. Je vais pour Sortir tout à fait de la Suisse me rendre à Strasbourg d'où je vous instruirai du parti que j'aurai pris. En vérité je ne sais que devenir.»[54]

Rousseau ne reviendra jamais en Suisse. Quelques semaines plus tard, il se rend en Angleterre en compagnie du philosophe David Hume. Mais il n'y séjournera pas longtemps. Ses dernières années d'errances le conduisirent, caché sous un faux nom, en différents endroits de France, en dernier à Paris, jusqu'à ce qu'il trouve refuge chez le Marquis de Girardin, dans le parc d'Ermenonville au nord de Paris. Il y vécut ses dernières journées dans un paradis selon ses rêves. Ses promenades le conduisaient souvent dans un coin du parc appelé «Le Désert» ou la «prairie Arcadienne»; la nature y était plus sauvage, plus débridée que dans les autres parties de ce ☛ jardin-paysage. Rousseau meurt le 2 juillet 1778 après sa promenade du matin, sans que le moindre signe avant-coureur ait prévenu de son proche décès. Le Marquis de Girardin le fait enterrer dans l'île aux Peupliers, au milieu du parc. Cette île, comme l'île Saint-Pierre, deviendra bientôt un haut lieu du Rousseauisme (ill. 9).

Souvenirs

Ignorant les amères années de fuite qui l'attendent encore, Rousseau fait provision sur l'île Saint-Pierre d'heures enchantées qui éclaireront ses tristes journées futures. La fameuse *Cinquième Promenade* où il décrit son séjour n'a pas été écrite à l'île Saint-Pierre, non plus que la *Septième* au Val-de-Travers. C'est seulement dans les dernières années qu'il évoque ses souvenirs et les jette sur le papier, ranimant ses pensées et ses images du temps passé. Il prend des notes sur des cartes à jouer – quelle folle idée poétique! – pendant ses promenades aux portes de Paris (ill. 10). On peut lire ainsi au dos d'une carte de cœur: «Pour bien remplir le titre de ce recueil / je l'aurais dû commencer il y a [plus de] / soixante ans: car ma vie entière n'a guère / été qu'une

---

[53] *Correspondance complète de Jean Jacques Rousseau*, Vol. XXVII, p. 155.
[54] *Correspondance complète de Jean Jacques Rousseau*, Vol. XXVII, p. 197s.

nicht in dieser Jahreszeit. Ich werde mich, um die Schweiz sofort zu verlassen, nach Strasbourg begeben, von wo aus ich Ihnen mitteilen werde, wozu ich mich entschlossen habe. Um die Wahrheit zu sagen – ich weiss nicht, was mit mir werden soll.»[54]

Rousseau wird die Schweiz nie wieder betreten. Einige Wochen später reist er mit David Hume nach England. Aber auch da hält es ihn nicht lange. Seine letzten Jahre verbringt er an verschiedenen Orten in Frankreich, versteckt, unter falschem Namen eingetragen, zuletzt in Paris, bis er schliesslich in den Parkanlagen von Ermenonville nördlich von Paris ein letztes Mal in einem Paradies ganz nach seiner Vorstellung lebt. Seine Spaziergänge führen ihn oft in einen Bereich des Parks, der «Le Désert» oder «prairie Arcadienne» genannt wird; dort ist die Natur wilder, ungebändigter als in den anderen Teilen des weitläufigen ☛ *Landschaftsgartens*. Am 2. Juli 1778 stirbt Rousseau nach einem morgendlichen Spaziergang, ohne dass es zuvor Anzeichen seines bevorstehenden Todes gegeben hätte. Der Marquis de Girardin lässt ihn auf der Pappelinsel in seinem Park bestatten, die bald ebenso zu einem Symbol des Rousseauismus wird wie die St. Petersinsel. (Abb. 9).

Erinnerungen

Noch ohne von diesen kommenden Bitternissen, der Vertreibung und jahrelangen Flucht, zu wissen, hat sich Rousseau auf der St. Petersinsel und an anderen Orten der Glückseligkeit einen Vorrat schöner Stunden angelegt, von denen er in schlechten Zeiten zehrt. Die berühmte *Cinquième Promenade* schreibt er nicht etwa auf der St. Petersinsel, die siebte nicht im Val-de-Travers. Erst in seinen letzten Lebensjahren macht er sich zu diesen Erlebnissen Notizen, hält Erinnerungen, Gedankenfetzen und Bilder fest. Einige Themen, die in den *Rêveries du promeneur solitaire* wiederkehren, notiert er sich – welch verrückt-poetische Idee! – auf Spielkarten während des Spazierengehens vor den Toren von Paris (Abb. 10). Die Notiz auf der Rückseite einer Herzkarte lautet: «Um dem Titel dieser Sammlung gerecht zu werden, hätte ich vor mehr als sechzig Jahren damit beginnen müssen: denn mein ganzes Leben ist kaum etwas anderes gewesen als eine einzige lange Träumerei, durch meine täglichen Spaziergänge in Kapitel unterteilt.»[55]

Bei der endgültigen Niederschrift ist die Erinnerung mitunter so intensiv, dass Rousseau glaubt, ein zweites Mal das zu erleben, was er schon gelebt hat. Ja, in der Erinnerung erlebt, empfindet er tiefer als in der Wirklichkeit:

---

[54] *Correspondance complète de Jean Jacques Rousseau*, Bd. XXVII, S. 197f. (Übersetzung von D. B.)
[55] Eigeldinger/Kaehr: *Les cartes à jouer de Jean-Jacques Rousseau: Textes des cartes à jouer*, S. 45 (Übersetzung von D. B.).

9
Jean Michel Moreau le Jeune: Rousseaus Grab auf der Pappelinsel in Ermenonville.
Jean Michel Moreau le Jeune: Tombeau de Rousseau sur l'île aux Peupliers d'Ermenonville.

longue rêverie divisée en / chapitres par mes promenades de chaque jour.»[55]
Certains thèmes notés ainsi réapparaissent dans les *Rêveries du promeneur solitaire*.

En les mettant au propre, ses souvenirs deviennent si denses et si palpables que Jean-Jacques croit les vivre une seconde fois. Il ressent avec plus d'intensité encore que dans la réalité: «Paradoxalement, c'est dans le souvenir seul que Rousseau vit pleinement le réel.»[56]

La géographie de Rousseau: îles réelles et îles imaginaires

Les îles exerçaient une grande fascination sur Rousseau. C'est un fil conducteur qui traverse sa vie et son œuvre. On pourrait tracer une carte des îles de Rousseau, tenant du réel et de l'imaginaire.

Les merveilleuses îles Borromées sur le Lac Majeur le séduisirent tant qu'il songea quelque temps à y placer l'action de ☛ *La Nouvelle Héloïse*. Il choisit finalement le lac Léman, envoyant cependant son héros Saint-Preux

[55] Eigeldinger / Kaehr: *Les cartes à jouer de Jean-Jacques Rousseau: Textes des cartes à jouer*, p. 45.
[56] Barguillet, *Rousseau ou l'illusion passionnée*, p. 166.

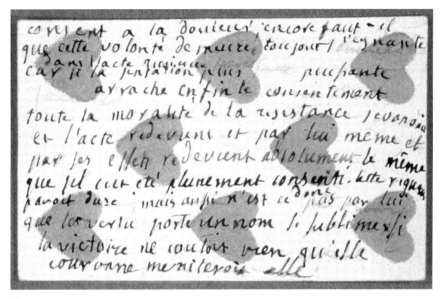

10
Spielkarte «Huit de cœur» mit Notizen von der Hand Jean-Jacques Rousseaus.
Carte à jouer «Huit de cœur» avec des notes de la main de Jean-Jacques Rousseau.

«Paradoxerweise erlebt Rousseau allein in der Erinnerung die ganze Fülle der Wirklichkeit.»[56]

Rousseaus Landkarte: wirkliche und imaginäre Inseln

Inseln haben auf Rousseau eine ungeheure Faszination ausgeübt. Wie ein roter Faden ziehen sie sich durch sein Leben und sein Werk. Man könnte eine Landkarte zeichnen mit Rousseaus Inseln, eine Karte mit realen und imaginären Bereichen.

Die unwirklich schönen Borromäischen Inseln im Lago Maggiore übten auf Jean-Jacques eine so berückende Wirkung aus, dass er sich eine Weile mit dem Gedanken trug, dort die Handlung seiner ☞ *Nouvelle Héloïse* anzusiedeln. Er wählte schliesslich den Genfersee als Schauplatz, schickt aber im Roman seinen Helden Saint-Preux auf Reisen, weit in die Ferne zu den Pazifikinseln Tinian und Juan Fernandez. Zurückgekehrt besucht der Weitgereiste seine ehemalige Geliebte Julie, die abgeschieden von der Welt einen verwunschenen, von einer Mauer rundum geschützten Obstgarten angelegt

[56] Barguillet, *Rousseau ou l'illusion passionnée*, S. 166 (Übersetzung von D. B.).

en voyage dans les îles lointaines du Pacifique, Tinian et Juan Fernandez. De retour de ses aventureuses équipées, Saint-Preux rend visite à son ancienne amante, Julie, qui vit retirée dans un jardin ensorcelant entouré de vergers et de murs, qu'elle appelle son Elysée. Saint-Preux y retrouve avec délices tous les charmes des îles exotiques: fraîcheur et ombre, verdure et eaux bondissantes qui saluent l'arrivant: «Mais en même temps je crus voir le lieu le plus sauvage, le plus solitaire de la nature, et il me semblait d'être le premier mortel qui jamais eût pénétré dans ce désert. Surpris, saisi, transporté d'un spectacle si peu prévu, je restai un moment immobile, et m'écriai dans un enthousiasme involontaire: Ô Tinian! ô Juan Fernandez! Julie, le bout du monde est à votre porte!»[57] Le jardin de Julie réunit tous les attraits d'une île, sans en être une: «Il condense en lui par une opération magique tous les charmes de l'île déserte, de sorte qu'il rend tout voyage inutile. Il devient au regard de Saint-Preux le raccourci des îles réelles et imaginaires, un véritable abrégé du Paradis.»[58]

Autre île réelle, la Corse: Rousseau fut invité par les indépendantistes corses à séjourner dans leur île, mais il renonça au voyage. Il souhaitait finir ses derniers jours dans le doux climat de Chypre, l'île d'Aphrodite, ou bien à Minorque, mais il ne vit jamais ni l'une ni l'autre. Il trouva cependant le dernier repos sur une île. Ce n'est pas un hasard s'il fut enterré en 1778 dans l'île aux Peupliers du parc d'Ermenonville – qui devint l'un des nombreux symboles évoquant Rousseau dans ce «parc de souvenirs». En 1794, les restes du poète furent transférés en grande pompe au Panthéon à Paris, au son de son intermède musical et champêtre, *Le Devin du village*. De nombreux admirateurs de Rousseau virent dans ce «déménagement» un nouvel exil qu'ils comparèrent à celui de l'île Saint-Pierre. L'île aux Peupliers resta cependant un lieu de pèlerinage pour les Rousseauistes. Elle devint si célèbre qu'on en fit la copie conforme dans d'autres parcs à l'anglaise dès la fin du XVIIIe siècle, par exemple à Wörlitz en Saxe, ou à Burgsteinfurt au nord de la Westphalie.

Les îles de Rousseau flottent entre le rêve et la réalité. Même sur l'île Saint-Pierre, Rousseau lui-même ne sait pas vraiment où s'arrête l'île tangible et où commence la vision poétique. Il reprend ses esprits avec peine: «En sortant d'une longue et douce rêverie, en me voyant entouré de verdure, de fleurs, d'oiseaux et laissant errer mes yeux au loin sur les romanesques rivages qui bordaient une vaste étendue d'eau claire et cristalline, j'assimilais à mes fictions tous ces aimables objets; et me trouvant enfin ramené par

[57] Rousseau, *La Nouvelle Héloïse* II, IVe partie, lettre XI, p. 88.
[58] Eigeldinger, *Jean-Jacques Rousseau. Univers mythique et cohérence*, p. 143.

hat, den sie ihr Elysium nennt. In diesem Garten entdeckt Saint-Preux zu seinem Entzücken all die Reize der Südseeinseln wieder: Kühle und Schatten, frisches lebhaftes Grün und murmelnde Wasserläufe begrüssen den Neuankömmling. «Zugleich aber glaubte ich, den wildesten, einsamsten Ort der Natur vor mir zu sehen, und es kam mir vor, als sei ich der erste Sterbliche, der jemals in diese Einöde vorgedrungen sei. Überrascht, ergriffen, entzückt von einem so wenig erwarteten Schauspiel, blieb ich eine Minute regungslos stehen und rief in unwillkürlicher Begeisterung aus: ‹O Tinian! O Juan Fernandez! Das Ende der Welt, Julie, liegt vor Ihrer Türe!›»[57] Der Garten Julies ist zwar keine Insel, scheint jedoch eine zu sein: «Er verdichtet in sich durch einen magischen Akt alle Reize der einsamen Insel, so dass alle Reisen unnötig werden. Er wird in den Augen Saint-Preux' zum Inbegriff aller realen und imaginären Inseln, zu einem veritablen Ausschnitt aus dem Paradies.»[58]

Im wirklichen Leben wurde Rousseau von den Freiheitskämpfern nach Korsika eingeladen, doch er verzichtete auf die Reise; er wünschte sich, seine letzten Tage des angenehmen Klimas wegen auf Zypern, der Insel der Aphrodite, oder auf Menorka zu verbringen. Auch diese beiden Inseln hat er nie gesehen. Schliesslich fand er seine vorletzte Ruhestätte auf einer Insel: 1778 wurde er nicht von ungefähr auf der schon erwähnten Pappelinsel in den Gärten von Ermenonville bestattet – sie war nur eines von zahlreichen Symbolen, die in diesem «parc de souvenir» auf Rousseau anspielten. 1794 wurden seine sterblichen Überreste mit grossem Pomp nach Paris ins Panthéon gebracht, begleitet von Klängen seiner Schäfer-Oper *Le Devin du village*. Manche Rousseau-Anhänger sahen in dieser «Übersiedlung» eine erneute Vertreibung von einer glückseligen Insel und verglichen sie mit dem überstürzten Aufbruch von der St. Petersinsel. Doch blieb die Pappelinsel auch mit leerem Grab eine Rousseau-Pilgerstätte. Sie war so berühmt, dass sie als Gestaltungselement in anderen Parkanlagen nachgebaut wurde, und zwar in getreuer Kopie, wie z. B. in den Landschaftsparks von Wörlitz und Burgsteinfurt.

Rousseaus Inseln flottieren zwischen Traum und Wirklichkeit. Auch auf der St. Petersinsel ist sich Rousseau selber nicht so ganz im Klaren darüber, wo das reale Bild der Insel aufhört und wo das der dichterischen beginnt. Das Erwachen aus einem Tagtraum erfüllt ihn jedenfalls mit Verwirrung: «Wenn ich nach einer langen und süssen Träumerei mich mitten im Grünen sah, von Vögeln und Blumen umgeben, und meinen Blick weit über die romantischen

[57] Rousseau, *Julie oder Die neue Héloïse*, S. 492.
[58] Eigeldinger, *Jean-Jacques Rousseau. Univers mythique et cohérence*, S. 143 (Übersetzung von D. B.).

moi-même et à ce qui m'entourait, je ne pouvais marquer le point de séparation des fictions aux réalités.»[59]

Si, à sa grande consternation, Rousseau n'a pas d'île à sa disposition, il s'en invente une: «Son imagination métamorphose en îles les coins de terre auxquels il demeure attaché et où il a éprouvé la plénitude du bonheur.»[60] La propriété savoyarde des Charmettes, où il a coulé d'heureux jours avec Madame de Warens, devient une île dans sa fantaisie, de même que le «petit Château» du parc de Montmorency: «Quand on regarde ce bâtiment de la hauteur opposée […], il paraît absolument environné d'eau, et l'on croit voir une île enchantée, ou la plus jolie des trois îles Borromées, appelée *Isola Bella*, dans le lac Majeur.»[61] On trouve dans la *Septième Promenade* un exemple amusant de cette métamorphose de la terre ferme en île. Rousseau fait une halte pendant une excursion botanique au Val-de-Travers et se repose sur un coussin de mousse: «et je me mis à rêver plus à mon aise en pensant que j'étais là dans un refuge ignoré de tout l'univers […]. Je me comparais à ces grands voyageurs qui découvrent une île déserte, et je me disais avec complaisance: Sans doute je suis le premier mortel qui ait pénétré jusqu'ici; je me regardais presque comme un autre Colomb.»[62] Quelle n'est pas sa déception lorsqu'il constate que son «île déserte» révèle au prochain tournant une manufacture de bas très industrieuse …

L'île Saint-Pierre, qu'il transforme dans sa mémoire en un paysage idyllique, s'insère fort bien dans la carte particulière de Rousseau. Il sait parfaitement que c'est une île réelle, sur un vrai lac, lui-même dans un pays bien concret, la Suisse. Mais cela ne le retient pas, porté par les ailes de son imagination, d'imaginer d'autres possibilités attrayantes. Il décrit son arrivée sur l'île comme s'il s'agissait d'un sauvetage après un naufrage, il est «transporté là brusquement seul et nu»[63] écrit-il dans la *Cinquième Promenade*. Mais la civilisation n'est pas loin: Thérèse arrive avec les livres et les maigres biens du philosophe pourchassé qui ne souhaite rien plus que fuir la société: « J'aurais voulu être tellement confiné dans cette île que je n'eusse plus de commerce avec les mortels et il est certain que je pris toutes les mesures imaginables pour me soustraire à la nécessité d'en entretenir. […] J'aurais voulu que ce lac eût été l'Océan».[64]

Sur ce fond de rêveries, Rousseau joue pendant six semaines au naufragé sur son île déserte et se sent, pendant ses expéditions à la découverte de l'île,

---

[59] Rousseau, *Rêveries*, Cinquième Promenade, p. 103s.
[60] Eigeldinger, *Jean-Jacques Rousseau. Univers mythique et cohérence*, p. 138.
[61] Rousseau, *Confessions* II, p. 284.
[62] Rousseau, *Rêveries*, Septième Promenade, p. 133.
[63] Rousseau, *Rêveries*, Cinquième Promenade, p. 96.
[64] Rousseau, *Confessions* II, p. 411, p. 418.

Ufer schweifen liess, die eine weite Fläche hellen, kristallklaren Wassers begrenzten, dann nahm ich all diese liebenswerten Gegenstände in meine Erdichtungen auf, und wenn ich dann nach und nach zu mir selbst und zu dem, was um mich war, zurückgeführt wurde, so konnte ich den Punkt, der das Erdichtete von der Wirklichkeit schied, nicht bezeichnen […]»[59]

Wo zu Rousseaus grossem Bedauern keine Inseln in Sicht sind, da erschafft er sich kurzerhand selbst welche. «Seine Einbildungskraft verwandelt auch jene Orte in Inseln, an denen er besonders hängt oder wo er das Glück in seiner ganzen Fülle erfahren hat.»[60] Das Landgut Les Charmettes in Savoyen, wo er glückliche Tage mit Madame de Warens verbracht hat, wird in seiner Phantasie ebenso zu einer Insel wie das «Kleine Schloss» im Park von Montmorency: «Wenn man diesen Bau von der entgegengesetzten Höhe […] betrachtet, erscheint er vollkommen von Wasser umgeben, und man glaubt eine verzauberte Insel oder die hübscheste der drei Borromäischen Inseln, die Isola Bella im Lago Maggiore, zu sehen.»[61] Ein besonders amüsantes Beispiel einer derartigen Verwandlung eines Festlandfleckens in eine Insel findet sich in der *Septième Promenade*. Rousseau pausierte auf einer botanischen Exkursion im Val-de-Travers, setzte sich auf ein Mooskissen «und begann, mehr nach meinem Gefallen zu träumen, indem ich mir vorstellte, dass ich mich an einem Zufluchtsort befände, welcher der ganzen Welt unbekannt sei […]. Ich verglich mich mit jenen grossen Reisenden, die eine unbewohnte Insel entdecken, und ich sagte mir mit Wohlgefallen: Ohne Zweifel bin ich der erste Sterbliche, der bis hierher vorgedrungen ist. Ich betrachtete mich fast als einen zweiten Kolumbus.»[62] Gross ist die Ernüchterung als Rousseau um die nächste Ecke schaut und auf seiner «unbewohnten Insel» eine höchst betriebsame Strumpfmanufaktur entdecken muss …

Die St. Petersinsel passt sehr gut in diese eigenwillige Landkarte Rousseaus. Zwar ist sie eine reale Insel in einem realen See, der wiederum in einem realen Land, der Schweiz, liegt, das weiss auch Rousseau. Das aber hindert ihn keineswegs daran, sich «auf den Flügeln seiner Einbildungskraft» ganz andere, aufregendere Möglichkeiten auszudenken. Bei der Beschreibung der Ankunft klingt sehr subtil, ja parodistisch, das Motiv des Schiffbruchs an. Er sei «plötzlich allein und von allem entblösst»[63] auf diese Insel versetzt worden, heisst es in der *Cinquième Promenade*. Doch die Zivilisation ist nicht

[59] Rousseau, *Träumereien des einsamen Spaziergängers*, S. 703.
[60] Eigeldinger, *Jean-Jacques Rousseau. Univers mythique et cohérence*, S. 138 (Übersetzung von D. B.).
[61] Rousseau, *Bekenntnisse*, S. 513.
[62] Rousseau, *Träumereien des einsamen Spaziergängers*, S. 726.
[63] Rousseau, *Träumereien des einsamen Spaziergängers*, S. 697.

«comme un autre Robinson»[65]. Rousseau avait dévoré le très célèbre roman de Daniel Defoe, *La vie et les aventures surprenantes de Robinson Crusoé* (1720). L'histoire de ce héros vivant vingt-huit ans sur une île déserte des Antilles et qui y établit son royaume l'avait tant impressionné que ces aventures sont la seule lecture qu'il autorise à son propre personnage de roman, Emile. Mais le Robinson de Rousseau n'est pas celui de Defoe, car Rousseau en arrange les traits selon le goût de son époque. Dans sa vision sentimentale, Rousseau voit en Robinson un rêveur solitaire. De façon bien caractéristique, il n'évoque jamais Vendredi, le compagnon de Robinson. Pour intéresser Rousseau, Robinson doit rester *seul*. Tous les rêves et fantaisies de solitude sont issus de l'imagination de Rousseau et n'ont rien à voir avec le roman de Defoe. Car le «vrai» Robinson est tout le contraire de ce que Rousseau cherche à voir en lui. C'est un homme qui accomplit son ouvrage quotidien selon une stricte ordonnance, qui ne jette aucun regard sur les beautés de la nature si ce n'est pour en tirer quelque chose d'utile. La nature est là pour être cultivée, plantée, les arbres deviennent radeaux, l'argile devient poterie. Robinson se construit une maison, creuse une cave, s'installe une résidence d'été dans une vallée fleurie, sème des céréales, fait cuire du pain, élève des chèvres et fabrique du fromage. Bref, il fait preuve d'une activité inlassable. Ce n'est guère un tel besoin de travail qui pousse Rousseau dans ses robinsonades à l'île aux Lapins. L'existence de Robinson, personnage de roman, et celle de Rousseau, parée dans son souvenir d'une auréole sentimentale, ne se rejoignent que par la solitude de l'île. Et ce point commun suffit à Rousseau pour s'identifier à Robinson.

L'autarcie théorique, l'indépendance économique de l'île Saint-Pierre est un autre élément qui séduit Rousseau et dans lequel il voit un parallèle avec Robinson. Il constate avec satisfaction que le pourtour de l'île n'est que d'une demi-lieue, « mais dans ce petit espace elle fournit toutes les principales productions nécessaires à la vie. Elle a des champs, des prés, des vergers, des bois, des vignes, et le tout, à la faveur d'un terrain varié et montagneux, forme une distribution d'autant plus agréable, que ses parties, ne se découvrant pas toutes ensemble, se font valoir mutuellement, et font juger l'île plus grande qu'elle n'est en effet.»[66] Les possibilités culinaires sont encore complétées par «une nombreuse basse-cour» et «des réservoirs pour le poisson»[67].

D'autres aspects de l'île de Robinson, comme son caractère de jardin cultivé, semblent revivre sur l'île du lac de Bienne. Robinson Crusoé découvre

---

[65] Rousseau, *Confessions* II, p. 418.
[66] Rousseau, *Confessions* II, p. 411.
[67] Rousseau, *Rêveries*, Cinquième Promenade, p. 94.

weit: Thérèse, kommt mit den Büchern und den geringen Habseligkeiten des auf die Insel verschlagenen Philosophen nach… Gesellschaftsscheu wie er ist, wünscht er sich ausserdem auf seinen ausgedehnten Bootsfahrten, die ihm aber nie ausgedehnt genug sein können, dass der Bielersee nicht ein See, sondern der Ozean wäre.[64]

Vor dem Hintergrund dieser Wunschträume spielt Rousseau während sechs Wochen «Schiffbrüchiger», er fühlt sich, vor allem bei Entdeckungs-streifzügen über die kleine, unbewohnte Nachbarinsel «wie ein zweiter Robinson».[65] Den berühmten Insel-Roman Daniel Defoes, *The Life and Strange Surprising Adventures of Robinson Crusoe* (1719), hat Rousseau regelrecht verschlungen. Und die Geschichte vom Schiffbrüchigen Crusoe, der acht-undzwanzig Jahre auf einer Antilleninsel verbringt und sich dort sein kleines Reich aufbaut, hat ihn so sehr beeindruckt, dass er seine eigene Romanfigur Emile lange Zeit nur dieses eine Buch lesen lässt. Nun ist aber Rousseaus Robinson nicht Defoes Robinson. Rousseau gestaltet die Figur nach dem Geschmack der Zeit um. In seiner empfindsamen Sichtweise wird Robinson zum einsamen Träumer – bezeichnend übrigens, dass Rousseau Freitag, den späteren Gefährten und Diener des Schiffbrüchigen, mit keinem Wort er-wähnt. Robinson muss *allein* bleiben, um für Rousseau von Interesse zu sein. Und alle seine Träumereien und Einsamkeitsphantasien haben nichts mit Defoes Roman zu tun, sie entspringen allein Rousseaus Phantasie. Denn der «originale» Robinson ist das pure Gegenteil dessen, was Rousseau in ihm sehen will. Er ist ein Mann, der einem streng geregelten, genau eingeteilten Tagewerk nachgeht, der keinen zweckfreien Blick hat für die Schönheiten der Natur. Natur ist zum Beackern, zum Bebauen da, aus Bäumen verfertigt man Flosse, aus der Erde brennt man tönernes Geschirr. Robinson baut sich ein Wohnhaus, gräbt einen Keller, errichtet einen Sommersitz in einem blü-hendem Tal, pflanzt Getreide, bäckt Brot, hält sich Ziegen als Haustiere und produziert Käse. Kurz: Er ist unablässig tätig. Dieser Tätigkeitsdrang ist es aber gerade nicht, was Rousseaus Robinsonaden auf der Hasen-Insel aus-machen. Die Insel und die Einsamkeit, das sind die wichtigsten Punkte, an denen sich die Existenzen von Rousseau und Robinson berühren (die Ro-manexistenz Robinsons und das Leben Rousseaus, das unter seiner Feder romanhafte Züge angenommen hat).

Wichtiger Bestandteil der Robinson-Parallele ist die vermeintliche Au-tarkie, die wirtschaftliche Unabhängigkeit der St. Petersinsel. Mit Genugtu-

---

[64] Siehe Rousseau, *Bekenntnisse*, S. 633.
[65] Rousseau, *Bekenntnisse*, S. 633.

une clairière dans ses promenades: «Au bout de cette marche, je me trouvai dans un pays découvert […] qui semblait porter sa pente à l'Occident: un petit ruisseau d'eau fraîche, qui sortait d'une colline toute proche, dirigeait son cours à l'opposé, c'est-à-dire à l'Orient: toute cette contrée paraissait si tempérée, si verte, si fleurie, qu'on l'aurait prise pour un jardin planté par artifice.»[68] Sous la plume de Rousseau, l'île Saint-Pierre devient aussi un vaste jardin qui l'entraîne dans une nouvelle rêverie: «Pour moi, qui prenais pour jardin l'île entière […].»[69] En la botanisant, il discipline cette nature sauvage en un jardin domestiqué, il en fait un «décor édénique»[70].

Plus tard, les visiteurs de l'île reprendront la comparaison de Rousseau avec le personnage du roman de Defoe. J. R. Sinner de Ballaigues décrit la vie du philosophe dans l'île comme «obscure & innocente […], aussi solitaire que Robinson Crusoé»[71]. Sigismond Wagner appelle Rousseau le «Crusoé philosophe»[72].

Mais ce n'est pas assez que Robinson. Dans sa fantaisie débordante, Rousseau s'identifie avec un autre personnage, un héros de la mythologie grecque. Le débarquement des lapins le porte à se comparer à Jason: «Le pilote des Argonautes n'était pas plus fier que moi menant en triomphe la compagnie et les lapins de la grande île à la petite».[73] Selon la légende, le héros grec s'embarque avec quarante-cinq compagnons, les Argonautes, pour chercher la Toison d'or en Colchide. Dans son voyage aventureux, le navire Argos rencontre toutes sortes de dangers: Lemnos, les Symplades aux dangereux rochers flottants, l'île légendaire d'Arès où des oiseaux au bec de bronze attaquent les étrangers, l'île de la magicienne Circé, la Crète où ils déjouent le géant Talos …

La prédilection de Rousseau pour les îles a une raison particulière et bien personnelle. «L'île est un domaine ambivalent qui n'est rendu perceptible que par le jugement du sentiment. Si l'être humain ressent son entourage, la société, la civilisation comme un poids et une menace, l'île devient pour lui un refuge désiré, mais si son existence lui convient, il n'aura pas d'aspiration à vivre sur une île.»[74] La première perception est bien celle de Rousseau. Après les amères expériences de voir brûler ses livres, d'être chassé de France et exilé à Môtiers, il trouve protection et refuge à l'île Saint-Pierre, il peut y

---

[68] Defoe, *Robinson Crusoe,* p. 112.
[69] Rousseau, *Confessions* II, p. 417.
[70] Trousson, *Jean-Jacques Rousseau et le mythe insulaire*, p. 107.
[71] Sinner, *Voyage historique et littéraire*, p. 127.
[72] Wagner, *Die Peters-Insel im Bieler-See*, p. 69.
[73] Rousseau, *Rêveries*, Cinquième Promenade, p. 99.
[74] Frenzel, *Motive der Weltliteratur*, p. 381.

ung stellt Rousseau fest, dass die Insel einen Umfang von nur ungefähr einer halben Meile aufweise, auf diesem kleinen Raum aber alle zum Leben notwendigen Erzeugnisse hervorbringe. «Sie hat Felder, Wiesen, Obstgärten, Wälder, Weinberge, und das alles bildet dank einem abwechselnden und bergigen Terrain eine Verteilung, die um so angenehmer ist, als ihre Teile nicht auf einmal sichtbar werden und sich gegenseitig zur Geltung bringen und die Insel grösser scheinen lassen, als sie wirklich ist.»[66] Das reiche Angebot an ländlichen Speisen wird abgerundet durch «einen grossen Geflügelhof» und «mehrere Fischbecken».[67]

Auch andere Züge der Robinson-Insel, ihr Garten-Charakter etwa, scheinen auf die Insel im Bielersee übergegangen zu sein. Robinson stösst bei einer seiner Wanderungen auf eine Lichtung, «von wo aus das Land gegen Westen hin abzufallen schien. Eine kleine Quelle mit frischem Wasser, die aus der Seite des Hügels neben mir entsprang, lief in die andere Richtung, nämlich gegen Osten. Das Land war so frisch, so grün, so blühend, alle Dinge in stetem Grün und Frühlingsglanz, dass es einem gepflegten Garten glich».[68] In Rousseaus Beschreibungen wird die St. Petersinsel ebenfalls zum weitläufigen Garten: Mit den Worten «Ich, der ich die ganze Insel als Garten betrachtete […]»[69], hebt er zu einer neuen Träumerei an. Gerade das Botanisieren verwandelt die freie Natur in einen Garten, verleiht ihr einen «décor édénique»[70], eine Gestalt, die an den Garten Eden erinnert.

Spätere Besucher der St. Petersinsel nehmen den von Rousseau selbst gewählten Vergleich mit Defoes Romangestalt auf, wie zum Beispiel Johann Rudolf Sinner von Ballaigues, der das Inselleben des Philosophen als unauffällig, unschuldig und ebenso einsam wie das von Robinson Crusoe beschreibt.[71] Auch Wagner nennt ihn den «philosophischen Crusoë».[72]

Doch nicht genug mit Robinson. In seiner blühenden Phantasie identifiziert sich Rousseau auch mit einer anderen Figur, diesmal mit einem Helden aus der griechischen Mythologie. Die Übersiedlung der Kaninchen verleitet ihn dazu, sich mit Jason zu vergleichen: «Der Führer der Argonauten war nicht stolzer als ich, da ich die Gesellschaft und die Kaninchen im Triumph von der grossen Insel zur kleinen brachte […].»[73] Der Sage nach machte sich Jason zusammen mit fünfundvierzig anderen Helden auf den Weg, um das

[66] Rousseau, *Bekenntnisse*, S. 627.
[67] Rousseau, *Träumereien des einsamen Spaziergängers*, S. 695f.
[68] Defoe, *Robinson Crusoe*, S. 112.
[69] Rousseau, *Bekenntnisse*, S. 632.
[70] Trousson, *Jean-Jacques Rousseau et le mythe insulaire*, S. 107.
[71] Siehe Sinner, *Voyage historique et littéraire*, S. 127.
[72] Wagner, *Die Peters-Insel im Bieler-See*, S. 69.
[73] Rousseau, *Träumereien des einsamen Spaziergängers*, S. 699.

oublier les poursuites et les menaces. C'est «la meilleure manière d'atteindre un paradis terrestre».[75]

Dans sa ☞ *nostalgie des îles,* il est entièrement un enfant de son temps. La fascination que les îles exercèrent sur le XVIIIᵉ siècle était l'expression d'une aspiration à une vie simple et pure dans la nature, loin de toute dépravation. Et où réaliser une telle vie plus facilement que dans l'univers protégé et limité que forme une île? L'époque des conquérants et les voyages outre-mer avaient mis à la mode les récits d'îles paradisiaques où les habitants, selon toute apparence, vivaient plus heureux que les Européens. Les représentations idylliques d'un bonheur terrestre, du jardin d'Eden, d'un âge d'or, de ☞ *l'Arcadie,* le «locus amoenus», l'Elysée, se multiplièrent dans les rêves du XVIIIᵉ siècle. Mais il fallait un but géographique précis à ces rêves confus de vie en pleine nature. On le chercha en Suisse, et dans les îles. D'où le grand attrait que connurent les romans se déroulant sur une île au XVIIIᵉ siècle. Qu'on songe seulement à *Paul et Virginie,* roman d'amour malheureux sur fond d'île idyllique, écrit par Bernardin de Saint-Pierre, élève et ami de Rousseau. Le thème de l'île était plus que jamais en vogue à cause de son lien évident avec la ☞ *nostalgie de la nature.*

Toute île a sa particularité. Certaines sont auréolées d'un véritable nimbe de charme, comme Chypre, où la déesse Aphrodite surgit de l'écume, ou l'exotique Tahiti dans les îles du Pacifique. L'île Saint-Pierre a également le sien, car grâce au séjour de Rousseau, elle est devenue l'île du poète, «le jardin des Hespérides sur l'île enchantée de Calypso»[76] ou le «séjour de fées»[77]. Aux yeux de Rousseau, elle était bien plus qu'une petite île sur un lac suisse. C'était un lieu enchanté qu'il ornait de toutes sortes d'allusions littéraires et pittoresques. Il voyait l'île à travers un voile qui la lui faisait paraître plus luxuriante, plus solitaire, plus paradisiaque qu'elle n'était. Et tous ceux qui suivirent les traces de Rousseau sur l'île succombèrent à la même illusion, influencés par les descriptions poétiques des *Confessions* et de la *Cinquième Promenade.* Ces deux textes plaçaient littéralement un filtre embellissant entre le spectateur et le paysage. Les visiteurs venaient dans la ferme intention de voir l'île avec les yeux de Rousseau et ajoutaient leur pierre à l'interprétation du lieu. C'est ainsi que les descriptions de Rousseau et les innombrables récits des autres voyageurs chargèrent le charme naturel de l'île Saint-Pierre d'une importance inouïe.

---

[75] Frenzel, *Motive der Weltliteratur,* p. 381.
[76] Zschokke, *Wanderungen durch die Schweiz,* Vol. 2, p. 321.
[77] Küttner, *Briefe eines Sachsen aus der Schweiz,* Première partie, p. 300.

goldene Vlies aus Kolchis zu holen. Auf der abenteuerlichen Fahrt auf dem Schiff Argos passieren die Argonauten viele Inseln: Lemnos; die Sympladen, tückische schwimmende Felsen; die sagenhafte Insel des Ares, wo Vögel mit Bronzespitzen versehene Federn auf die Fremdlinge schiessen; die Insel der Zauberin Kirke; Kreta, wo sie den Riesen Talos überlisten …

Rousseaus Vorliebe für Inseln hat einen besonderen, einen persönlichen Grund. «Die Insel ist ein ambivalenter Bezirk, den erst das wertende Gefühl eindeutig macht. Wenn der Mensch seine Umwelt, die Gesellschaft, die Zivilisation als Last und Bedrohung empfindet, wird ihm eine Insel eine erwünschte Zuflucht sein, bejaht er dagegen seine Lebensform, wird er sich nicht nach einer Insel sehnen.»[74] Das erste Verhalten trifft auf Rousseau zu: Nach den bitteren Erfahrungen der Bücherverbrennung, der Verbannung aus Frankreich und Vertreibung aus Môtiers bietet ihm die St. Petersinsel vorübergehend Schutz vor Nachstellungen und Bedrohungen. Sein Inselleben bedeutet ihm Geborgenheit und Ordnung, es ist «ein bestmöglicher Zustand, ein irdisches Paradies erreicht».[75]

Doch mit seiner ☞ *Inselsehnsucht* ist Rousseau zugleich ganz Kind seiner Zeit. Die Faszination, die Inseln im 18. Jahrhundert auf die Menschen ausübten, war Ausdruck der allgemeinen Sehnsucht nach einem schlichten, unverdorbenen Leben in der Natur. Und wo wäre ein solches Leben besser und einfacher zu realisieren als im geschützten Bezirk einer Insel? Das Zeitalter der grossen Seefahrten und Entdeckungen brachte Nachrichten, Erzählungen und Bilder von paradiesischen Inseln, auf denen Menschen lebten, die anscheinend glücklicher waren als die Europäer. In den Träumereien des 18. Jahrhunderts vermengten sich verschiedenste Vorstellungen irdischer Glückseligkeit: der Garten Eden, das goldene Zeitalter, ☞ *Arkadien*, der «locus amoenus», das Elysium. Für diesen geographisch vagen Wunschtraum, ein Leben in der Idealnatur, brauchte es einen Ort. Das konnte z.B. die Schweiz sein, es konnte aber auch eine Insel sein. Das erklärt die ungeheure Attraktivität von Inselromanen im 18. Jahrhundert – man denke beispielsweise an die Inselidylle *Paul et Virginie* (1787) aus der Feder des Rousseau-Freundes und Verehrers Bernardin de Saint-Pierre. Das Insel-Thema war wegen seiner offensichtlichen Verbindung zur ☞ *Natursehnsucht* «en vogue» wie nie zuvor.

Jede Insel ist ein besonderer Ort. Doch manche, wie Zypern, an deren Ufern Aphrodite, die schaumgeborene Göttin, an Land gestiegen sein soll,

[74] Frenzel, *Motive der Weltliteratur*, S. 381.
[75] Frenzel, *Motive der Weltliteratur*, S. 381.

La deuxième visite

Pèlerinages littéraires

«C'est ici, disait l'un à l'autre, que se reposait souvent Jean-Jacques, sur les hauteurs de ces rives escarpées, et qu'il contemplait le jeu des vagues, dans un semi-rêve peuplé de sentiments doux-amers, le regard perdu. Ici se rafraîchissaient les brûlures de son âme à la vie des plantes qu'il récoltait avec amour; ici il se laissait porter par les vagues; là s'étend la petite île qu'il peupla de lapins et en face de laquelle l'autre lui semblait grande!»[78] C'est par ces mots que le Comte von Stolberg commenta sa visite de l'île Saint-Pierre. Et la poétesse Friederike Brun entretint à l'ombre des chênes des hauteurs de l'île un dialogue avec l'esprit du philosophe disparu: «Mon bon génie me conduisait, j'atteignis en peu de temps le sommet au-dessus des rives et je m'assis à l'ombre des chênes. Comme cette place dut lui sembler parfaite! Une profonde solitude et la nature qui l'entourait – le lac à ses pieds, qui le séparait de tous les tracas – et à une agréable distance les scènes charmantes de la vie champêtre. […] Ô très cher! même cet endroit t'était maudit! Tu aurais souhaité couler ici des journées paisibles, sans éprouver la dernière amertume qui assombrirent tes dernières années! Ah, si tu étais mort ici! Des larmes de regret suivent ton ombre, toi que je comprends entièrement dans tes hautes vertus comme dans tes faiblesses.»[79]

C'est cet état d'âme qu'il faut imaginer pour les voyageurs sentimentaux qui visitaient l'île avec enthousiasme sur les traces de leur cher modèle. Ils abordaient l'île dans la ferme intention de ressentir comme Rousseau, de se plonger dans les rêveries rendues propices par la beauté du paysage, et de vivre quelques heures en épigones du philosophe solitaire. Le flot de visiteurs, qui commença après que Rousseau eut quitté l'île, était immense, surtout après la parution des *Rêveries du promeneur solitaire* en 1782, quatre ans après la mort de leur auteur. Des têtes couronnées, des comtesses et des ducs, des poètes, des écrivains, des théologiens, des professeurs et savants traversaient toute l'Europe pour se rendre au lac de Bienne. Rien ne rebutait les admirateurs de Rousseau. Ils tenaient à contempler de leurs yeux les lieux enchantés où leur maître avait vécu quelques semaines si heureuses, quels que fussent l'inconfort ou la longueur du voyage.

---

[78] Stolberg, *Reise in Deutschland, der Schweiz, Italien und Sicilien*, Vol. I, p. 147s.
[79] Brun, *Reise nach der Petersinsel auf dem Bielersee*, p. 332s.

oder das Südseeparadies Tahiti, haben einen regelrechten Nimbus. Auch die St. Petersinsel hat einen bekommen; durch den Aufenthalt Rousseaus ist sie zur Dichterinsel, zum «hesperische[n] Naturgarten auf Calypso's Zaubereiland»[76], zu einem «Feenaufenthalt»[77] geworden. In Rousseaus Augen war die St. Petersinsel viel mehr als irgendeine kleine, hübsche Insel in einem Schweizer See. Für ihn war sie ein zauberhaft schöner Ort, den er mit allen möglichen literarischen Anspielungen und Bildmotiven anreicherte. Er sah die Insel wie durch einen Filter, er machte sie üppiger, einsamer, paradiesischer als sie war. Und alle, die wenige Jahre später auf Rousseaus Spuren über die inzwischen berühmte Insel spazierten, nahmen sie wiederum nicht unmittelbar wahr, sondern beeinflusst durch die poetischen Schilderungen in den *Confessions* und in der *Cinquième Promenade*. Die beiden Texte schoben sich buchstäblich wie Filter zwischen Betrachter und Landschaft. Denn diese Reisenden waren in der Absicht gekommen, die Insel ganz so zu sehen, wie Rousseau sie gesehen hatte. So legten sich allmählich mehrere Bedeutungsschichten über die St. Petersinsel. Rousseaus Schilderungen und die unzähligen Berichte späterer Besucher haben den schon von Natur aus reizvollen Ort zusätzlich mit ungeheurer Bedeutung aufgeladen.

Der zweite Besuch

Literarische Wallfahrten

«Hier, sagte einer dem anderen, hier ruhte oft Jean Jacques, auf dieses steilen Ufers Höhe und sah mit einem von süssschwärmender Empfindung gedämpften Bewusstsein und mit starrem Blick dem Wellenspiele des Sees nach; hier kühlte sich sein versengtes Gefühl an dem Anblick der thauigen Kräuter, die er mit Liebe sammelte; dort unten liess er sich forttreiben im Nachen von den sanften Fluthen; dort liegt das winzige Inselchen, das er mit Kaninchen bevölkerte, gegen welches die kleine Mutterinsel ihm ein grosses Eiland schien!»[78] So Graf von Stolberg über seinen Besuch auf der St. Petersinsel. Und Friederike Brun führt im Schatten der Eichenwälder auf der Inselanhöhe gar ein Zwiegespräch mit dem Geist des berühmten Inselbewohners: «Mein Genius leitete mich, und ich sass in wenig Minuten über dem Absturz im Eichenschatten. Wie so ganz musste dies Plätzchen für Ihn seyn! Tiefe Einsamkeit und Natur um Ihn – zu seinen Füssen der See, der ihn trennte von Überlästigen – in bequemer Entfernung der Blick auf freundli-

---

[76] Zschokke, *Wanderungen durch die Schweiz*, Bd. 2, S. 321.
[77] Küttner, *Briefe eines Sachsen aus der Schweiz*, Erster Teil, S. 300.
[78] Stolberg, *Reise in Deutschland, der Schweiz, Italien und Sicilien*, Erster Band, S. 147f.

La mode des voyages en Suisse

La plupart des admirateurs de Rousseau, auxquels nous devons de tels récits enthousiastes de leur visite de l'île Saint-Pierre, visitèrent assidûment toutes les «curiosités» des paysages suisses. C'est ainsi que le ☞ *voyage en Suisse*, devint un circuit devant les beautés de la nature, dont les étapes obligées étaient les chutes du Rhin à Schaffhouse, les glaciers à Chamonix ou Grindelwald, les chutes d'eau – Staubbachfall, Giessbachfall, Reichenbachfall – dans le Berner Oberland, les imposants paysages de montagne, surtout les célèbres Eiger, Mönch et Jungfrau, et la gorge de Schöllenen avec le Pont du diable. Au XVIIIe siècle, on ne saurait assez le dire, la Suisse était le but du voyage par excellence. On peut lire dans un guide de 1792: «De nos jours, le voyage en Suisse, ou Helvétie, est devenue tellement à la mode pour les étrangers, que pendant les mois d'été et d'automne, certains endroits sont devenus des lieux de rassemblement, où l'on retrouve des gens de tous pays d'Europe en négligé à table d'hôte, ou bien, hors de table, on les croise toujours sur sa route comme sur des chemins de pèlerinage.»[80]

Ce qui rendait ce petit pays si fascinant, c'est que sur un espace relativement restreint, la nature concentrait les paysages les plus dramatiquement impressionnants et les plus charmants. D'une part les éléments des cimes: sommets couverts de neige, glaciers, chutes d'eau, gorges, et d'autre part les éléments du paysage idyllique: lacs et rivières à l'eau cristalline et aux douces rives, vallées fertiles et prairies couvertes de fleurs. Les récits des voyageurs soulignent l'aspect unique de la Suisse: un petit pays sur lequel la nature avait versé sa corne d'abondance. Il ne manque que deux attractions à la Suisse, constatent certains: elle n'a pas de volcans et elle ne touche pas à la mer. Comme le fait remarquer Heinrich Zschokke: «Il est vrai que d'autres pays d'Europe ont leurs attraits, leurs lacs, leurs chutes d'eau, leurs montagnes et leurs vallées riantes», pour enchaîner aussitôt: «Mais nulle part ailleurs tout est tellement resserré en un étroit espace, à la fois si surprenant dans la rapidité du changement de paysage et pourtant de dimensions si colossales.»[81] La Suisse est pour le voyageur un musée des curiosités de la nature. Ou, comme l'exprime le poète Friedrich Matthisson, autre amoureux de la nature, la Suisse est un parc que la nature a créé et dont les beauté sont inégalées.

Avant la découverte de l'île Saint-Pierre, un autre lieu était le but favori des voyageurs sentimentaux sur les traces de leur cher maître: le lac Léman, décor de ☞ *Julie ou La nouvelle Héloïse*. Ce roman d'amour, au sous-titre

---

[80] *Über das Reisen durch die Schweiz*, p. 3.
[81] Zschokke, *Wanderungen durch die Schweiz*, Vol. 1, p. 9.

che Scenen des ländlichen Lebens. [...] O du Guter! und auch dies Plätzchen ward Dir missgönnt. Hier hättest Du im Frieden deine Tage beschlossen, ohne die letzte Bitterkeit zu empfinden, von der deine spätern Lebensjahre vergällt waren. Ach! wärst Du hier gestorben! Sehr wehmüthige Thränen folgten deinem Schatten, Du, den ich ganz verstehe und begreife, in deinen hohen Tugenden wie in deinen Schwächen.»[79] So oder ähnlich muss man sich die Begeisterung der Empfindsamen für die St. Petersinsel vorstellen. Sie setzten den Fuss an Land in der festen Absicht, so zu empfinden, so zu fühlen wie Rousseau, sich träumend zu versenken in die Schönheiten der Landschaft und ein paar Stunden ganz nach dem Vorbild des einsamen Philosophen zu verbringen. Der Besucherstrom, der einsetzte, nachdem Rousseau die Insel hatte verlassen müssen, vor allem aber nach dem Erscheinen der *Rêveries du promeneur solitaire* 1782, vier Jahre nach seinem Tod, war immens. Gekrönte Häupter, Gräfinnen und Herzoge, Maler, Dichter und Dichterinnen, Reiseschriftsteller und Theologen, Professoren und Wissenschaftler reisten aus ganz Europa an den Bielersee. Kein Weg war zu weit, keine Strapaze zu gross, um mit eigenen Augen sehen zu können, wo Freund Jean-Jacques die seligste Zeit seines Lebens verbracht hatte.

Die Mode der Schweizerreisen

Die meisten Rousseau-Verehrer, denen wir so schwärmerische Zeugnisse über ihren Besuch auf der St. Petersinsel verdanken, haben ausgedehnte Reisen durch die «merkwürdigsten Gegenden» der Schweiz unternommen (als «Merkwürdigkeit» hat man im 18. Jahrhundert eine Sehenswürdigkeit bezeichnet). Zu den kanonischen, d. h. unbedingt zu besuchenden Naturschauspielen auf einer solchen ☞ *Schweizerreise* zählten der Rheinfall bei Schaffhausen, die Gletscher bei Chamonix und Grindelwald, die Wasserfälle – Staubbachfall, Giessbachfall, Reichenbachfall – im Berner Oberland sowie die dortige gewaltige Gebirgskulisse, wobei vor allem Eiger, Mönch und Jungfrau Entzücken erregten, sowie die Schöllenenschlucht mit der Teufelsbrücke. Die Schweiz, das kann nicht genug betont werden, war im 18. Jahrhundert das Reiseziel par excellence: «Das Reisen in der *Schweiz*, oder *Helvetien*, ist bey Ausländern in unsern Tagen so zur Mode geworden, dass in den Sommer- und Herbstmonaten gewisse Gegenden Vereinigungsorte sind, wo man oft mit einmal Leuthe aus verschiedenen Ländern Europens en negligé a table d'hote beysammen findet; oder hors de table mit ihnen, wie auf Wall-

---

[79] Brun, *Reise nach der Petersinsel auf dem Bielersee*, S. 332ff.

11
Jean Michel Moreau le Jeune: Julie und Saint-Preux im elterlichen Garten – der erste Kuss.
Jean Michel Moreau le Jeune: Julie dans le jardin de ses parents avec Saint-Preux – le premier baiser.

68

fahrten, Wege und Strassen kreuzet.»[80] So nachzulesen in einem Reiseführer von 1792.

Was das kleine Land so faszinierend machte, war die Tatsache, dass sich auf engstem Raum alles versammelte, was die Natur an Gewaltigem und Liebreizendem zu bieten hatte: schneebedeckte Berggipfel, Gletscher, Wasserfälle, Schluchten – die Bestandteile der erhabenen Landschaft; Seen und Flüsse mit kristallklarem Wasser und lieblichen Ufern, fruchtbare Täler und blumenübersäte Ebenen – die Bestandteile der idyllischen Landschaft. Immer wieder wird in den Reiseberichten die Einmaligkeit der Schweiz betont: ein so kleines Land, über das die Natur das Füllhorn all ihrer Reize ausgeschüttet habe. Nur zwei Attraktionen, so wird zuweilen angemerkt, könne die Schweiz nicht bieten: Sie besitze keine Vulkane und grenze nicht ans Meer … «Allerdings, auch andere Länder Europens haben ihre eigenthümlichen Reize; ihre Seen, ihre Wasserfälle, Gebirge und üppigen Thalgelände», räumt etwa Heinrich Zschokke ein, fährt aber gleich darauf fort: «Aber nirgends ist Alles in dem Maasse zusammengedrängt, wie hier; so überraschend durch schnellen Wechsel und doch in so kolossalem Maassstabe.»[81] Die Schweiz erscheint den Reisenden als begehbares Museum aller Naturschauspiele. Oder sie ist, wie es der naturschwärmende Dichter Friedrich Matthisson ausdrückt, ein von der Natur unübertrefflich angelegter Park.

Noch vor der Entdeckung der St. Petersinsel gehörte schon eine andere, ganz dem Rousseau-Kult geweihte Gegend zu den beliebtesten Reisezielen der Empfindsamen: der Genfersee, an dessen Ufern sich die Schauplätze von Rousseaus Liebesroman ☛ *Julie ou La nouvelle Héloïse* befinden. Die «Briefe zweier Liebenden aus einer kleinen Stadt am Fusse der Alpen», so der Untertitel, war das wichtigste literarische Vorbild für das sentimentale Naturerlebnis. Der Roman erzählt die Geschichte einer unerlaubten, heimlichen, leidenschaftlichen Liebe zwischen einem Hauslehrer und seiner adeligen Schülerin. Dass der Roman in Briefen abgefasst ist, steigert die Unmittelbarkeit und Echtheit der Erlebnisse zusätzlich. Saint-Preux schildert in einem Brief an seine Julie die Wirkung, die der erste Kuss in ihm ausgelöst hat. Sein aufgewühlter Zustand teilt sich bei der Niederschrift mit; die Hand, die die Feder führt, zittert: «Allein, wie wurde mir [...], als ich – die Hand bebt mir – ein angenehmes Zittern – Deinen Rosenmund – Juliens Mund fühlte ich – wie er auf dem meinigen ruhte, auf den meinigen sich presste, und wie mein Leib von Deinen Armen umschlossen war. Nein, des Himmels

---

[80] *Über das Reisen durch die Schweiz*, S. 3.
[81] Zschokke, *Wanderungen durch die Schweiz*, Bd. 1, S. 9.

évocateur «Lettres de deux amants habitants d'une petite ville au pied des Alpes», était devenu le modèle littéraire de la jouissance de la nature pour le voyageur sentimental. C'est l'histoire d'un amour secret, interdit et passionné entre un précepteur et sa jeune et noble élève. La forme choisie pour le roman, un échange de lettres, donne une note d'authenticité qui touche encore plus le lecteur. Saint-Preux décrit dans une lettre à Julie l'émotion qu'a déchaîné en lui leur premier baiser. Ses sentiments débordent, sa plume tremble en écrivant,: «Mais que devins-je [...], quand je sentis ... la main me tremble ... un doux frémissement ... ta bouche de roses ... la bouche de Julie ... se poser, se presser sur la mienne, et mon corps serré dans tes bras? Non, le feu du ciel n'est pas plus vif ni plus prompt que celui qui vint à l'instant m'embraser. Toutes les parties de moi-même se rassemblèrent sous ce toucher délicieux. Le feu s'exhalait avec nos soupirs de nos lèvres brûlantes, et mon cœur se mourait sous le poids de la volupté ... quand tout à coup je te vis pâlir, fermer tes beaux yeux, t'appuyer sur ta cousine, et tomber en défaillance.»[82] (ill. 11). Le ton saccadé, le bouleversement de sentiments, l'amour passionné, la pâmoison pour fuir des émotions insupportables, tous ces thèmes sont caractéristiques de la sensibilité de l'époque. A nos oreilles, tout cela sonne affecté et déplacé. Mais pour les contemporains et contemporaines de Rousseau, la *Nouvelle Héloïse* produisit un effet tout autre. Ce roman lançait un ton entièrement nouveau, le ☞ *langage des sentiments* mettait terme à une époque de «poésie sans poésie», à un genre littéraire où abondaient des personnages factices sans véritables sentiments. La passion authentique et forte de la tragédie d'autrefois avait disparu et s'était enlisée dans la froide rhétorique. La poésie lyrique s'était figée dans les déclamations sans spontanéité. Mais Rousseau était le «découvreur de la passion et de sa puissance élémentaire et ravageuse».[83] Son roman met en scène des personnages proches du lecteur, animés de sentiments vrais. Ce fut une sensation littéraire. Comme l'écrit le philosophe allemand Ernst Cassirer (1874–1945), c'est «la montée de ce monde quasi-oublié qui toucha et remua si profondément les contemporains de Rousseau dans la *Nouvelle Héloïse*».[84] La *Nouvelle Héloïse* fut le ‹best-seller› du XVIIIᵉ siècle. Les libraires, qui n'arrivaient pas à satisfaire la demande effrénée du public, se voyaient contraints de prêter le livre pour quelques jours, voire quelques heures ...[85]

---

[82] Rousseau, *La Nouvelle Héloïse* I, Iᵉ partie, lettre XIV, p. 109s.
[83] Cassirer / Starobinski / Darnton: *Drei Vorschläge, Rousseau zu lesen*, p. 44.
[84] Cassirer / Starobinski / Darnton: *Drei Vorschläge, Rousseau zu lesen*, p. 45.
[85] Voir Darnton, *Leser reagieren auf Rousseau*, p. 274.

Feuer ist nicht heftiger, nicht schneller als jenes, das mich augenblicklich entzündete. Alle Teile von mir sammelten sich unter dieser zärtlichen Berührung. Mit unsern Seufzern verhauchte das Feuer von den brennenden Lippen, und mein Herz erstarb unter der Wonne Last – da ich auf einmal Dich erblassen, Deine schönen Augen schliessen, an Deine Base Dich lehnen und in Ohnmacht sinken sah.»[82] (Abb. 11). Das Stammeln, das Überwältigtsein von Gefühlen, die leidenschaftliche Liebe, die Ohnmacht als Flucht aus der nicht zu ertragenden Fülle der Empfindungen – das alles sind typische Motive der Empfindsamkeit. In unseren Ohren klingt es wie Trivialliteratur. Doch auf Rousseaus Zeitgenossen und Zeitgenossinnen hat die *Nouvelle Héloïse* ganz anders gewirkt. In diesem Roman wurde ein völlig neuer Ton angeschlagen, die ☛ *Sprache des Gefühls* löste eine Epoche der «poésie sans poésie» ab, eine Literatur, die von papierenen Figuren und unechten Gefühlen beherrscht war. Die echte und starke Leidenschaft der damaligen Tragödie war verebbt und zuletzt in blosse Rhetorik aufgegangen. Erstarrung kennzeichnete auch die Lyrik. Rousseau dagegen war der «Entdecker der Leidenschaft und ihrer elementaren Urgewalt».[83] Sein Roman erzählt von echten Menschen mit echten, tiefen Gefühlen. Und das war eine literarische Sensation. Es war, wie Ernst Cassirer schreibt, «das Heraufsteigen dieser fast vergessenen Welt, was die Zeitgenossen an Rousseaus *Nouvelle Héloïse* so stark ergriff und was sie so tief erschütterte».[84] Die *Nouvelle Héloïse* war *der* Bestseller des 18. Jahrhunderts. Buchhändler, die die Bestellungen wegen der ungeheuren Nachfrage nicht alle ausführen konnten, sahen sich gezwungen, den Roman stunden- oder tageweise auszuleihen …[85]

Was die Lektüre dieses Liebesromans beim zeitgenössischen Lesepublikum auslöste, ist für uns heute kaum mehr vorstellbar. Wer auch immer die *Nouvelle Héloïse* las, war trunken von Gefühlen: «Der Abbé Cahagne las Freunden dieselben Abschnitte wenigstens zehnmal vor, wobei jedesmal die ganze Runde in Tränen ausbrach: ‹Man muss nach Luft ringen, man muss das Buch aus der Hand legen, man muss weinen, man muss Ihnen schreiben, dass man an Gefühlsstürmen und Tränen erstickt.› Der Roman führt bei J.-F. Bastide zur Bettlägerigkeit und brachte ihn nahezu um den Verstand, so glaubte er zumindest [...]. Der Baron de La Sarraz erklärte, die einzige Art und Weise, das Buch zu lesen, sei hinter verschlossenen Türen, damit man nach Herzenslust weinen könne, ohne von den Dienstboten unterbrochen zu

[82] Rousseau, *Julie oder Die neue Héloïse*, S. 64.
[83] Cassirer / Starobinski / Darnton: *Drei Vorschläge, Rousseau zu lesen*, S. 44.
[84] Cassirer / Starobinski / Darnton: *Drei Vorschläge, Rousseau zu lesen*, S. 45.
[85] Siehe Darnton, *Leser reagieren auf Rousseau*, S. 274.

Le flot d'émotions que déclenchait le roman chez les lecteurs est inimaginable pour nous. Tous ceux qui se plongeaient dans la *Nouvelle Héloïse* étaient en proie à un débordement de sentiments: «L'abbé Cahagne lit à ses amis le même passage au moins dix fois de suite et à chaque fois l'assemblée est émue aux larmes: ‹On en perd la respiration, il faut poser le livre, pleurer, on doit vous écrire qu'on étouffe de larmes et d'émotion.› A cette lecture, J.-F. Bastide doit se mettre au lit et le roman lui fait presque perdre la raison, du moins c'est ce qu'il croit [...]. Le Baron de La Sarraz explique que la seule façon de lire le roman est de s'enfermer à double tour pour pouvoir pleurer à son aise sans être dérangé par les domestiques. [...] La Marquise de Polignac réussit à se contenir jusqu'à la scène où Julie est couchée sur son lit de mort, et s'écroule alors : ‹Je n'ose pas vous décrire l'effet que le roman eut sur moi. Non, j'étais au-delà des larmes. Une douleur déchirante me transperçait. Mon cœur était broyé. Julie mourante n'était plus une inconnue. Je me sentais sa sœur, son amie, sa Claire. Mes convulsions devinrent si fortes que si je n'avais mis le livre de côté, je serais tombée malade comme tous ceux qui soutinrent cette femme vertueuse dans ses derniers instants.›»[86]

Au bord du lac Léman, les admirateurs de Rousseau visitaient les lieux du roman: «Combien j'étais touché en revivant toutes les scènes de ce roman de Rousseau, et comme chaque coin que j'ai découvert m'est devenu cher!»[87] s'écrie un autre écrivain du XVIIIe siècle, Karl Gottlob Küttner. Verser un flot de larmes sur les lieux du roman était un des rituels obligés de ce pèlerinage sentimental. Le rocher de la Meillerie déclenchait une émotion particulièrement irrépressible. C'est là que Saint-Preux, à demi-fou d'émotion et bouleversé par l'amour impossible qu'il éprouve pour Julie, observe à la jumelle les rives d'en face, où sa bien-aimée habite une maison de Vevey. Les sentiments de Goethe débordent également à la vue de ce rocher qui est passé dans la littérature: «Nous allâmes à Vevey, je ne pouvais retenir mes larmes en voyant Melleraye en face et la dent de Chamant et tous ces lieux que l'éternel solitaire Rousseau avait peuplé d'êtres sensibles.»[88]

L'étape au lac Léman produisait des effets profonds sur le voyageur sentimental: il s'identifiait avec plus de force encore à Julie ou à Saint-Preux, car il se sentait transporté dans leur monde, voire il commençait à croire tout à fait à leur existence. Le décor pittoresque du lac Léman fit une si vive impression sur le philosophe et pédagogue Johann Georg Sulzer (1720–1779)

---

[86] Darnton, *Leser reagieren auf Rousseau*, p. 275.
[87] Küttner, *Briefe eines Sachsen aus der Schweiz*, Deuxième partie, p. 323.
[88] Goethe à Charlotte von Stein, 20–27 Octobre 1779. In: Goethe, *Das erste Weimarer Jahrzehnt*, p. 207s.

werden. […] Die Marquise de Polignac schaffte es bis zur Szene, wo Julie auf dem Totenbett liegt, doch dann brach sie zusammen: ‹Ich wage gar nicht, Ihnen die Wirkung zu beschreiben, die diese auf mich hatte. Nein, ich war jenseits von Tränen. Ein scharfer Schmerz durchzuckte mich. Mein Herz war zerschmettert. Die sterbende Julie war kein unbekannter Mensch mehr. Ich fühlte mich als ihre Schwester, ihre Freundin, ihre Claire. Meine Konvulsion wurde so heftig, dass, hätte ich das Buch nicht beiseite gelegt, ich ebenso krank geworden wäre wie all jene, die dieser tugendhaften Frau in ihren letzten Minuten Beistand leisteten.›»[86]

Am Genfersee suchten die Rousseau-Schwärmerinnen und -schwärmer nach den Schauplätzen des Romans: «Mit welchem Antheile bin ich allen Scenen dieses Rousseauischen Romanes nachgegangen, und wie süsse ist mir jeder Winkel gewesen, den ich ausgespürt habe!»[87] jubelt Karl Gottlob Küttner. Dass an den aufgespürten Orten Ströme von Tränen vergossen wurden, gehörte zum Ritual der empfindsamen Reise. Ganz besonders heftige Empfindungsschwälle löste der Anblick des Felsens von Meillerie aus. Im Roman beobachtet der von unglücklicher, weil unmöglicher Liebe halb rasende Saint-Preux von dort aus mit dem Feldstecher das gegenüberliegende Ufer, wo in Vevey das Haus seiner geliebten Julie steht. Auch Goethes Empfindungen strömen bei diesem Anblick eines in die Weltliteratur eingegangenen Felsens über: «Wir fuhren nach Veway, ich konnte mich der Trähnen nicht enthalten, wenn ich nach Melleraye hinüber sah und den dent de Chamant und die ganzen Pläzze vor mir hatte, die der ewig einsame Rousseau mit empfindenden Wesen bevölckerte.»[88]

Das Erlebnis Genfersee hatte grundsätzlich zweierlei Wirkung auf die empfindsamen Reisenden: sie begannen sich noch stärker als zuvor mit Julie und Saint-Preux zu identifizieren, weil sie sich ganz in deren Welt versetzt fühlten, oder aber sie begannen allen Ernstes an die wirkliche Existenz dieser Romanfiguren zu glauben. Auf Johann Georg Sulzer machte die landschaftliche Kulisse des Genfersees jedenfalls einen so lebhaften Eindruck, dass er «geneigt war, den ganzen Roman von *Julie* und *St. Preux* für wahre Geschichte zu halten, die sich vor wenig Jahren hier zugetragen».[89] Allerdings konnte die literarische Wallfahrt auch mit herben Enttäuschungen enden, denn so idealisch-schön wie Rousseau die Gegend «malte», war sie zuweilen eben doch nicht … «In *Klarens* stösst man auf Inkongruitäten», nörgelt

---

[86] Darnton, *Leser reagieren auf Rousseau*, S. 275.

[87] Küttner, *Briefe eines Sachsen aus der Schweiz*, Zweiter Teil, S. 323.

[88] Goethe an Charlotte von Stein, 20.–27. Oktober 1779. In: Goethe, *Das erste Weimarer Jahrzehnt*, S. 207f.

[89] Zitiert nach Raymond, *Von der Landschaft im Kopf zur Landschaft aus Sprache*, S. 106.

qu'il inclinait «à tenir la romance entre *Julie* et *St. Preux* pour une histoire véritable qui s'était déroulée ici quelques années plus tôt».[89] Il arrivait cependant que ce pèlerinage sentimental se termine par d'amères déceptions, car le paysage n'était pas toujours aussi parfaitement et idéalement beau que dans les descriptions de Rousseau...«A *Clarens* on tombe sur des incongruités», ronchonne le poète Matthisson. Par-derrière des fenêtres rapetassées, on aperçoit «en plus du reste, au lieu du gracieux profil de la divine *Julie*, le sombre visage d'une vieille matrone paysanne [...]. Ce détail nous gâcha tout.»[90]

La plupart de ceux qui se rendaient au Lac Léman poursuivaient leur route jusqu'à l'île Saint-Pierre, attirés par les descriptions enchanteresses de Rousseau, et l'île devint très vite une des étapes les plus courues du voyage en Suisse. D'autres voyageurs venaient de Berne. Un des itinéraires, très apprécié parce qu'abondant en «curiosités», était celui qui partait de Bâle pour traverser la vallée sauvage et romantique de Moutier. Philippe Bridel prend cette route dans sa *Course de Bâle à Bienne par les vallées du Jura* (1789) et fournit une description très détaillée du paysage, complétée même d'une carte dépliable. En 1779, Goethe traversa à cheval l'étroite gorge de la Birs, expérience qui lui fit «la plus profonde et la plus majestueuse impression»[91]. Le passage de la Pierre Pertuis, arche imposante taillée dans le rocher à l'époque romaine, et sous laquelle passait la route, était un des hauts lieux de ce voyage (ill. 12). Cette «porte des montagnes» a quelque chose de «pittoresque, surtout si regardant au travers, elle encadre le paysage au-delà, présentant la gracieuse vallée de Tavannes au voyageur».[92]

Küttner prend aussi cette route, et son étonnement n'a pas de bornes: «la route se poursuit sur de nombreuses lieues, presque sans interruption, à travers une vallée, rarement plus large que de trente ou quarante pieds, à certains endroits la route et la rivière faisaient à peine vingt pieds de large. Plus de la moitié de cet étrange chemin (je n'exagère pas) est formée de rochers nus presque toujours chauves dressés à la verticale, et qui font souvent avec la route un angle si aigu que l'ouverture en haut est aussi étroite qu'en bas. Imaginez cette vue, cher ami, et étonnez-vous de ces rochers de huit à neuf cents pieds de haut et même plus; une route étroite où la nuit semble tomber, bordée par côté d'une rivière qui se fraye malaisément son chemin et qui à chaque pas frappe en bouillonnant d'écume l'un de ces rochers dressés sur son passage. Le fracas d'un côté, le silence de mort de l'autre côté, les

[89] Cité d'après Raymond, *Von der Landschaft im Kopf zur Landschaft aus Sprache*, p. 106.
[90] Cité d'après Raymond, *Von der Landschaft im Kopf zur Landschaft aus Sprache*, p. 107.
[91] Goethe à Charlotte von Stein, 3 octobre 1779. Dans: Goethe, *Das erste Weimarer Jahrzehnt*.
[92] Zschokke, *Wanderungen durch die Schweiz*, Vol. 2, p. 320.

12
Nicolas Pérignon/Pierre Jacques Duret: Der Pierre Pertuis.
Nicolas Pérignon/Pierre Jacques Duret: La Pierre Pertuis.

Matthisson. Denn hinter geflickten Fenstern kam «neulich auch noch, anstatt des Grazienprofils der göttlichen *Julie*, das braune Matronengesicht einer alten Bäuerin zum Vorschein […]. Dieser letztere Umstand verdarb alles […].»[90]

Viele Lac Léman-Reisende setzten ihren Weg bis zur St. Petersinsel fort, die durch die lockenden Schilderungen Rousseaus schnell zu einer der beliebtesten Stationen auf einer Schweizerreise avancierte. Andere kamen von Bern her. Eine besonders beliebte, weil besonders «merkwürdige» Anreisestrecke war aber diejenige von Basel aus, die durch das wildromantische Tal von Moutier führt. Philippe Bridel schlägt diese Route in seiner *Reise durch eine der romantischsten Gegenden der Schweiz* (1789) vor, einer ausführlichen Streckenbeschreibung samt ausklappbarer Wegkarte. Goethe ritt im Oktober 1779 durch die enge Birsschlucht, wobei ihm «der Zug durch diese Enge eine grosse ruhige Empfindung»[91] machte. Zu den Höhepunkten dieser Wegstrecke gehörte zweifellos die Besichtigung des Pierre Pertuis, eines mächtigen Felsentors aus römischer Zeit, das die Reisenden passieren mussten (Abb. 12). Diese «Bergpforte» hat «etwas Malerisches, besonders wenn

---

[90] Zitiert nach Raymond, *Von der Landschaft im Kopf zur Landschaft aus Sprache*, S. 107.
[91] Goethe an Charlotte von Stein, 3. Oktober 1779. In: Goethe, *Das erste Weimarer Jahrzehnt*, S. 196.

effrayants rochers, dépassant votre tête … Qui pourrait voir cela sans – comment dire – s'étonner! A certains endroits, la rivière est tellement comblée de rochers qu'on pourrait grimper dessus. Parfois le lit est si étroit qu'on pourrait sauter d'une rive à l'autre, ailleurs l'eau a rongé la paroi et coule sous une demi-voûte. Çà et là pousse un maigre sapin … Jamais, jamais, mon cher ami, je n'aurais pu imaginer un tel pays, ni croire qu'il puisse en exister un au monde.»[93] Le chemin dans cette vallée austère est bien long, mais, une demi-heure avant Bienne, le voyageur «laisse soudain les rochers derrière soi et découvre un nouveau monde. Quelle vue surprenante! Un instant auparavant, il est encore serré dans les étroites murailles, la route ne cesse de serpenter, son œil est arrêté de tous côtés, au-dessus de sa tête des rochers suspendus menaçants, à ses pieds la Suess tumultueuse, des sapins sombres répandent obscurité et tristesse! Un pas de plus, et il découvre devant lui un monde riant et divin. Il est à une hauteur remarquable et la ville s'étend à ses pieds. A droite, le haut Jura continue vers Neuchâtel, en bas jouent les vagues vertes du lac de Bienne. La rive à gauche, appelée les Quatre comtés, s'allonge sans heurts et ouvre une vue magnifique sur un pays riche et prospère. Tous les environs sont couverts de vignes qui alternent avec de vertes prairies.»[94]

Ce moment où le voyageur émerge d'une gorge sauvage pour se retrouver soudain comme en rêve devant un charmant et doux paysage était une expérience très recherchée dans les voyages en Suisse. L'amateur de la nature pourchassait véritablement de tels ☛ contrastes. Car ceux-ci, surtout s'ils se succèdent rapidement, jettent le voyageur sensible dans un bain changeant d'émotions; il oscille entre effroi et ravissement et se retrouve hors de lui dans ce parcours sentimental. Certains lieux comme la vallée de Moutier ou la trouée d'Urnerloch étaient célèbres pour ces contrastes. Il s'agit d'un tunnel de 64 mètres de long – d'ailleurs le premier tunnel routier en Suisse, creusé en 1707/08 – qui relie la gorge de Schöllenen à la riante vallée d'Urseren. Les voyageurs sortaient de l'obscurité du tunnel, et éblouis par le soleil, trouvaient à leurs pieds une vallée paradisiaque, tout comme dans la région du lac de Bienne.

Les amis et admirateurs de Rousseau se faisaient transporter sur l'île par des paysans du coin, des pêcheurs ou artisans de la région. Selon leur itinéraire, ils arrivaient par Gerolfingen (venant de Berne), de Bienne (s'ils venaient de la vallée de Moutier) ou depuis la rive nord-ouest, s'ils étaient d'abord passés par le lac Léman en hommage à Julie et Saint-Preux. Sigmund

[93] Küttner, *Briefe eines Sachsen aus der Schweiz*, Première partie, p. 289.
[94] Küttner, *Briefe eines Sachsen aus der Schweiz*, Première partie, p. 298s.

man sie zum Rahmen des dahinter liegenden Bildes macht, welches die An-muth des *Tavannerthals* dem Wandrer entgegenhält».[92] Auch Küttner nimmt diesen Weg, und sein Erstaunen kennt keine Grenzen: «Die Strasse geht viele Meilen weit, fast ununterbrochen, durch ein Thal, das selten über dreyssig oder vierzig Schuhe breit ist; ja bisweilen war der Fluss und die Strasse zu-sammen kaum zwanzig. Mehr als die Hälfte dieses sonderbaren Weges be-steht (ich sage nicht zu viel) aus puren, blossen Felsen, welche fast immer ganz kahl in senkrechter Linie in die Höhe steigen; sehr oft machen sie auch mit der Strasse einen so spitzen Winkel, dass ihre Öffnung oben noch einmal so enge ist, als unten. Denken Sie sich nun, liebster Freund, den Anblick, und staunen Sie, auf beiden Seiten senkelgerade Felsen, von acht= bis neunhun-dert Fuss, auch wohl höher; eine schmale Strasse, auf der es Nacht zu werden scheint, und auf der Seite der Fluss, der unwillig durch das enge Felsenbette sich drängt, und bey jedem Schritt von einem hervorragenden Felsen schäu-mend zurückprellt. Das Getöse, die todte Stille auf der andern Seite, die fürchterlichen Felsenstücke, die öfters über Ihr Haupt ragen – wer könnte das ohne Erstaunen, ohne – wie soll ich es nennen – sehen! An einigen Orten habe ich den Fluss so von Felsen überwachsen gesehen, dass man darauf her-umgehen konnte; hin und wieder ist er in ein so enges Bette gepresst, dass man beynahe darüber springen könnte; an andern Orten hat er die Felsen-wand unterfressen, so dass er unter einem halben Gewölbe fliesst. Nur hin und wieder wächst aus dem Felsen eine magere Fichte, die ihre Dürre von dem wenigen Steinsaft nährt. Nie, nie, lieber Freund, hätt' ich so ein Land mir vorstellen, nie glauben können, dass eins in der Welt existirte.»[93] Der Weg durch das düstere Tal ist lang, doch dann, «eine halbe Stunde vor Biel hören alle die Felsen und Berge auf einmal auf, und man sieht sich in einer neuen Welt. Ein überraschender Anblick! Noch ist der Reisende zwischen steilen und engen Felsenwänden eingeschlossen; die Strasse windet und drehet sich ohne Unterlass; er kann weder vor noch hinter sich sehen; sein Auge ist auf allen Seiten eingeschränkt; hängende Felsen drohen über ihm, wüthend stürzt sich die Suess herum; schwarze Tannen verbreiten dunkel und Trauer umher! – einen Schritt weiter! – und er sieht eine weite lachende Gotteswelt vor sich. Man befindet sich in einer beträchtlichen Höhe über Biel und hat die Stadt gerade unter sich. Zur Rechten zieht sich der hohe Jura nach Neu-enburg hinab, und an seinen Fuss spielt der Bielersee seine grünen Wellen. Das Ufer auf der linken Seite, die sogenannten vier Grafschaften, erscheint platt und öffnet eine herrliche Aussicht in ein reiches und fruchtbares Land.

---

92 Zschokke, *Wanderungen durch die Schweiz*, Bd. 2, S. 320.
93 Küttner, *Briefe eines Sachsen aus der Schweiz*, Erster Teil, S. 289.

von Wagner décrit une scène de port animée à Gerolfingen: «Un port formé par la seule nature, y renferme plusieurs barques de pêcheurs toujours prêtes à transporter des passagers. Les cabanes de ces pêcheurs sont romantiquement dispersées sur le rivage et ombragées de grands arbres. [...]. Quand la société qui se propose de se rendre à l'île de St-Pierre n'est pas trop nombreuse, deux personnes suffisent ordinairement pour conduire le bateau des voyageurs.»[95] (ill. en couleur II, p. 179).

Souvent les récits de voyage et les journaux intimes imitent l'ambiance du voyage, entraînant dans la barque le lecteur confortablement assis dans son fauteuil: «Puisque vous avez patiemment suivi jusqu'à maintenant», écrit le professeur et journaliste Christoph Meiners (1747–1810) à un ami – et donc aux lecteurs –, «je veux vous récompenser en vous prenant avec moi à l'île Saint-Pierre sur le lac de Bienne».[96] La traversée depuis Gerolfingen dure une heure par temps calme. Depuis Bienne, une heure et demie. Cela laisse le temps de se mettre dans l'ambiance de ce «lieu enchanté»[97]. «Pendant tout ce trajet, on a en face la grande et la petite île, et, derrière elles, l'œil découvre à chaque instant quelque nouvelle partie des jolies petites villes de Cerlier et de la Neuveville, quelque château ou quelque maison de campagne; tandis que la chaîne bleuâtre du Jura sert de fond à cet agréable tableau. Mais c'est surtout le soir que le charme de ce paysage est inexprimable, lorsque les derniers rayons du soleil dorent les sommets des montagnes, et colorent d'un pourpre éclatant les nuages et le lac qui les réfléchit; tandis que les parties basses du rivage se perdent dans une vapeur grisâtre qui rend plus frappante encore la pompe de ces grands objets.»[98] Aux yeux impatients et assoiffés de beauté de Wagner, le paysage se fond en un tableau paré d'or et de tons bleus, gris et violets, tout à fait l'état d'âme requis pour pénétrer dans le jardin de Rousseau, «son île bienheureuse»[99].

Comme beaucoup d'expériences qui animaient les âmes sensibles, les promenades en bateau étaient chargées d'un certain héritage littéraire. C'est une promenade-traversée sur un lac qui a inspiré le poète et auteur dramatique allemand Klopstock, précurseur du «Sturm und Drang», dans sa *Deuxième ode sur la traversée du lac de Zurich* (1750). L'enthousiasme pour la nature, l'amour et l'amitié s'unissent dans un chant débordant de vie et de reconnaissance:

[95] Wagner, *L'île de St. Pierre dite l'île de Rousseau*, p. 11.
[96] Meiners, *Briefe über die Schweiz*, Erster Teil, p. 224.
[97] Wagner, *L'île de St. Pierre dite l'île de Rousseau*, p. 15.
[98] Wagner, *L'île de St. Pierre dite l'île de Rousseau*, p. 11s.
[99] Brun, *Reise nach der Petersinsel auf dem Bielersee*, p. 335.

Alles ist in der Nähe mit Weinbergen besetzt, die mit grünen Wiesen abwechseln.»[94]

Dieses Erlebnis, aus einer erhabenen, wilden Schlucht hinauszutreten und
plötzlich, wie in einem Traum, eine liebliche Landschaft vor sich zu haben,
war auf den Schweizerreisen besonders gesucht. Die reisenden Naturlieb-
haber waren regelrecht auf der Jagd nach solchen ☞ *Kontrasten*. Kontraste
stürzten, besonders wenn sie schnell aufeinanderfolgten, die empfindsamen
Reisenden in ein Wechselbad der Gefühle; sie schwankten zwischen Schau-
der und Entzücken und gerieten bisweilen ganz ausser sich während eines
solchen emotionalen Parcours. Neben dem Münstertal gab es noch andere
Stellen, die des Kontrasterlebnisses wegen berühmt waren, zum Beispiel das
Urnerloch. Dieser 64 Meter lange Tunnel – übrigens der erste schweizerische
Strassentunnel, 1707/08 erbaut – verbindet die Schöllenenschlucht mit dem
«lachenden» Urserental. Die Reisenden traten aus dem Dunkeln ins helle
Sonnenlicht und vor ihnen tat sich, ganz wie in der Bielerseegegend, ein
paradiesisch anmutendes Tal auf.

Von den Ufern des Bielersees liessen sich die Rousseau-Freunde und
-Freundinnen von einheimischen Bauern, Fischern oder Handwerkern in
Barken zur Insel übersetzen. Je nach Anreiseroute bestiegen die Reisenden
die kleinen Boote in Gerolfingen (von Bern kommend), in Biel (durch das
Münstertal kommend) oder am nordwestlichen Ufer, wenn sie sich zuvor in
der Genferseegegend, bei Julie und Saint-Preux, aufgehalten hatten. Sigmund von Wagners Beschreibung gibt einen Eindruck von der lebhaften
Ländteszene in Gerolfingen: «Im kunstlosen Hafen liegen allezeit mehrere
Fischerkähne, bereit den Reisenden, wohin er begehrt, überzusetzen, und von
allen Seiten eilen um den Gewinnst wetteifernde Schiffer herbey, um den
Vorzug zu erhalten. Gewöhnlich, wenn die Reisegesellschaft nicht zu zahl-
reich ist, reichen zwey Personen hin, die hier üblichen Schiffe ohne Mühe zu
führen.»[95] (Farbtafel II, S. 179).

Häufig imitieren die Reiseberichte und Tagebücher den Aufbruch, lassen
den in seinem Sessel sitzenden Lesenden quasi miteinsteigen in die Barke:
«Wenn Sie aber bis hieher geduldig ausgehalten haben», so der Reiseschriftsteller Christoph Meiners an einen Freund – und damit auch an die
Leserin, den Leser –, «so will ich Sie für ihre Beharrlichkeit auf die Petersinsel im Bielersee mitnehmen».[96] Die Überfahrt, bei ruhigem See eine
knappe Stunde von Gerolfingen, eineinhalb Stunden von Biel aus, lässt Zeit

[94] Küttner, *Briefe eines Sachsen aus der Schweiz*, Erster Teil, S. 298f.
[95] Wagner, *Die Peters-Insel im Bieler-See*, S. 11.
[96] Meiners, *Briefe über die Schweiz*, Erster Teil, S. 224.

Les lointaines Alpes argentées sortent maintenant des nuages
et le cœur des garçons bat plus sensible,
Déjà il se révèle plus loquace
à sa belle compagne
[…]
Maintenant les bras ombragés et frais de la forêt
qui couronnent l'île nous enlacent:
Et tu vins, ô joie!
A pleine force sur nous
[…]
Ô! Nous voulions bâtir ici les demeures de l'amitié
et toujours y séjourner, toujours!
Cette ombre de la forêt, nous l'appelions Tempe,
Ces vallées, nous les nommions Elysée.[100]

De même, dans la ☛ *Nouvelle Héloïse*, Julie, devenue Madame de Wolmar, et Saint-Preux font une excursion sur le lac Léman. Au milieu du lac, Saint-Preux raconte: «Là, j'expliquais à Julie toutes les parties du superbe horizon qui nous entourait. Je lui montrais de loin les embouchures du Rhône dont l'impétueux cours s'arrête tout à coup au bout d'un quart de lieue, et semble craindre de souiller de ses eaux bourbeuses le cristal azuré du lac. […] En l'écartant de nos côtes j'aimais à lui faire admirer les riches et charmantes rives du pays de Vaud, où la quantité des villes, l'innombrable foule du peuple, les coteaux verdoyants et parés de toutes parts forment un tableau ravissant.»[101] Julie et son ancien amant, pris dans la tempête qui se lève, se trouvent en grand danger – passage qui donnaient d'agréables frissons aux lecteurs de Rousseau, car le lac battu par l'orage reflète les tortures intérieures de Saint-Preux qui aime Julie tout aussi passionnément qu'autrefois. En traversant le lac vers l'île Saint-Pierre, le voyageur sentimental ne manquait pas de revivre par l'esprit de telles scènes idylliques ou dramatiques …

Presque tous les bateaux accostaient à la pointe sud de l'île, tout près de l'endroit où se trouve un mémorial dédié à Rousseau. Un petit canal formait autrefois un petit port protégé (ill. 13). Aujourd'hui, cette voie d'eau est comblée. Dès les premiers pas sur l'île, les sensations envahissaient le visiteur: «Nul être, que le sentiment du beau et du noble rende heureux et qui vienne ici avec son cœur, ne saurait rester indifférent aux rives de cette île, où l'esprit du grand homme put, sans être dérangé, être inspiré d'idées majeures et

---

[100] *Deutsche Lyrik vom Barock bis zur Gegenwart*, p. 53s.
[101] Rousseau, *La Nouvelle Héloïse* I, IVᵉ partie, lettre XVII, p. 136.

zur Einstimmung auf den «zauberischen Ort».[97] «Diese Fahrt ist ungemein angenehm, man hat während derselben allzeit die grössere sowohl als die kleinere Insel vor sich, und hinter derselben entdeckt das Auge am obern und jenseitigen Ufer des Sees die zwey niedlich gelegenen Städtchen Erlach und Neuenstadt, welchen zuletzt der hohe und blaue Jurassus zu einem lieblichen Hintergrunde dienet. Nichts kann reizender sein als der Anblick dieser Landschaft, wenn die Abendsonne mit ihren letzten Strahlen die diesseitigen Höhen, den Himmel und den See in purem Golde tünkt, das jenseitige Ufer hingegen in violette, graue und blaue Düfte verschmelzt.»[98] In den erwartungsvollen, ganz auf Schönheit gestimmten Augen Wagners verwandelt sich die Landschaft am Bielersee in ein Bild, ein Tableau in Gold-, Blau-, Grau- und Violettönen – die richtige Voraussetzung für den Eintritt in Rousseaus Garten, auf dem «seeligen Eiland»[99] gelegen. Wie so vieles, was die empfindsamen Gemüter bewegte, waren auch die «Spazier-» oder «Lustfahrten», wie man die Bootsfahrten zu nennen pflegte, literarisch vorgeprägte Erlebnisse. Die erste wirklich berühmte Lustfahrt über einen See schildert Klopstock in seiner *Zweyten Ode von der Fahrt auf der Zürcher See* (1750). Naturbegeisterung, Liebe und Freundschaft vereinigen sich zu einem einzigen Gesang überquellender Lebenslust und Dankbarkeit:

Jetzt entwölkte sich fern silberner Alpen Höh';
Und der Jünglinge Herz schlug schon empfindender;
Schon verrieth es beredter
Sich der schönen Begleiterinn.
[…]
Jetzt empfing uns die Au in die beschattenden
Kühlen Arme des Waldes, welcher die Insel krönt:
Da, da kamst du, o Freude!
Ganz in vollem Maass über uns
[…]
O! so wollten wir hier Hütten der Freundschaft baun,
Ewig wohnten wir hier, ewig! wir nennten dann
Jenen Schatten-Wald, Tempe,
Diese Thäler, Elysium.[100]

Auch in der ☞ *Nouvelle Héloïse* unternehmen Julie, jetzt Frau von Wolmar, und Saint-Preux, einen Ausflug auf dem Wasser: In der Mitte des Genfersees

[97] Wagner, *Die Peters-Insel im Bieler-See*, S. 15.
[98] Wagner, *Die Peters-Insel im Bieler-See*, S. 11f.
[99] Brun, *Reise nach der Petersinsel auf dem Bielersee*, S. 335.
[100] *Deutsche Lyrik vom Barock bis zur Gegenwart*, S. 53ff.

13
Peter und Samuel Birmann: Gutshaus auf der St. Peterinsel mit dem Hausländtekanal im Vordergrund.
Peter et Samuel Birmann: La demeure de l'île Saint-Pierre avec le canal du débarcadère au premier plan.

où son âme pieuse se perdait dans la douce perspective d'une humanité parfaite.»[102]

Il ressort de tous ces récits que le voyageur sentimental cherchait surtout à visiter les lieux dont la seule vue déchaînaient une tempête d'émotions dans son âme. Oui, on peut même, en exagérant à peine, affirmer que les paysages enchanteurs comme celui de l'île Saint-Pierre servaient essentiellement à cette finalité. Il est caractéristique de l'époque sentimentale de ne pas rechercher la nature pour elle-même, mais pour les *sentiments* déclenchés *par* l'expérience de la nature. Cette compréhension qui nous est quelque peu étrangère se reflète dans les descriptions de paysages de l'époque. Il s'agit typiquement d'une «imbrication entre description de la nature et protocole de sensations»[103]. Les sensations éprouvées pendant le voyage, la promenade, la traversée en bateau, le séjour en des lieux particulièrement touchants sont intégrés au récit. Le mot «sentimental» s'applique à une époque littéraire

[102] Spazier, *Wanderungen durch die Schweiz*, p. 151.
[103] Wegmann, *Diskurse der Empfindsamkeit*, p. 93.

erklärt Saint-Preux Julie «alle Teile des prächtigen Horizonts, der uns umgab. Ich zeigte ihr in der Ferne die Mündung der Rhône, deren ungestümer Lauf sich eine Viertelmeile davor plötzlich verlangsamt und sich zu schämen scheint, das azurne Kristall des Sees mit seinem schlammigen Wasser zu trüben. […] Indem wir uns von unserm Ufer abwandten, ergötzte ich mich daran, sie die fruchtbaren, lieblichen Ufer des Waadtlandes bewundern zu lassen, wo die vielen Städte, die Menschen ohne Zahl, die grünenden, allenthalben geschmückten Hügel ein entzückendes Gemälde bilden […].»[101] Julie und ihr früherer Geliebter geraten durch einen aufkommenden Sturm in Seenot – eine Passage, die Rousseaus Lesepublikum besonders angenehme Schauer bescherte, denn der sturmgepeitschte See spiegelt Saint-Preux' innere Qual: Noch immer liebt er Julie leidenschaftlich. Solche idyllischen oder dramatischen Szenen mögen sich auch während der Lustfahrt zur St. Petersinsel in den Köpfen der empfindsamen Reisenden abgespielt haben …

Fast alle Schiffe legten an der Südländte an, ganz in der Nähe der Stelle, wo heute das Rousseau-Denkmal steht. Ein kleiner Kanal formte einst einen schützenden Hafen (Abb. 13). Heute ist dieser Wasserweg zugeschüttet. Schon die ersten Schritte auf der zum literarischen Wallfahrtsort gewordenen Insel lösten besondere Gefühle aus: «Niemand, den das Gefühl des Edlen und Schönen glücklich macht und der ein Herz hier mit zu bringen hat, betritt ohne ganz besondern Antheil das Ufer dieser Insel, auf welcher sich der hier ungestörte Geist dieses grossen Mannes, wer weiss wie oft, zu grossen Ideen aufschwang, und wo sein frommes Herz sich in süsser Ahnung vollendeter Menschheit verlohr.»[102]

Was nach den bisher zitierten Reiseberichten schon deutlich geworden ist: den empfindsamen Reisenden ging es in allererster Linie darum, Gegenden und Orte aufzusuchen, deren Anblick in ihrem Innern wahre Gefühlsstürme auslöste. Ja, man kann sogar etwas überspitzt sagen, dass bezaubernde Landschaften wie die St. Petersinsel letztlich nur Mittel zum Zweck waren. Typisch für die Epoche der Empfindsamkeit ist, dass nicht die Natur an sich das Ziel war, sondern die *durch* die Natur ausgelösten *Gefühle*. Diese uns recht eigenartig anmutende Auffassung spiegelt sich in einem Grossteil der Landschaftsschilderungen jener Zeit. Es handelt sich dabei bezeichnenderweise immer um ein «Ineins von Naturbeschreibung und Empfindungsprotokoll».[103] Die bei Spaziergängen, Bootsfahrten und Etappenhalten an besonders lohnenden Orten ausgelösten Gefühle werden in die Berichte mit aufgenommen. Der Ausdruck «Empfindsamkeit» bezeichnet zwar eine lite-

[101] Rousseau, *Julie oder Die neue Héloïse*, S. 538.
[102] Spazier, *Wanderungen durch die Schweiz*, S. 151.
[103] Wegmann, *Diskurse der Empfindsamkeit*, S. 93.

mais aussi à une littérature inspirée de sentiments. Ou, pour le formuler différemment, la littérature et la vie, la lecture et la réalité étaient soudées inséparablement dans le sentimentalisme.

Faire de la nature un déclencheur de sentiments réussissait le mieux en des lieux déjà repérés, connus, maintes fois décrits – y compris la masse de sentiments obligatoires qui s'y rattachaient – par des voyageurs précédents. Certains spectacles naturels garantissaient pour ainsi dire le grand frisson des émotions sentimentales, puisqu'ils avaient été testés à plusieurs reprises. Mais quelle mortification pour le voyageur, s'il n'éprouvait pas au spectacle de la nature les émotions qu'il aurait dû, et que tous les autres avaient vécu avant lui! Wilhelm von Humboldt fit cette déplaisante expérience lorsqu'il arriva dans la vallée de Lauterbrunnen, guidé par les *Lettres sur la Suisse* de Meiners. Mi-figue, mi-raisin, il décrit avec un rien d'ironie son embarras perplexe: «Ayant vu le ruisseau du Staubbach, je m'allongeai sous un arbre en face de la Jungfrau, comme Meiners, et m'apprêtai à ressentir les émotions qu'il ressentit en décrivant la force rayonnante de cette montagne. Car je ne voudrais pas être un homme *tout à fait* dépourvu de sentiments.»[104]

La lecture en pleine nature

Les livres de Rousseau se trouvaient dans les bagages de la plupart des voyageurs qui séjournaient sur l'île, pour une journée ou quelques heures. Certains en lisaient les célèbres passages juste avant leur visite, d'autres se promenaient dans l'île le livre à la main, cherchant les lieux préférés de Rousseau pour se plonger dans la lecture. Cette façon de visiter l'île, – ☞ *la lecture en pleine nature* – était même fortement recommandée par bon nombre de guides, comme Philippe Bridel: «Nous ne quitterons point l'île, sans transcrire ici la charmante description que *Rousseau* en trace lui-même; tout voyageur sera bien aise de pouvoir la lire sur les lieux & de la comparer à la nature.»[105] Karl Spazier, randonneur au grand sens de l'observation et aux remarques critiques d'une ironie plaisante sur la Suisse, pratiquait la lecture dans la nature et la décrit sur le ton enflammé typique de l'époque : «J'errais tout le jour, m'asseyant parfois sur la rive, le regard perdu sur le lac où voguaient quelques bateaux; je lisais les Confessions de Rousseau avec l'émotion qu'on imagine.»[106]

[104] Cité d'après Raymond, *Von der Landschaft im Kopf zur Landschaft aus Sprache*, p. 118.
[105] Bridel, *Course de Bâle à Bienne*, p. 243.
[106] Spazier, *Wanderungen durch die Schweiz*, p. 154.

rarische Epoche, er bezeichnet aber auch ein von der Literatur inspiriertes Lebensgefühl. Oder anders formuliert: Literatur und Leben, Lektüre und Wirklichkeit waren in der Empfindsamkeit untrennbar miteinander verknüpft.

Die Natur zur Auslöserin von Gefühlen zu machen, gelang am besten an bereits bekannten Orten, an Stellen, die schon von anderen Reisenden beschrieben worden waren, mitsamt den dazugehörigen obligaten Gefühlen. Einige Naturspektakel *garantierten* sozusagen, weil mehrfach erprobt, den Kitzel empfindsamer Stimmungen. Nachgerade peinlich war es dann, wenn man angesichts dieser Naturschönheiten nicht das empfand, was man zu empfinden hatte – weil es alle anderen zuvor auch schon empfunden hatten…Wilhelm von Humboldt machte diese unangenehme Erfahrung, als er angeleitet von Meiners *Briefen über die Schweiz* ins Lauterbrunnental reiste. Halb verzweifelt, halb selbstironisch schildert er seine Nöte: «Als ich den staubbach besehn hatte legt ich mich unter einen baum im angesichte der iungfrau, wie Meiners, und wollte nun wie er alle die gefühle in mir hervorgebracht sehn, die er der wunderkraft der iungfrau zuschreibt. Denn ich wollt, doch gern ein *nicht ganz gefühlloser mensch* sein.»[104]

Lektüre in der freien Natur

Im Gepäck der meisten Reisenden, die für ein paar Stunden oder einen Tag auf der Insel blieben, befanden sich Rousseaus Bücher. Einige lasen die berühmten Passagen kurz vor dem Besuch der Insel, andere spazierten mit den Büchern in der Hand über sie, suchten Rousseaus Lieblingsplätze auf und vertieften sich an Ort und Stelle in die Lektüre. Diese empfindsame Art, der Insel zu begegnen – die ☛ *Lektüre in der freien Natur* – wird in manchen Reiseführern sogar ausdrücklich empfohlen, etwa bei Philippe Bridel: «Ich kann nicht von dieser Insel scheiden, ohne hier die schöne Schilderung einzuschalten, welche Rousseau selbst von ihr entworfen hat; jedem Reisenden wird es angenehm seyn, sie an Ort und Stelle zu lesen, und mit der Natur zu vergleichen […].»[105] Auch Karl Spazier, der scharfsichtige und zuweilen angenehm ironische Wanderer durch die Schweiz, praktizierte das Lesen in der Natur und schildert es im epochentypischen schwärmerischen Ton: «Ich irrte den ganzen Tag umher, sass zuweilen am Ufer, den Blick zum See hingekehrt, auf welchem Nachen hin und her schiften; ich las, mit welcher erhöhten Teilnehmung lässt sich leicht denken, in Rousseaus Bekenntnissen […].»[106]

---

[104] Zitiert nach Raymond, *Von der Landschaft im Kopf zur Landschaft aus Sprache*, S. 118.
[105] Bridel, *Reise durch eine der romantischsten Gegenden der Schweiz*, S. 324.
[106] Spazier, *Wanderungen durch die Schweiz*, S. 154.

14
Joseph Wright of Derby: Sir Brooke Boothby, ein leidenschaftlicher Rousseau-Verehrer, ist eben im Begriff, sich im Grünen der Lektüre seines Lieblingsdichters zu widmen. Auf dem Buchrük- ken prangt der Name «Rousseau».
Joseph Wright of Derby: Sir Brooke Boothby, admirateur passionné de Rousseau s'apprête à se plonger dans la lecture de son poète favori. On peut lire le nom de Rousseau au dos du livre.

La lecture dans la nature idyllique ou majestueuse devint un loisir de pré- dilection au XVIIIe siècle. On lisait l'ode de Klopstock sur le lac de Zurich, se remémorant dans la traversée la situation du poème; on se plongeait dans le *Chant des esprits au-dessus des eaux* de Goethe sous la chute d'eau de Staubbach; on se régalait des poèmes alpestres de Matthisson en écoutant les craquements du glacier et les cris des aigles en face de l'imposant panorama de Grindelwald; on cherchait dans *les Alpes* de Albrecht von Haller les pas- sages convenables sur les montagnes et les glaciers: «Là une montagne chauve enfonçait ses parois verticales, / des glaces éternelles se dressaient face au ciel».[107] Hirschfeld recommandait de se munir de ☛ *poésie pastorale* pour un séjour à la campagne, et de puiser par exemple chez Virgile ou

[107] Haller, *Die Alpen*, p. 16

Das Lesen in der freien Natur, sei sie nun idyllisch oder erhaben, kann mit Fug und Recht als eine der Lieblingsbeschäftigungen des 18. Jahrhunderts bezeichnet werden. Man liest Klopstocks Ode *auf den* Zürichsee bei einer Bootsfahrt *auf dem* Zürichsee, die der Situation im Gedicht nachempfunden ist; Goethes *Gesang der Geister über den Wassern* unter dem Staubbachfall; Matthissons Alpengedichte über krachendes Eis und gellende Adlerschreie vor dem imposanten Gletscherpanorama Grindelwalds; passende Strophen aus Albrecht von Hallers *Alpen* im Angesicht beliebiger Berge und Gletscher: «Dort senkt ein kahler Berg die glatten Wände nieder, / Den ein verjährtes Eis dem Himmel gleich getürmt […]».[107] Hirschfeld empfiehlt, sich vor einem Landaufenthalt mit ☛ *Schäferpoesie* einzudecken, mit Vergil und Theokrit. Wer der alten Sprachen nicht mächtig sei, könne sich mit zeitgenössischen Idyllen behelfen, etwa mit Segrais' Eklogen oder den Dichtungen der Madame Deshoulières; innerhalb der deutschen Dichtung rät er zu den «in einer so gefälligen Einfalt und Süssigkeit geschriebenen Idyllen des Herrn Gesners».[108]

Die Landschaftsschilderungen in den Texten werden durch die unmittelbare Anschauung der Kulisse, die als Vorbild diente oder zumindest mit der beschriebenen vergleichbar ist, «gefüllt». Was man sich normalerweise in der Phantasie vorstellen muss, hat man jetzt direkt vor Augen. Die Schönheit, die Lebendigkeit der Dichtungen steigert sich durch eine Lektüre an passenden Schauplätzen. Und das Hinausgehen aus Haus, Stadt oder Dorf erleichtert den Übergang vom Alltag in die Welt der Dichtung. Das Lesen im Freien beflügelt die Phantasie immer: Goethe liest bei einer Fahrt über den Thunersee im zwölften Gesang von Homers *Odyssee*, er liest, von den Wellen angenehm geschaukelt, von den Gefahren auf hoher See – vom lockenden Gesang der Sirenen und von den grässlichen Meeresungeheuern Skylla und Charybdis. Die Tatsache, dass er sich wie die Helden um Odysseus auf einem Schiff befindet, hilft seiner Einbildungskraft im Nu auf die Sprünge. Auf dem Thunersee erlebt Goethe, der Leser, die Schilderung ganz anders, als ihm das im Studierzimmer je möglich gewesen wäre. Matthisson verfasst einen regelrechten Hymnus auf das Lesen draussen im Grünen, fernab von beengenden Wohnstuben und düsteren Bibliotheken. Im Zusammenhang mit Rousseau macht er die einleuchtende Bemerkung, dass gerade die ☛ *Nouvelle Heloïse*, eine Liebesgeschichte «am Fusse der Alpen», nicht geschrieben sei, um in einer Ebene gelesen zu werden: «Anders liest man […] die *neue Heloise* bey *Vevay* oder *Klarens*, als in einer unfreundlichen, nur von

---

[107] Haller, *Die Alpen*, S. 16.
[108] Hirschfeld, *Landleben*, S. 169.

Théocrite. Ceux qui ignoraient les langues classiques pouvaient se rabattre sur des idylles contemporaines, comme les *Eglogues* de Segrais ou les poèmes de Madame Deshoulières; pour la poésie allemande, il conseillait «les idylles de Monsieur Gessner, si inspirées et si douces».[108]

Devant les paysages qui inspirèrent les coulisses d'un roman, les descriptions prennent vie. Le lecteur a sous les yeux le décor qu'il devait sinon se représenter par l'imagination. La beauté et la vivacité des poèmes culminent dans une lecture aux lieux choisis. Sortir de la maison, de la ville ou du village facilite la transition entre la vie quotidienne et le monde de la poésie. La lecture dans la nature inspire la fantaisie: Goethe lit le douzième chant de *l'Odyssée* sur le lac de Thoune, bercé par les vagues, il s'y plonge dans la description des dangers de la haute mer, du chant attirant et trompeur des sirènes, des terribles monstres marins Charybde et Scylla. Le fait qu'il se trouve sur un bateau, comme les héros de l'Odyssée, donne des ailes à son imagination. En plein air, Goethe ressent les descriptions autrement que dans son bureau. Matthisson chante un hymne véritable sur la lecture dans la verdure, loin des étroits salons et des austères bibliothèques. Il fait, à l'exemple de Rousseau, la remarque convaincante que précisément la ☞ *Nouvelle Héloïse*, une histoire d'amour «au pied des Alpes», n'est pas écrite pour être lue en plaine. «On lit la *Nouvelle Héloïse* tout autrement à *Vevey* ou *Clarens*, que dans cette plaine cernée de collines antipathiques où le célèbre roman me tomba dans les mains la première fois. Là-bas ma fantaisie pour la nature alpine n'avait ni couleur ni mesure, elle ne me projetait les grandes scènes de descriptions de Rousseau que selon des contours vagues et ôtait toute couleur à l'entourage. Alors qu'ici, je recevais tout, pas seulement le caractère du lieu, mais toute la vérité historique, et l'illusion était si parfaite, je mis à croire à l'existence de *Julie* à Vevey».[109]

Cette passion si extraordinaire pour la communion avec la nature grâce à la lecture remonte elle-même à des impulsions littéraires. L'imbrication entre la poésie et le réel est une caractéristique que l'on retrouve à chaque pas au XVIIIe siècle, car la frontière entre les deux est loin d'être étanche.

☞ *Werther* est l'un des plus célèbres personnages littéraires que son auteur envoie en pleine nature pour savourer la lecture, ici d'Homère ou d'Ossian. Karl Philipp Moritz met également un paquet de livres sous le bras de son héros Anton Reiser: *Les souffrances du jeune Werther*, Virgile et Horace. Anton cherche un bosquet, qui «formait une sorte de voûte au-dessus de lui

---

[108] Hirschfeld, *Landleben*, p. 169.
[109] Cité d'après Raymond, *Von der Landschaft im Kopf zur Landschaft aus Sprache*, p. 103.

Hügeln begrenzten Ebene, wo mir dieser berühmte Roman zuerst in die Hände fiel. Dort hatte meine Phantasie für die Alpen-Natur weder Farben noch Masstab; sie entwarf mir daher die grossen Scenen der *Rousseauischen* Darstellungen nur in verjüngten [= verkleinerten] Umrissen, und entlehnte ihr Kolorit aus der benachbarten Gegend: Hier bekam alles, nicht allein der Charakter der lokalen, sondern auch der historischen Wahrheit; und die Täuschung war so lebhaft, dass ich an *Juliens* Existenz in *Vevay* […] glaubte […]».[109]

Die so ausserordentlich beliebte Verquickung von Naturgenuss und Lektüre geht wiederum selbst auf literarische Anregungen zurück. Ein Merkmal des 18. Jahrhunderts, das einem auf Schritt und Tritt begegnet, ist eben wie schon erwähnt die Verschmelzung von Erdichtetem und Wirklichem: Die Grenze zwischen den beiden Bereichen ist durchlässig.

Der berühmteste *erfundene* Leser in der Natur ist Goethes Romanheld ☛ *Werther*. Goethe schickt in hinaus ins Grüne, um dort Homer oder Ossian zu lesen. Auch Karl Philipp Moritz versieht seinen Anton Reiser mit einem Packen Bücher unter dem Arm, darunter *Die Leiden des jungen Werther*, Vergil und Horaz. Reiser sucht sich ein Gebüsch, das «über ihm eine Art von Laube bildete […] und er lebte auf die Weise bei heiterm Wetter mehr in der offenen Natur, als zu Hause, indem er zuweilen fast den ganzen Tag so zubrachte, dass er unter dem grünen Gesträuch den Werther, und nachher am Bache den Virgil oder Horaz las».[110] (Nicht immer bleibt er dabei ganz ungestört, denn ein Ameisenheer bedrängt ihn aufs heftigste …). Und im wirklichen Leben? Im wirklichen Leben tragen die Grafen Stolberg auf ihren empfindsamen Reisen nicht nur das Werther-Kostüm – gelbe Weste, blauer Frack, braune Stulpenstiefel und einen runden Filzhut –, sie ahmen auch Werthers Lesegewohnheiten nach: Den Homer packen sie in heiter-lachenden Gegenden aus dem Ranzen, den Ossian dann, wenn's bedrohlich-düster und erhaben um sie herum wird. Manche Leser schreckten auch vor letzten Konsequenzen nicht zurück und folgten ihrem literarischen Vorbild Werther, der sich aus Liebeskummer eine Kugel in den Kopf schiesst, in den Tod. Um diesen Werther-Selbstmorden Einhalt zu gebieten, stellte Goethe der zweiten Auflage des Romans eine mahnende Warnung voran: «Sei ein Mann, und folge mir nicht nach!» Dem Verwirrspiel um Dichtung und Wirklichkeit waren in der Epoche der Empfindsamkeit wahrlich keine Grenzen gesetzt …

---

[109] Zitiert nach Raymond, *Von der Landschaft im Kopf zur Landschaft aus Sprache*, S. 103.
[110] Moritz, *Anton Reiser*, S. 223.

[...] et par beau temps il vivait ainsi plus dehors qu'à la maison, passant presque tout le jour avec Werther sous des auspices verdoyantes, puis lisant Virgile ou Horace au bord du ruisseau»[110] (où sa tranquillité est parfois dérangée par une invasion de fourmis ...). Leur exemple ne manque pas d'être suivi dans la vie réelle, comme par les frères von Stolberg qui, non contents de porter le costume de Werther dans leur voyage sentimental – gilet jaune, habit bleu, bottes brunes à revers et feutre rond –, imitent aussi ses habitudes de lecture, sortent Homère de leur musette dans les endroits riants, gardant Ossian pour les paysages dramatiques et menaçants. Certains lecteurs ne reculaient pas même devant le dernier acte de Werther et suivaient leur héros littéraire dans le suicide (par chagrin d'amour, Werther se tire une balle dans la tête). Pour mette fin à cette vague de suicides, Goethe mit un avertissement dans la deuxième édition: «Sois un homme, et ne me suis pas!» A cette époque, il n'y avait pas limites dans ce jeu déroutant entre le roman et la réalité ...

Le pavillon

Le pavillon sur les hauteurs l'île est une des curiosités qui attire les visiteurs dès leur arrivée. Il est situé au milieu d'une clairière entourée de très vieux chênes. Trois allées y conduisent, aménagées dans la première moitié du XVIIIe (1715–1719) selon les plans de l'ingénieur d'artillerie Samuel Otth. Le pavillon lui-même fut édifié par le Colonel Daxelhofer. En 1728, la direction de l'hôpital de Berne le laissa «construire un cabinet selon son goût».[111] Le chemin creux qui descend du pavillon vers l'ancienne maison du receveur fait également partie de ce premier aménagement baroque.

Sigmund von Wagner accorde sa description au chant enthousiaste de ses nombreux prédécesseurs: «Au bout de ce sentier on se trouve au sommet de la colline, dans le lieu le plus poétique que l'imagination même du Tasse ou de Gessner ait jamais su créer. Sur une esplanade, dont la verdure brillante peut le disputer aux plus beaux gazons d'Angleterre, s'élèvent des chênes majestueux [...]. Au milieu, une rotonde d'une architecture élégante, environnée de sièges commodes, invite l'admirateur de la nature au repos et à la contemplation.»[112] Pour saisir tout le charme de l'endroit, de banales descriptions ne lui suffisent pas. Wagner cherche des exemples dans la littérature. En évoquant les noms du Tasse et de Gessner – l'un, auteur connu d'une

---

[110] Moritz, *Anton Reiser*, p. 223.
[111] Cité d'après Gutscher / Moser, *Die St. Petersinsel BE*, p. 30.
[112] Wagner, *L'île de St. Pierre dite l'île de Rousseau*, p. 14.

Der Pavillon

Ein Punkt auf der Insel, dem die Reisenden meist gleich nach der Ankunft zustrebten, ist der Pavillon auf der Insel-Anhöhe, ein allseitig durchlichtetes Sälchen, umstanden von uralten Eichen. Drei Alleen laufen auf ihn zu. Sie wurden noch in der ersten Hälfte des 18. Jahrhunderts (1715–1719) nach dem Plan des Artillerieingenieurs Samuel Otth angelegt. Der Pavillon selbst wurde von Oberst Daxelhofer gebaut. 1728 überliess es ihm die Berner Spitaldirektion, «nach seinem Gutfinden ein Cabinet zu verfertigen».[111] Auch ein steiler Hohlweg, der das Inselhaus mit dem Pavillon verbindet, gehört zu dieser barocken ersten Gartenanlage.

Sigmund von Wagner stimmt mit seiner Beschreibung des Insel-Pavillons nur in einen schon bestehenden Chor hingerissener Reisender ein: «Steht man nach einem Wege von ungefehr zwey hundert Schritten zu oberst auf dem Abhange, so findet man sich auf einmahl auf dem dichterischsten Platze, welchen jemahls die Einbildungskraft eines Tasso oder eines Gessners hätte schaffen können. Auf einem Rasen, wie man ihn nicht schöner auf den feinsten englischen Boulingrins sehen kann […] stehet eine niedlich erbaute, mit vier hohen Eingängen und eben so viel hohen Fenstern versehene Rotonde, gleich einem Dianen-Tempel, und ladet den entzückten Bewunderer dieses Götterhains ein, zum ruhigen Genusse dieser Zauberstätte, auf die sie umgebenden Bänke sich niederzulassen.»[112] Um den Charme des Ortes in Worte zu fassen, genügen blosse Beschreibungen nicht. Wagner bemüht literarische Anspielungen. Indem er die Namen Tasso und Gessner erwähnt – der eine bekannt als Verfasser des ☞ Renaissance-Schäferspiels *Aminta*, der andere als Dichter von Idyllen mit so berückenden Titeln wie *Lycas, oder die Erfindung der Gärten* oder *Als ich Daphnen auf dem Spaziergang erwartete* – ruft er bei seinen gebildeten Leserinnen und Lesern augenblicklich ganze Bilderreigen hervor. Das ist wirksamer, als die Dinge selbst ausführlich zu schildern. Schliesslich geht die Einbildungskraft mit Sigmund von Wagner endgültig durch, da ist kein Halten mehr, und die Anhöhe auf der St. Petersinsel bevölkert sich vor seinen Augen mit Figuren der griechischen Mythologie: Man «sieht sich in jene schöne idealische Vorzeit versetzt, wo Apoll im lauschenden Walde seine Saiten stimmte, wo Diana und die Oreaden zuweilen sterblichen Augen erschienen, wo Pan fliehende Nymphen verfolgte und junge Faunen sich im Dickicht der Gebüsche jagten».[113]

---

[111] Zitiert nach Gutscher / Moser, *Die St. Petersinsel BE*, S. 30.
[112] Wagner, *Die Peters-Insel im Bieler-See*, S. 15f.
[113] Wagner, *Die Peters-Insel im Bieler-See*, S. 16.

☞ *pièce pastorale* de la Renaissance, *Aminta*, l'autre d'idylles poétiques aux titres séduisants comme *Lycas, ou l'invention des jardins* ou *Comme j'attendais Daphné en promenade* –, Wagner éveille instantanément toutes sortes d'images pour ses lecteurs cultivés. C'est une méthode plus efficace que de décrire les choses soi-même. Pour finir, la force imaginative de Wagner ne connaît plus de bornes, et les hauteurs de l'île Saint-Pierre se peuplent à ses yeux de personnages de la mythologie grecque: «Ici, l'âme, exaltée par les impressions qu'elle reçoit de tous les objets, se croit transportée dans ces régions idéales que les poètes ont chantées; dans ces beaux siècles de l'Antiquité, où la lyre d'Apollon faisait retentir les vallons de Thessalie, où Diane et les Oréades se montraient quelquefois aux yeux des mortels, où Pan poursuivait les Nymphes légères, et où les jeunes Faunes animaient les bois de leurs jeux.»[113]

Au temps des vendanges, la charmante clairière ombragée de chênes entourant le pavillon devient un lieu de fête champêtre. «Des maisons et des villes voisines arrivent le dimanche de nombreux visiteurs distingués ou communs et c'est un plaisir de participer à leurs jeux. Le lac est couvert de petites embarcations, qui font traverser une joyeuse société pour faire de la musique dans l'île, se promener, danser et pique-niquer. Lorsque, le soir, après une grande journée de plaisirs, tous rentrent au bercail, on entend encore résonner depuis les villages environnants les joyeuses fêtes des paysans qui célèbrent les vendanges plusieurs jours de suite par des banquets et des bals. Et si l'on veut participer à leurs fêtes, ils se réjouissent et accueillent de bonne grâce et avec civilité le spectateur étranger, lui servent de leur vin et lui présentent une brave jeune fille qui le fait danser.»[114] raconte Hirschfeld. Goethe fait partie des heureux qui visitent l'île en automne. Il écrit à son ami Johann Heinrich Merck: «Nous arrivâmes pendant les vendanges, dans cette région célèbre pour ses vignes; journée belle et agitée sur le lac, à l'île de Rousseau, justement en pleine récolte, ai mangé des raisins pour trois ans.»[115]

☞ *Les petits maîtres suisses* ont illustré ces joyeuses festivités en de charmants petits tableaux en couleur (ill. en couleur V, VI et XI, p. 182s.). Atmosphère dominicale: des couples élégants se promènent, des enfants jouent, un groupe a étendu une nappe sur le sol et s'installe pour pique-niquer, une balançoire est suspendue entre deux arbres solides pour la plus grande joie des badauds. Les portes et les fenêtres du pavillon sont grand ouvertes, laissant la lumière et l'air pénétrer librement. Et puisqu'il y a si peu de place à l'intérieur et qu'il fait si bon dehors, les couples dansent sur l'herbe. Lorsque

[113] Wagner, *L'île de St. Pierre dite l'île de Rousseau*, p. 14s.
[114] Hirschfeld, *Briefe die Schweiz betreffend*, p. 68s.
[115] Goethe à Johann Heinrich Merck, 17 octobre 1779. In: *Goethes Briefe*, Vol. 4, p. 87.

Zur Zeit der Weinlese verwandelt sich das reizende, eichenbeschattete Plätzchen um den Pavillon in eine Festwiese. «Alsdenn kommt von den benachbarten Landhäusern und aus den Städten umher hier an den Sonntagen eine grosse Menge von Vornehmern und Geringern zusammen, und es ist ein Vergnügen, den Lustbarkeiten beizuwohnen. Überall ist der See mit kleinen Fahrzeugen bedeckt, auf welchen eine muntere Gesellschaft nach der andern, oft unter einer angenehmen Musik, nach der Insel fährt, da speiset, spazieren geht und tanzet. Wenn man nach einem vergnügt zugebrachten Tage am Abend zurückkehrt, so hört man auf allen umherliegenden Dörfern die laute Fröhlichkeit der Landleute, die das Fest der Weinlese viele Tage hinter einander mit Schmaus und Tanz feiern, und wenn man ihren Vergnügungen zusehen will, so freuen sie sich noch mehr darüber, sind gesittet und gefällig, begegnen dem fremden Zuschauer mit vieler Höflichkeit, bringen ihm von ihrem Wein, und oft ein artiges Mädchen, um mit ihr zu tanzen.»[114] Auch Goethe gehört zu den Glücklichen, die die Insel im Herbst besuchen. An seinen Freund Johann Heinrich Merck berichtet er: «In die Weinlese kamen wir da, wo die Trauben berühmt sind; halbstürmischen, schönen Tag auf dem See, nach Rousseau's Insel, eben im Weinlesen begriffen, für drei Jahre Trauben gessen.»[115]

Von diesem fröhliche Treiben während der Traubenernte erzählen die bunten, kleinen Blätter der ☞ *Schweizer Kleinmeister* (Farbtafeln V, VI und XI, S. 182ff.). Sonntagsstimmung: Elegante Paare promenieren, Kinder spielen, eine Gruppe hat ein Tuch auf dem Rasen ausgebreitet und sich zum Picknick niedergelassen, zwischen zwei starken Bäumen hat jemand eine Schaukel aufgehängt, die mit grossem Juchee benutzt wird. Die Türen und Fenster des Pavillons stehen weit offen, Licht und Luft durchfluten das kleine Lusthaus. Und weil's drinnen so eng und draussen auch schön ist, tanzen die Paare auch auf dem weichen Rasen. Als die ehemalige Kaiserin der Franzosen, Joséphine, die erste Gattin Napoléons, die Insel 1810 mit grossem Gefolge und Pomp besuchte, verlangte sie oben im Pavillon, «Schweizermädchen in ihrer Landestracht tanzen zu sehen, welchem Wunsche freudigst entsprochen wurde».[116]

Doch ebenso gern sucht man, wenn die Musik verstummt ist, den Pavillon alleine auf oder in trauter Zweisamkeit. Davon legten die zahllosen Gedichte und Namenszüge auf den Holzwänden Zeugnis ab, Spuren empfindsamer Seelen, allesamt Freundinnen und Freunde Rousseaus, die ihrer Liebe und Verehrung für das grosse Vorbild Ausdruck verleihen wollten. Sie sind

[114] Hirschfeld, *Briefe die Schweiz betreffend*, S. 68f.
[115] Goethe an Johann Heinrich Merck, 17. Oktober 1779. In: *Goethes Briefe*, Bd. 4, S. 87.
[116] *Glückliche Schweiz*, S. 363.

l'ex-impératrice Joséphine, qui venait d'être répudiée par Napoléon, visita l'île en grande pompe et avec une nombreuse suite en 1810, elle demanda à voir «danser des jeunes filles suisses dans leurs costumes traditionnels, souhait qu'on s'empressa de satisfaire».[116]

Lorsque chants et musiques se sont tus, on aime aussi se rendre au pavillon, seul ou en tendre compagnie. Les innombrables poèmes et prénoms gravés dans le bois en témoignent, traces des âmes sensibles, amies de Rousseau, qui souhaitaient exprimer leur amour et leur hommage à leur grand modèle. Ces inscriptions sont recouvertes aujourd'hui, mais nous les connaissons car quelques voyageurs relevèrent les poèmes particulièrement émouvants de leurs prédécesseurs.

A droite et à gauche de l'entrée étaient écrits deux poèmes au crayon. Voici le premier:

«Heureux quand je pouvais, maître de mes plaisirs,
Disposant à mon gré de mes plus doux loisirs,
Dans ces bois enchantés errer à l'aventure,
Tantôt m'y reposer sur un banc de gazon,
Tantôt dans ce salon, entouré de verdure,
Respirer à moi seul une atmosphère pure,
Et m'y livrer à la réflexion,
Y renouveler la lecture
De Rousseau, mon cher compagnon,
Y rentrer avec lui au sein de la nature,
Et là, loin des cités, loin de toute imposture,
Etre avec elle à l'unisson.»[117]

Le second poème effacé s'enthousiasme sur ces «lieux, presque divins»[118]. Et le pavillon, ce «temple de Diane», servait aussi à perpétuer les noms des amoureux des environs: «Les murs, les portes, les volets des croisées de la rotonde sont tous extérieurement & intérieurement couverts de chiffres enlacés & de noms encadrés à deux dans le même cartouche; c'est tout à la fois le répertoire des familles des environs, & les archives amoureuses de toute la contrée limitrophe: pour peu qu'on fut au fait de la carte des cœurs, on pourrait présager en parcourant ces signatures une rupture ou un mariage, & trouver là des témoins toujours prêts à déposer contre l'infidélité des uns & en faveur de la constance des autres.»[119]

[116] *Glückliche Schweiz*, p. 363.
[117] Wagner, *L'île de St. Pierre dite l'île de Rousseau*, p. 17.
[118] Wagner, *L'île de St. Pierre dite l'île de Rousseau*, p. 17.
[119] Bridel, *Course de Bâle à Bienne*, p. 236.

15
Niklaus Sprüngli: Blick von der St. Petersinsel gegen Erlach und La Neuveville (Ausschnitt).
Niklaus Sprüngli: Vue de l'île Saint-Pierre du côté de Cerlier et la Neuveville (détail).

heute übertüncht, aber wir wissen von ihnen, weil einige Reisende zuweilen besonders stimmungsvolle Gedichte ihrer Vorgänger und Vorgängerinnen in ihren Notizbüchern und Reisejournalen festgehalten haben.

Links und rechts des östlichen Eingangs waren zwei Gedichte mit Bleistift auf die Gipswand geschrieben. Das erste lautete:

«Heureux quand je pouvais, maître de mes plaisirs,
Disposant à mon gré de mes plus doux loisirs,
Dans ces bois enchantés errer à l'aventure,
Tantôt m'y reposer sur un banc de gazon,
Tantôt dans ce salon, entouré de verdure,
Respirer à moi seul une atmosphère pure,
Et m'y livrer à la réflexion,
Y renouveler la lecture
De Rousseau, mon cher compagnon,
Y rentrer avec lui au sein de la nature,
Et là, loin des cités, loin de toute imposture,
Etre avec elle à l'unisson.»[117]

[117] Wagner, *Die Peters-Insel im Bieler-See*, S. 17.

Ce charmant pavillon constituait en quelque sorte l'emblème et le cœur de l'île, même si géographiquement ce n'est pas tout à fait vrai. C'était un point de rencontre pour les réunions champêtres ou les rendez-vous amoureux, propice aussi aux rêveries solitaires, qui offrait de plus une vue superbe sur tous les environs. C'était un ☞ belvédère au sens propre du terme car «de ce belvédère, on fait des yeux le tour du lac».[120] Au XVIIIe siècle, on aimait agrémenter les parcs et les jardins bourgeois ou princiers de belvédères ou de points de vue abrités. Même les vergers ou les vignes succombaient à cette mode. On y édifiait de gracieuses petites constructions, destinées à l'amusement et au repos, à la fois décoratives dans le paysage (quand on les voyait de loin et qu'on se promenait dans leur direction) et sites pour jouir de la vue sur le paysage environnant. Le paysagiste jardinier français Dezallier d'Argenville recommande à ce sujet: «On orne les bouts & les extrémités d'un parc, de pavillons de maçonnerie, appelés Belvédère, ou Pavillon de l'Aurore; c'est un agrément pour se reposer après une longue promenade que de trouver ces sortes de pavillons qui forment un bel aspect de loin; ils servent aussi de retraite pendant la pluie. Le mot de Belvédère est Italien & signifie Belle-vue; il est donné fort à ces pavillons, qui pour ordinaire étant élevés sur quelque hauteur, découvrent & commandent tout le Pays d'alentour.»[121] Le pavillon de l'île Saint-Pierre est tout à fait conforme à ces principes d'aménagement. Il se trouve sur une hauteur, à un emplacement donnant sur tout le lac. Aujourd'hui, la forêt qui l'entoure est devenue plus dense, bouchant la vue dans certaines directions, mais il reste un belvédère.

Quand on se tient à l'intérieur du pavillon, on peut faire une expérience dont on raffolait au XVIIIe et au début du XIXe siècle: voir la nature en une suite de tableaux successifs. A travers les encadrements des fenêtres, un horizon limité se présentait au regard, comme une ☞ galerie de peintures, comme «une galerie de Claude Lorrain, d'un beau paysage à l'autre».[122] Car des tableaux célèbres servaient de modèles à ces contemplations du paysage, le voyageur sentimental les avait toujours présent à l'esprit. Tout comme la lecture en pleine nature, personnages de romans et contemporains se livrèrent à cette dégustation séquencée de la nature. Dans le roman de Goethe, *Les Affinités électives*, Edouard est assis dans une cabane moussue du parc de son château «de façon qu'il pût embrasser d'un coup d'œil, par la porte et par la fenêtre, les images diverses que formait le paysage ainsi encadré.»[123]

[120] Bridel, *Course de Bâle à Bienne*, p. 234.
[121] Cité d'après Markowitz, *Ausblicke in die Landschaft*, p. 145.
[122] Cité d'après Raymond, *Von der Landschaft im Kopf zur Landschaft aus Sprache*, p. 252 (Source: August Moritz von Thümmel: *Reise in die mittäglichen Provinzen von Frankreich*. Leipzig 1853/54, Vol. 6, p. 155).
[123] Goethe, *Les Affinités électives*, p. 24.

Das zweite verschwundene Gedicht umschrieb die Inselanlage als «lieux, presque divins».[118]

Aber auch zu einem anderen, weniger kreativen Zweck wurde der «Dianentempel» benutzt: «Die Wände, Thüren und Fensterladen der Rotunde, sind aus- und innwendig mit verschlungenen Anfangs-Buchstaben, und verzogenen und gepaarten Namen beschrieben, so dass man sie das Repertorium der Familien in der Nachbarschaft, und das Archiv der Liebschaften der ganzen umliegenden Gegend nennen könnte. Wer nur etwas in der Karte der Herzen bewandert wäre, würde aus diesen Chiffren und Zügen, Bruch oder Heyrath weissagen, und Dokumente *pro et contra* von Untreue und Beständigkeit sammeln können.»[119]

Der Pavillon bildete als eine Art Wahrzeichen gleichsam den Mittelpunkt der Insel, auch wenn das geographisch so nicht zutrifft. Er war geselliger Treffpunkt und Stätte für Träumereien, und er erfüllte noch eine weitere wichtige Funktion: Der entzückende Pavillon ist ein ☞ *Belvedere* im besten Sinne des Wortes, denn von ihm aus «kann der Blick den ganzen See umwandern».[120] Belvederes oder Aussichtsbauten, besonders häufig in Pavillonform anzutreffen, sind gerade im 18. Jahrhundert beliebte Gestaltungselemente in fürstlichen und bürgerlichen Gärten, aber auch in Wein- und Obstanlagen auf dem Land. Die reizenden Bauten, nicht etwa zum Wohnen bestimmt, sondern zum Schauen und Verweilen, erfüllen eine zweifache Aufgabe: Ihre Bedeutung liegt in der dekorativen Funktion (wenn man den Pavillon von weitem sieht oder auf ihn zuspaziert) und im Sichtbezug zur Landschaft (wenn man im Pavillon steht und die Aussicht geniesst). Der französische Gartentheoretiker Dezallier D'Argenville schreibt in bezug auf die Belvederes: «Man schmückt die äussersten Punkte eines Parks mit hölzernen Pavillons, die man Belvedere oder Aurora-Pavillons nennt. Es ist angenehm, sich dort nach einem langen Spaziergang auszuruhen. Die Pavillons bilden aber auch einen entzückenden Blickfang aus der Ferne. Sie dienen ausserdem als Unterstand bei plötzlich einsetzendem Regen. Das Wort Belvedere kommt aus dem Italienischen und bedeutet ‹bellevue›, schöner Ausblick; es bezeichnet diese Pavillons, die für gewöhnlich auf einer Anhöhe stehen, von wo aus das ganze Land rundum zu entdecken und zu überblicken ist.»[121] Diese Bestimmungen der Gartentheorie erfüllt auch der hölzerne Pavillon auf der St. Petersinsel. Er befindet sich an einer Stelle, die den Rundblick auf die umliegenden Seeufer ermöglicht. Heute ist das Wäldchen rund

[118] Wagner, *Die Peters-Insel im Bieler-See*, S. 17.
[119] Bridel, *Reise durch eine der romantischsten Gegenden der Schweiz*, S. 315f.
[120] Bridel, *Reise durch eine der romantischsten Gegenden der Schweiz*, S. 312.
[121] Zitiert nach Markowitz, *Ausblicke in die Landschaft*, S. 145 (Übersetzung von B.P.).

Un contemporain de Goethe, Karl August Boettiger, fait exactement la même expérience dans le parc à l'anglaise de Wörlitz: «Je trouve vraiment très agréable que, depuis l'intérieur de l'attique, les fenêtres découpent le paysage en segments de même taille. On aimerait avoir un tel support optique dans tous les autres points de vue».[124]

Une théorie de l'époque justifiait le «regard à travers un cadre» par la fatigue de l'œil confronté à un trop vaste paysage.[125] Mais ce goût de la contemplation du paysage à travers une fenêtre a une autre raison, qui se rattache à une nouvelle perception du paysage.

Les jardins à l'anglaise

La ☛ *nostalgie de la nature*, telle qu'elle a été décrite plus haut, se réfère à une nature libre et sans entraves, ce qui influença l'aménagement des parc et se traduisit par le changement du jardin à la française au ☛ *jardin à l'anglaise*. Versailles est sans le moindre doute le plus célèbre des jardins à la française. La chambre à coucher du roi est le centre absolu du château, du parc, de la ville. Tous les axes se rencontrent en ce point. Car les jardins à la française suivaient les lois et principes de l'architecture, art estimé supérieur à tous les autres. Chemins tracés au cordeau, bassins aux formes géométriques, bosquets aux formes cylindriques ou cubiques parfaites caractérisaient le jardin à la française. La beauté de ce genre de jardin ne pouvait être perçue en marchant, sa perfection géométrique devait être pensée. C'est pourquoi la plupart des vues de jardin de l'époque préféraient une perspective en vol d'oiseau, ou d'un point de vue élevé (ill. 16).

Le nouveau type de jardin se développa en Angleterre, d'où son nom. On abandonna d'abord l'axe de symétrie, de même que la perspective obligatoire et intégrale sur tout le domaine depuis le bacon de la résidence ou du château. Les jardiniers-paysagistes ne suivaient plus les lois de l'architecture mais ceux de la peinture et de la nature laissée en liberté. Le jugement concis et frappant d'Horace Walpole sur le pionnier de l'art du jardin à l'anglaise William Kent, résume en des mots évocateurs: «He leaped the fence and saw that all nature was a garden.»[126] Les principales composantes d'un parc à la manière anglaise sont des bosquets d'arbres çà et là, des prairies fleuries, des ruisseaux, des sentiers sinueux et des débouchés inattendus sur des pavillons, des petits temples et autres constructions décoratives (ill. 17).

[124] Cité d'après Gamper, *Die Natur ist republikanisch*, p. 135.
[125] Voir Gamper, *Die Natur ist republikanisch*, p. 141.
[126] Cité d'après Marsch, *Der Garten als literarische Topographie*, p. 69.

um den Pavillon zwar dichter geworden, manche Aussichten sind zugewachsen, doch ein Aussichtspunkt, ein Belvedere eben, ist er noch allemal.

Wer im Inneren des Pavillons stand, konnte eine Erfahrung machen, nach der das späte 18. und das beginnende 19. Jahrhundert ganz verrückt war: das Sehen der Natur in Ausschnitten, will heissen: das Sehen der Landschaft als Folge von Bildern. Die Natur wird zur ☞ *Gemäldegalerie*. Berühmte Gemälde dienten dabei als Folien der Landschaftsbetrachtung, man hatte sie als ständiges Vergleichsmuster vor dem inneren Auge. Der Naturraum bot sich dem empfindsam-romantischen Auge so dar, dass es «wie in einer Gallerie von Claude Lorrain, von einer schönen Landschaft zur andern»[122] wandern konnte. Fenster dienen bei dieser Wahrnehmungstechnik als Bilderrahmen: Wenn man drinnen steht, erscheint die schöne Landschaft draussen gerahmt. Diese Erfahrung machten (wie schon im Falle des Lesens in freier Natur) literarische Figuren *und* deren reale Zeitgenossen. Eduard aus Goethes Roman *Die Wahlverwandtschaften* sitzt in der Mooshütte seines Schlossparks. Von seinem Platz aus kann er «durch Türe und Fenster die verschiedenen Bilder, welche die Landschaft gleichsam im Rahmen zeigten, auf einen Blick»[123] übersehen. Karl August Boettiger, ein wirklicher Mensch in einem wirklichen Park, in den Gartenanlagen von Wörlitz nämlich, macht exakt dieselbe Erfahrung: «Sehr bequem finde ichs, dass im Innern der Attika der grosse Umkreis durch die Fenster gleichsam in so viele einzelne Segmente abgeteilt ist. Ein solches optisches Hilfsmittel möchte man sich bei allen weiten Aussichten wünschen [...].»[124]

Theoretisch wurde der «Rahmenblick» damit begründet, dass das Auge durch eine weite Aussicht überfordert sei.[125] Doch die Vorliebe für den Blick aus dem Fenster hat noch einen anderen Grund, der mit einer neuartigen Landschaftsauffassung zusammenhängt.

Englische Gärten

Die ☞ *Natursehnsucht*, wie sie oben geschildert wurde, richtete sich auf die freie, unverfälschte Natur. Das hatte auch Auswirkungen auf die Gestaltung der Parks: es kam zum epochalen Wandel vom französischen zum ☞ *englischen Garten*, der häufig auch als ☞ *Landschaftsgarten* bezeichnet wird. Einer der berühmtesten Gärten des alten Typs ist zweifellos Versailles. Das

---

[122] Zit. nach Raymond: *Von der Landschaft im Kopf zur Landschaft aus Sprache*, S. 252 (Quelle: August Moritz von Thümmel: Reise in die mittäglichen Provinzen von Frankreich. Leipzig 1853/54, Bd. 6, S. 155).
[123] Goethe, *Wahlverwandtschaften*, S. 272.
[124] Zitiert nach Gamper, «*Die Natur ist republikanisch*», S. 135.
[125] Siehe Gamper, «*Die Natur ist republikanisch*», S. 141.

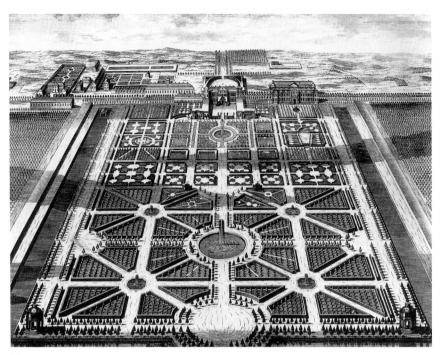

16
Anonym: Schloss und Gärten von Herrenhausen (bei Hannover).
Anonyme: Château et jardins de Herrenhausen (près de Hannovre).

La peinture et l'architecture paysagiste furent déclarées sœurs dans la nouvelle perception du paysage, car le jardin à l'anglaise «présentait la nature idéale en ‹tableaux› en trois dimensions dans lesquels on pouvait se promener».[127] Kent fut le premier à esquisser effectivement des scènes de jardin selon les règles de la peinture paysagiste, tenant compte des espaces, des couleurs, de la lumière et des ombres, et des éléments servant de repoussoirs à la nature, c'est-à-dire arbres isolés ou en groupe, ou bâtiments placés au premier plan pour accentuer l'effet de profondeur. C'est lui qui, selon Horace Walpole, a traité le terrain comme une toile vierge sur laquelle il fallait dessiner le paysage.[128] De plus en plus, la mode fit tracer certaines parties de jardins selon des tableaux connus. Le parc d'Ermenonville, où Rousseau coula ses derniers jours, en est un bon exemple. Au nord-est, il est arrangé selon un

[127] Buttlar, *Der Landschaftsgarten*, p. 14.
[128] Voir Buttlar, *Der Landschaftsgarten*, p. 33s.

100

17
Copplestone Warre Bampfylde: Ansichten des Gartens von Stourhead, mit Apollo-Tempel, Pal-
ladio-Brücke und Pantheon.
Copplestone Warre Bampfylde: Vue du jardin de Stourhead, avec le temple d'Apollon, le pont
de Palladio et le Panthéon.

Schlafzimmer des Königs bildet den absoluten Mittelpunkt von Schloss,
Garten und Stadt. Auf diesen Punkt laufen alle Achsen zu. Denn für den französischen Garten war die Architektur massgebend, sie stand in der Hierar-
chie der Künste am höchsten. Nach ihr und ihren Gesetzen hatte sich die
Parkanlage zu richten. Schnurgerade Wege, Wasserbecken in geometrischen
Formen und zu perfekten Zylindern und Würfeln zurechtgestutze Büsche
waren die Merkmale des französischen Gartens. Nicht im Gehen erschliesst
sich die Schönheit dieses Gartentyps, die geometrisierte Schönheit muss gedacht werden. Deshalb bevorzugen die meisten Gartenansichten aus der Zeit
die Vogelperspektive, die Sicht von einer erhöhten Warte aus (Abb. 16).
    Der neue Gartentyp wurde in England entwickelt. Deshalb sprach man in
der Folge auch vom englischen Garten. Zunächst wurde die Zentralachse des
symmetrischen Gartens aufgegeben, ebenso wie die vollständige Überschau-
barkeit der Anlage vom Balkon des Herrschaftshauses oder Schlosses aus.
Die Gartenarchitekten orientierten sich nicht länger an der Architektur,

tableau de Ruysdael, à l'ouest selon un autre de Salvator Rosa et enfin au sud selon Hubert Robert.[129] L'aménagement du paysage, tout en s'orientant sur la peinture et en la copiant, possède un avantage certain sur celle-ci: le promeneur peut se forger ses propres images, et errer à l'intérieur de tableaux qu'il crée de son regard et qui changent à chaque pas. Sur les vrais tableaux, tout est fixé d'avance, figé, le détail, le point de vue, l'heure du jour. Et les ombres, la brise rafraîchissante sont perçues par le promeneur, alors qu'elle ne figurent sur la toile qu'en un faible écho. On comprend mieux pourquoi le regard à travers une fenêtre procurait un si grand plaisir. Il renforce l'illusion de galerie de tableaux dans la nature, entre autres aussi parce qu'il souligne la perspective, du premier plan à l'arrière-plan.[130] Dans cette perception du paysage, le belvédère ou le pavillon ne sont rien d'autre qu'une aide pour une optique particulière.

Retournons au pavillon de l'île Saint-Pierre après ce petit détour dans les jardins à la française et à l'anglaise. La charmante silhouette du pavillon sur la douce colline, les prairies vertes, les pentes plantées de vignes, l'ombrage de la vieille forêt, les rives battues par les vagues, correspondent on ne peut mieux au nouveau goût pour la nature. L'île se tient à la limite entre le jardin composé et la libre nature. Ses aspects baroques, le pavillon et les allées, ont été complétés à la fin du XVIIIᵉ et au début du XIXᵉ par des bancs aux socles de pierre, disposés dans des bosquets attrayants et sur les chemins sinueux et romantiques dans la forêt; un point de vue au bord de la forêt au-dessus des vignes y a encore été ajouté, aménagements qui renforcent le caractère de jardin à l'anglaise. Mais l'île Saint-Pierre ne fut pas défigurée par ces ajouts. Elle était déjà trop parfaite: «Aucun lieu n'est mieux capable d'être orné dans le goût des jardins actuels; mais l'art de l'aménagement doit y être soigneusement caché, pour ne pas nuire à une œuvre qui nous a déjà été livrée quasi-parfaite par la nature.»[131] C'est l'avis de Christian Caj Lorenz Hirschfeld, le plus grand des théoriciens de jardins allemands. Hirschfeld place l'île Saint-Pierre dans la catégorie des «jardins romantiques», au même titre que le lac des Quatre-Cantons, les chutes du Rhin à Schaffhouse et un lac mystérieux en Irlande dont les «innombrables collines aux sombres forêts»[132] se dressent au-dessus des eaux. «L'art ne peut prendre que peu de part au caractère du romantique [...], celui-ci est presque entièrement l'œuvre de la nature; elle ne le fabrique pas simplement avec des régions montagneuses,

[129] Voir Gamper, *Die Natur ist republikanisch*, p. 149.
[130] Voir Gamper, *Die Natur ist republikanisch*, p. 135.
[131] Hirschfeld, *Theorie der Gartenkunst*, Vol. 4, p. 104.
[132] Hirschfeld, *Theorie der Gartenkunst*, Vol. 4, p. 91.

sondern an der Malerei und – an der freien Natur. Horace Walpoles knappes, aber so treffendes Urteil über den Pionier der englischen Gartenkunst, William Kent, fasst den neuen Blick auf die Natur prägnant in Worte: «He leaped the fence and saw that all nature was a garden.»[126] Die wichtigsten Komponenten eines Parks in englischer Manier sind lockere Baumgruppen, Blumenwiesen, Fluss- und Bachläufe, gewundene Wege und überraschende Ausblicke auf Pavillons, Tempelchen und andere dekorative Bauwerke (Abb. 17).

Malerei und Landschaftsarchitektur wurden im Zuge der neuen Landschaftswahrnehmung zu Schwesterkünsten erklärt, denn der englische Garten «präsentiert ideale Natur in dreidimensionalen, begehbaren ‹Bildern›».[127] Kent ist der erste, der tatsächlich Gartenszenen nach den Regeln der Landschaftsmalerei entwarf; er berücksichtigte Zwischenräume, Farben, Licht und Schatten sowie die das Gesamtbild rahmenden Repoussoirs, d.h. einzelne Bäume, Baumgruppen oder Gebäude im Vordergrund (man bezeichnet sie als «Repoussoirs» – von franz. repousser, zurückstossen –, weil sie eine starke Tiefenwirkung erzeugen). Er habe, so Horace Walpole, das unbearbeitete Grundstück wie eine Leinwand behandelt, auf die es ein Gemälde zu malen gelte.[128] Allmählich kam auch die Mode auf, Teile eines Parks nach bestehenden Landschaftsgemälden zu gestalten. Ermenonville, wo Rousseau seine letzten Tage verbracht hat, ist dafür ein gutes Beispiel. Im Nordosten ist ein Bild im Stil von Ruysdael arrangiert, im Westen eines nach Salvator Rosa und im Süden eines nach Hubert Robert.[129] Die Landschaftsgestaltung hat, obwohl sie sich an der Malerei orientiert und diese zuweilen kopiert, einen entscheidenden Vorteil: Der Betrachter kann sich seine eigenen Bilder gestalten, die «Gemälde» verändern sich mit jedem Schritt. Auf den wirklich gemalten Bildern ist dagegen alles schon vorgegeben, der Ausschnitt, der Standpunkt, die Tageszeit. Schliesslich: Was auf den Landschaftsbildern nur gemalt ist – der reizende Schatten, die erquickende Kühlung –, ist im Park real erfahrbar. Jetzt wird deutlicher, weshalb der Blick aus dem Fenster so grosses Vergnügen bereitet: Er unterstützt die Illusion einer Gemäldegalerie in der Natur, unter anderem dadurch, dass er die Staffelung in Vorder-, Mittel- und Hintergrund betont.[130] Ein Belvedere, ein Pavillon, ist in dieser Landschaftsauffassung nichts anderes als ein Hilfsmittel einer besonderen Sehtechnik.

---

[126] Zitiert nach Marsch, *Der Garten als literarische Topographie*, S. 69.
[127] Buttlar, *Der Landschaftsgarten*, S. 14.
[128] Siehe Buttlar, *Der Landschaftsgarten*, S. 33f.
[129] Siehe Gamper, «*Die Natur ist republikanisch*», S. 149.
[130] Siehe Gamper, «*Die Natur ist republikanisch*», S. 135.

des rochers, des grottes, des cascades, des cataractes ou par des sites et formes bizarres, mais elle les arrange par des compositions et des oppositions inhabituelles, avec un manque de régularité fantaisiste et une audace surprenante dans les contrastes. Pour qu'un jardin romantique puisse exister, il faut que la nature ait préparé le terrain; toute imitation artificielle sombrerait dans le ridicule.»[133]

On peut toutefois se demander où se trouvent sur l'île Saint-Pierre les régions montagneuses, les cascades et les grottes exigées par le paysage romantique … Mais Hirschfeld, qui s'est parfois égaré dans sa vaste typologie aux innombrables embranchements, se hâte d'ajouter que l'île joint au caractère romantique celui de l'agréable. «Les lieux qui se prêtent à un jardin sont d'abord *agréables*, *plaisants* ou *joyeux*, ces derniers peuvent même être caractérisés de *riants*. Ils sont formés d'alternances de creux et de hauteurs, d'ondulations et autres inégalités imperceptibles du sol, d'assemblages attrayants de prairies, de buissons et de bois, de fleurs, d'eaux et de collines basses. Rochers, montagnes et grandes cascades sont exclus ici. Plus la composition est variée et emmêlée, plus grand est le charme. La fraîcheur et la vivacité de l'herbe verdoyante et des arbres, la pureté de l'eau du lac, son miroir calme et clair, le babillage des petits ruisseaux joueurs, les fleurs aux couleurs éclatantes, les douces élévations des collines et de leurs buissons fleuris, les ombres charmantes, les reflets gracieux, les scènes emplies de vie et de mouvement caractérisent de tels lieux.»[134] Cette description retrace bien tout le charme de l'île Saint-Pierre. Et même l'aspect romantique ne fait pas défaut puisqu'à un point de l'île, à l'ouest: «Cette rive qui descend si abruptement a quelque chose de sauvage; elle permet de mettre en valeur le charmant paysage que l'on peut admirer en se promenant autour de La Neuveville, Le Landeron et autour des jolis petits villages blottis dans les vignes sur la rive ouest du lac au pied du Jura.»[135] Pour sa plus grande jouissance, le voyageur retrouve sur l'île Saint-Pierre le ☛ *contraste*, le spectacle visuel déjà recherché et goûté en venant de la vallée de Moutier.

L'île vue comme un jardin, cette image imprègne durablement les voyageurs sentimentaux. Ils découvrent aussi «de beaux jardins naturels dans d'autres endroits de la Suisse. Le programme de leur ‹Grand Tour› moderne comprenait aussi la visite du duché de Anhalt-Dessau. A Wörlitz, c'est à peine s'ils peuvent distinguer où les champs s'arrêtent et où commence le paysage réalisé selon l'esthétique du goût anglais […] Beaucoup de voyageurs

---

[133] Hirschfeld, *Theorie der Gartenkunst*, Vol. 4, p. 90.
[134] Hirschfeld, *Theorie der Gartenkunst*, Vol. 1, p. 210.
[135] Hirschfeld, *Theorie der Gartenkunst*, Vol. 4, p. 103.

Nach diesem Parcours durch die französischen und englischen Gärten kehren wir zum Pavillon auf der St. Petersinsel zurück. Ihre liebliche Gestalt – sanfte Hügel, begrünt von Wiesen, bewachsen von Weinreben, beschattet von einem alten Wald, die an die Ufer schlagenden Wellen – hat dem neuen, malerischen Naturgeschmack in vollkommener Weise entsprochen. Die Insel liegt im Grenzbereich zwischen gestaltetem Garten und freier Natur. Die barocken Züge, Pavillon und Alleen, sind im ausgehenden 18. und frühen 19. Jahrhundert ergänzt worden durch Sitzbänke auf Steinsockeln an lauschigen Plätzen und durch romantisch-verschlungene Wege im Wald; auch eine Aussichtskanzel am Waldrand über den Reben ist hinzugekommen – Veränderungen im Sinne des englischen Gartens. Doch umgestaltet im eigentlichen Sinne wurde die St. Petersinsel nicht. Sie war einfach schon zu perfekt: «Kein Ort ist fähiger, im neuern Geschmacke der Gartenkunst verziert zu werden; die Kunst müsste sich aber dabei sorgfältig verstecken, um nicht ein Werk zu verderben, das beynahe schon vollkommen aus den Händen der Natur gekommen ist.»[131] So urteilt Christian Caj Lorenz Hirschfeld, der führende deutsche Gartentheoretiker. Hirschfeld ordnet die St. Petersinsel zusammen mit dem Vierwaldstättersee, dem Rheinfall bei Schaffhausen und einem geheimnisvollen See in Irland, dessen «unzählige Hügel mit dunkeln Wäldern»[132] kühn aus der Wasserfläche emporsteigen, in die Kategorie der romantischen «Gärten» ein. «An dem Charakter des Romantischen […] kann die Kunst wenig Antheil nehmen; er ist fast ganz ein Werk der Natur. Sie bildet ihn nicht blos durch gebirgigte Gegenden, Felsen, Höhlen, Grotten, Wasserfälle, Katarakte, und durch seltsame Lagen und Gestalten dieser Gegenstände, sondern auch durch ungewöhnliche Verbindungen und Gegenstellungen, durch eine ausschweifende Regellosigkeit der Anordnung und durch überraschende Kühnheiten der Contraste. Wo romantische Gärten erscheinen sollen, da muss die Natur die Anlage ganz vorbereitet haben; alle Nachahmungen der Kunst würden sich hier nur in lächerliche Spielwerke endigen.»[133]

Nun fragt sich allerdings, wo sich auf der St. Petersinsel die für das Romantische bestimmenden Gebirgsgegenden, Wasserfälle und Grotten finden … Doch Hirschfeld, der sich manchmal in seiner weitläufigen und verästelten Typologie von Landschaften und Gärten selbst verirrt, beeilt sich zu ergänzen, dass sich auf dieser Insel der Charakter des Romantischen mit dem des Angenehmen verbinde. «Die Gegenden, die sich für Gärten schicken,

[131] Hirschfeld, *Theorie der Gartenkunst*, Bd. 4, S. 104.
[132] Hirschfeld, *Theorie der Gartenkunst*, Bd. 4, S. 91.
[133] Hirschfeld, *Theorie der Gartenkunst*, Bd. 4, S. 90.

étrangers sont convaincus de retrouver en Suisse cette harmonie sans heurts entre les terrains cultivés et la nature. Le paysage riant et soigné a sur eux cet effet dont on n'approche dans des parcs qu'au prix d'un énorme effort.»[136]

Tout ce qui a été dit jusqu'ici sur le paysage et la perception de la nature ne concerne, c'est clair, que les couches cultivées de la société, les artistes, les poètes, les aristocrates et les riches bourgeois. La population locale avait un tout autre rapport avec la nature. Le regard esthétique, l'enthousiasme sentimental pour les beaux paysages et les vastes panoramas lui étaient tout à fait étrangers. Ce qui importait pour les paysans qui arrachaient de quoi vivre à leur terre, c'était la fertilité du sol et les soins apportés aux champs. Des vergers, un champ de blé couvert d'épis dorés, un potager soigné, des prairies grasses pour le bétail étaient beaux à leurs yeux, mais ils n'avaient pas pour leur environnement la sensibilité ni l'enthousiasme des touristes étrangers. Ces perceptions divergentes devaient certainement donner lieu à des différends imprévus ou des contrastes cocasses. Nous n'avons malheureusement pas de témoignages directs de paysans nous apprenant comment ils percevaient leur pays. Les seules sources proviennent à nouveau de la plume d'amateurs cultivés de la nature. Au cours d'un voyage à travers l'Allemagne, le pasteur et poète Albrecht Knapp découvre un fantastique panorama de montagnes. L'arrêt des nobles messieurs pour admirer les cimes convient parfaitement au postillon Joseph, «il se jeta sur le sol et s'endormit comme un sonneur. Je secouai le brave homme en m'écriant: ‹Debout, Joseph, vois les merveilles que notre Seigneur, notre Dieu, a placées là sous nos yeux.› Il se redresse en baillant, jette un coup d'œil en bas sur les vallées verdoyantes qui s'étendent au loin et dit enfin posément: ‹Eh oui, il pousse beaucoup de fruits là en dessous!›, sur quoi je lui ordonne à demi fâché: ‹de prendre un verre de vin, de manger une saucisse et de se recoucher.›»[137]

La chambre de Rousseau

En redescendant des hauteurs de l'île, les admirateurs de Rousseau se rendaient à la maison où le receveur travaillait et vivait avec sa famille. Les premiers voyageurs rencontrèrent encore le couple qui avaient accueilli Rousseau et sa compagne Thérèse bien des années auparavant: «Les nombreux étrangers qui venaient en visite offraient toutes sortes de présents, son portrait en cuivre, de la terre d'Angleterre ou de l'île aux Peupliers

---

[136] Schaller, *Annäherung an die Natur*, p. 36s.
[137] Cité d'après Jeggle, *Landschaft – Landschaftswahrnehmung – Landschaftsdarstellung*, p. 15s.

sind zuerst die *angenehmen*, die *muntern*, und die *heitern*; die letztern können auch den Namen der *lachenden* oder *reizenden* führen. Sie bestehen
überhaupt aus Abwechslungen von kleinen Vertiefungen und Anhöhen, aus
unmerklichen Krümmungen und mancherley Ungleichheiten des Bodens,
aus leichten, freyen und anmuthigen Zusammensetzungen von Wiesen,
Buschwerk und Hainen, Blumen, Wasser und niedrigen Hügeln. Felsen, Gebirge und starke Wasserfälle sind hier ausgeschlossen. Je mannigfaltiger und
verwickelter die Zusammensetzungen sind, desto mehr Anmuth. Das Frische
und Lebhafte des Grüns auf dem Rasen und an den Bäumen, die Klarheit
des Wassers, sein stiller, heller Spiegel, oder sein rieselnder Lauf, sein hüp-
fendes Geplätscher, eine Menge spielender Bäche und kleiner Wassergüsse,
Blumen von glänzenden Farben, sanfte Erhebung der Hügel mit Gebüsch
und blühenden Gesträuchen, liebliche Erheiterung des Schattens, umher-
schwebende Wiederscheine, Aussichten auf Scenen voll Leben und Bewegung – bestimmen den Charakter solcher Gegenden [...].»[134] Diese Bestim-
mung des Angenehmen liest sich nun in der Tat wie eine Beschreibung der
St. Petersinsel. Das Romantische findet sich nur an einer Stelle der Insel,
nämlich im Westen: «Dieses auf eine ziemliche Tiefe hinab fast senkrecht ab-
geschnittene Ufer hat etwas Wildes in seinem Anblick; dieser dient aber, um
die herrlichen Landschaften desto besser zu erheben, welche man von diesem Spaziergange aus um Neuenstadt, Landeron und viele schöne Dörfer,
am westlichen Ufer des Sees am Fusse des Jurassus miten in grossen Weinbergen angebaut, zu sehen beköммt.»[135] Der ☞ *Kontrast*, dieses gesuchte
Sehspektakel, hat schon bei der Anreise durch das Münstertal eine Rolle
gespielt; auf der St. Petersinsel selbst kommen die Reisenden noch einmal in
den Genuss dieses Schauspiels.

Die Insel als Garten – dieses Bild prägte die Wahrnehmungsweise der
empfindsamen Reisenden nachhaltig. Sie sahen aber auch in anderen «wohl-
bebauten Gegenden der Schweiz Parklandschaften. Zum Programm ihrer
modernen Grand Tour gehörte auch der Besuch des Herzogtums Anhalt-
Dessau. Dort konnten sie kaum unterscheiden, wo die Wörlitzer Feldflur auf-
hörte und die nach englischen Anregungen realisierte Landschaftsästhetik
begann. [...] Dieses grenzenlose Ineinandergreifen glaubten viele ausländi-
sche Reisende ebenso in der Schweiz zu erblicken. Gepflegtes Land in lieb-
licher Umgebung hatte auf sie jene Wirkung, die in anderen Gegenden mit
enormem Aufwand in Naturparks annähernd erreicht wurde.»[136]

---

[134] Hirschfeld, *Theorie der Gartenkunst*, Bd. 1, S. 210.
[135] Hirschfeld, *Theorie der Gartenkunst*, Bd. 4, S. 103.
[136] Schaller, *Annäherung an die Natur*, S. 36f.

d'Ermenonville, des tabatières à la Rousseau, etc., aux braves gens qui parlaient encore avec joie et émotion du séjour de Rousseau»[138] note Küttner. Goethe mentionne d'ailleurs dans une de ses lettres cette source d'information de première main. Lorsqu'il visite l'île, ce sont encore «les mêmes, le receveur et son épouse, qui dirigent la pension, que ceux qui accueillirent Rousseau.»[139]

La visite de la chambre de Rousseau était un autre point culminant de ce pèlerinage littéraire (ill. en couleur XV, p. 192), accompagné évidemment de l'obligatoire débordement d'émotions: «C'est ici qu'il vécut, – qu'il pensa – qu'il sentit – qu'il souffrit!!»[140], s'écrie Iffland hors de lui en pénétrant dans la pièce.

C'était un événement de se faire servir un repas dans la chambre de Rousseau. Friederike Brun le fit, de même que l'ex-impératrice Joséphine qui dégusta «un délicieux déjeuner, préparé par l'aubergiste de la Couronne à Aarberg sur ordre du gouvernement du Canton».[141]

Karl Spazier se livre à des rêveries rousseauistes. «Je sais les innombrables heures plaisantes que je dois à l'esprit de Rousseau, aussi je n'ai pas honte d'avouer ma faiblesse, et que je fus pris d'un doux frisson en m'approchant de sa chambre, resté presque telle qu'il l'a laissée. Elle est arrangée très simplement et n'a qu'une fenêtre qui s'ouvre sur un joli petit jardin. On voit encore un pré planté de quelques arbres fruitiers épars; et tout au fond les montagnes du Valais. Dans un coin se trouve un lit austère avec des rideaux d'un bleu effacé.»[142] Les voyageurs suivants se plaindront de ne pas trouver tout en l'état de ces premières descriptions: «On laissa longtemps les meubles et l'arrangement tel qu'ils étaient au temps de Rousseau, mais ce n'est plus le cas maintenant et cela ne correspond plus à la description de Meiners. Nous n'avons trouvé qu'une demi-douzaine de vieilles chaises au tissu vert et une grande table en bois au milieu de la pièce. Le lit qui se trouvait autrefois dans un coin a disparu.»[143] Heureusement la fameuse trappe près du poêle en faïence est toujours là, «elle permet de descendre dans la pièce de l'appartement du receveur en dessous, et Meiners affirme que Rousseau s'en servait pour fuir les visiteurs importuns. Mais on se demande si cette trappe existait du temps de Rousseau.»[144] On peut en effet s'interroger, car Rousseau ne mentionne cette issue secrète nulle part dans ses souvenirs. Le premier à

---

[138] Küttner, *Briefe eines Sachsen aus der Schweiz*, Troisième partie, p. 183.
[139] Goethe à Charlotte von Stein, 9 octobre 1779. In: *Goethes Briefe*, Vl. 4, p. 78.
[140] Iffland, *Blick in die Schweiz*, p. 81.
[141] *Glückliche Schweiz*, p. 363.
[142] Spazier, *Wanderungen durch die Schweiz*, p. 152.
[143] Cité d'après Bourquin, *Bezaubernder Bielersee*, p. 94.
[144] Cité d'après Bourquin, *Bezaubernder Bielersee*, p. 95.

Alles, was bis jetzt über Landschaft und Landschaftswahrnehmung gesagt worden ist, betrifft – und das ist entscheidend – einzig und allein die gebildeten Schichten, Künstler, Dichter, Leute von Adel, reiche Bürgerinnen und Bürger. Die einheimische Landbevölkerung hatte ein vollkommen anderes Verhältnis zur Natur – der ästhetische Blick, die empfindsame Begeisterung bei schönen An- und Aussichten war ihr gänzlich fremd. Wichtig war für die Bauern und Bäuerinnen, für alle, die ihren Lebensunterhalt auf dem Land verdienten, die Fruchtbarkeit, die Gepflegtheit des Bodens. Obstbäume, ein Feld, in dem goldgelb das Korn steht, ein hübscher Gemüsegarten und saftige Weiden für das Vieh galten in den Augen dieser Leute als schön. Für die Gegenstände, die die fremden Reisenden in wahre Begeisterungstaumel versetzten, hatten sie keinen Sinn. Die verschiedenen Landschaftsauffassungen prallten sicherlich oft unvermittelt aufeinander, doch direkte Zeugnisse über die Naturwahrnehmung der Landleute gibt es kaum. Die wenigen Aufzeichnungen zu diesem Thema stammen wiederum aus der Feder von gebildeten Naturliebhabern. Auf einer Reise durch Deutschland bewundert der dichtende Pfarrer Albrecht Knapp ein phantastisches Gebirgspanorama. Der Halt der hohen Herren zwecks eingehender Landschaftsbetrachtung kommt dem Postillon Joseph gerade recht, er «warf sich sogleich auf den Boden und schlief gleich einem Mehlsack. Da rüttelte ich den ehrlichen Menschen und rief: ‹Wohlauf Joseph, da seh Er einmal die Wunderpracht, die der Herr, unser Gott, uns hier vor Augen gestellt hat.› Gähnend erhob er sich, blickte ein bisschen auf die weithin prangenden Talgründe hinab, und sprach zuletzt ganz gelassen: ‹Ja ja, da drunten wächst viel Frucht!› worauf ich halb zornig ihm erwiderte: ‹Da hat Er ein Glas Wein und eine Wurst, esse Er das im Frieden, und dann leg Er sich wieder hin.›»[137]

Das Rousseau-Zimmer

Von der Inselanhöhe herabsteigend, kamen die Rousseau-Pilgernden zum Inselhaus, wo der Schaffner mit seiner Familie wohnte und arbeitete. Die ersten Reisenden trafen noch auf das Ehepaar, das etliche Jahre zuvor Rousseau und seine Thérèse gastlich aufgenommen hatte: «Die Menge Fremde, die dahin kommen, schenken den Leuten, die noch mit Freuden und Rührung vom Rousseau sprechen, eine Menge Sachen, als sein Portrait in Kupfer, in englischer Erde u.s.w. die Pappelinsel zu Ermenonville, Tabaksdosen à la Rousseau u.s.w.»[138], notiert Küttner. Auch Goethe erwähnt in einem Brief

---

[137] Zitiert nach Jeggle, *Landschaft – Landschaftswahrnehmung – Landschaftsdarstellung*, S. 15f.
[138] Küttner, *Briefe eines Sachsen aus der Schweiz*, Dritter Teil, S. 183.

signaler cet «escalier dérobé», est Louis Charley Félix Desjobert. Il visita la chambre de Rousseau en septembre 1777: «Il y a, outre la porte, une autre entrée par une trappe, dont M. Rousseau se servait pour venir dans l'appartement au-dessous, où il mangeait et se tenait fort souvent, travaillant à arranger et rassembler des plantes dans son herbier …»[145] C'est Meiners qui ajoute la possibilité anecdotique de fuite par cette trappe: «Ce qui rendait cette chambre si précieuse aux yeux de son singulier habitant, c'était l'escalier dérobé, grâce auquel on pouvait disparaître de la maison sans être remarqué. Rousseau s'enfuit souvent par cette voie pour éviter les curieux importuns.»[146] Il est possible qu'un guide local ait raconté cette histoire d'issue secrète à Meiners, peut-être l'a-t-il lui-même inventée pour pimenter sa description de la chambre de Rousseau – nous l'ignorons. Mais il est certain que l'anecdote de Meiners fit rapidement école. Certains auteurs sont d'ailleurs d'avis que Rousseau, alors qu'il aurait pu avoir une meilleure chambre, a choisi celle-ci, la plus pauvre et la plus démunie de la maison, précisément à cause de la trappe. D'autres pensent qu'il la préférait à cause de la vue qu'elle offrait sur les glaciers.

Quoi qu'il en soit, la trappe et l'escalier dérobé devinrent partie intégrante du mythe de Rousseau. Et Wagner ne manque pas ici encore d'affabuler dans sa description poétique: «Rousseau s'échappait souvent par cette issue, quand le bruit qui se faisait dans le corridor l'avertissait de l'approche de quelque visite importune, et se hâtait de se soustraire à leur vaine curiosité, en se réfugiant dans les endroits les plus solitaires du bois; mais ne s'y trouvant pas encore en sûreté contre les recherches des indiscrets, il avait fait arranger, par surcroît de précaution, quelques-uns des arbres les plus touffus, de manière qu'il pouvait y monter sans risque, et s'y tenir bien caché dans le feuillage sur un petit siège, formé d'une planche solidement attachée aux branches les plus épaisses.»[147] On peut en effet voir dans le livre de Wagner sur l'île une illustration montrant un couple – deux citadins en partie de campagne – cherchant avidement le célèbre philosophe dans sa chambre. Derrière eux se pressent d'autres curieux. Thérèse fait une gracieuse révérence, le chien Sultan aboie face aux intrus, et Rousseau, encore inaperçu, referme la trappe au-dessus de sa tête. Il n'a que le temps de dresser un doigt avertisseur à l'intention de Thérèse, la prévenant de ne pas trahir sa fuite … (ill. en couleur X, p. 187).

---

[145] Cité d'après Bourquin, *Wallfahrt zu einer kargen Unterkunft*, p. 138.
[146] Meiners, *Briefe über die Schweiz*, Première partie, p. 228.
[147] Wagner, *L'île de St. Pierre dite l'île de Rousseau*, p. 51.

diese Informationsquelle erster Güte. Als er der Insel einen Besuch abstattet, sind «der Schaffner und seine Frau die die Wirthschaft selbst führen [...] noch eben dieselben die Rousseau bewirtheten».[139]

Die Besichtigung des Rousseau-Zimmers ist ein weiterer Höhepunkt auf der literarischen Wallfahrt (Farbtafel XV, S. 192). Und natürlich ist sie wieder mit dem obligaten empfindsamen Gefühlsausbruch verbunden: «Hier wohnte er also, – hier dachte – hier fühlte – hier litt er!!»[140], ruft Iffland beim Eintreten ganz ausser sich.

Als besonderes Ereignis galt es, sich eine Mahlzeit in Rousseaus ehemaliger Stube servieren zu lassen. Friederike Brun tat dies, und auch Ex-Kaiserin Joséphine genoss im Rousseau-Zimmer «ein prächtiges Déjeuner, welches auf Befehl der Cantons-Regierung von dem Gastwirth zur Krone zu Aarberg war zubereitet worden».[141]

Karl Spazier gibt sich Träumereien à la Rousseau hin. «Ich weiss, welche unzählige frohe Stunden meines Lebens ich dem Geiste Rousseaus verdanke, und also schäme ich mich der Schwachheit nicht zu gestehen, dass ich eine Art von süssem Schauer empfand, als ich mich seinem ehemaligen Zimmer näherte, das fast noch ganz so ist, als er es gelassen hat. Es ist ganz einfach und hat nur Ein Fenster, unter welchem ein kleiner niedlicher Blumengarten ist. Man sieht noch eine Wiese hier, worauf noch einige Obstbäume zerstreut stehen; und ganz im Grunde hat man die Aussicht nach den Wallisergebirgen. In einem Winkel steht ein schlichtes Bette mit Vorhängen von verblichenem blauen Grund.»[142] Spätere Reisende beklagen sich darüber, dass im Zimmer nicht mehr alles so steht und liegt, wie sie es in Reisebeschreibungen gelesen haben: «Lange liess man die Meubels und die ganze Anordnung darin so, wie sie zu Rousseau's Zeiten selbst war; doch ist diese jezt nicht ganz mehr, wie ehedem, und nicht so mehr, wie sie Meiners beschreibt. Wir fanden blos ein halb Dutzend mit grünem Tuch überzogener, alter Stühle, und einen grossen hölzernen Tisch in der Mitte des Zimmers. Ein Bette, das ehedem in der Ecke desselbigen Zimmers stand, war nicht mehr zu sehen.»[143] Immerhin, die berühmte Falltür neben dem Kachelofen ist noch da. Es handelt sich um eine Falltür, «die in ein tiefer liegendes Zimmer des Schaffners hinabgeht, und von welcher Meiners behauptet, dass Rousseau sich allemahl durch dieselbe geflüchtet habe, wenn er dem Besuche überlästiger Fremden ausweichen wollte. Es würde sich aber fragen, ob diese Fallthüre zu jenen

[139] Goethe an Charlotte von Stein, 9. Oktober 1779. In: *Goethes Briefe*, Bd. 4, S. 78.
[140] Iffland, *Blick in die Schweiz*, S. 81.
[141] *Glückliche Schweiz*, S. 363.
[142] Spazier, *Wanderungen durch die Schweiz*, S. 152.
[143] Zitiert nach Bourquin, *Bezaubernder Bielersee*, S. 94.

Ce qui frappe le visiteur de l'époque, ce sont les innombrables inscriptions, signatures, poèmes sur les murs de la chambre. Tous les passants laissèrent sur les murs blanchis à la chaux des commentaires sur les inscriptions et remarques de leurs prédécesseurs. On souriait ou même on se moquait des tournures parfois maladroites (aux yeux d'un certain Monsieur Berkenheim, il s'agit pour la plupart d'inscriptions, «qui, véritablement, ne font guère honneur à la raison humaine»[148]), on notait dans son propre journal les remarques les plus réussies ou les plus émouvantes, finissant par succomber soi-même à la tentation d'ajouter sa signature à cet album mural de la sensibilité romantique. «Je ne sais pas», se demande Spazier, «ce que dirait Rousseau s'il se réveillait brusquement ici, en trouvant tous ces vers prosaïques et cette prose poétique inscrite en son honneur. Rirait-il ou serait-il gêné? Je crois presque qu'il chercherait la trappe pour disparaître.»[149]

Dans les premières décennies du XXᵉ siècle, William Waldvogel, qui suivit les traces des visiteurs sentimentaux sur l'île, fut l'un des derniers à voir les noms célèbres ou moins célèbres crayonnés sur les murs de l'ancienne chambre du poète (peu après la chambre fut entièrement rénovée, et les traces des nombreux pèlerins rousseauistes effacées). Il écrit: «De mauvais plaisants se sont permis la farce d'ajouter les noms de Jules César, Montaigne et Molière.»[150]

Comme dans le pavillon, on trouvait ici de nombreuses signatures, des dates, des poèmes entiers. August von Platen a noté dans son journal deux de ces «Impromptus» qu'il a relevé sur la porte de la chambre:

Sensible auteur de la tendre Julie,
Mortel, si digne d'être heureux,
Pourquoi toujours, durant ta vie,
Ne te vit-on que malheureux?
Fut-ce la rage de l'envie,
Fut-ce la haine des cieux?
Ou ta propre mélancolie,
Qui te suivit dans tous les cieux?

Ne pouvant dans Ermenonville
Jeter tes fleurs sur ton tombeau,
Reçois, Rousseau, dedans cette île,
Mon hommage par mon pinceau.[151]

---

[148] Cité d'après Raymond, *Von der Landschaft im Kopf zur Landschaft aus Sprache*, p. 109.
[149] Spazier, *Wanderungen durch die Schweiz*, p. 153.
[150] Waldvogel, *St. Petersinsel*, p. 11.
[151] Platen, *Tagebücher*, Vol. 1, p. 610.

Zeiten wirklich schon da war?»[144] Das fragt sich allerdings, denn Rousseau erwähnt den spektakulären Fluchtweg in seinen Erinnerungen mit keinem Wort. Der erste, der auf die «Geheimtreppe» eingeht, ist Louis Charley Felix Desjobert. Er besichtigte das Rousseau-Zimmer im September 1777: «Es hat ausser der Tür einen anderen Eingang über eine Treppe. Diesen benutzte Monsieur Rousseau oft, um in die Wohnung im unteren Stockwerk zu gelangen, wo er zu essen pflegte und an seiner Pflanzensammlung arbeitete…»[145] Erst Meiners fügt die anekdotische Deutung der Falltür als Fluchtweg in seine Beschreibung ein: «Was aber dies Zimmer seinem sonderbaren Bewohner vielleicht am theuersten gemacht hat, ist eine geheime Treppe, durch welche man unbemerkt zum Hause hinaus kommen kann. Durch diese entfloh Rousseau oft in den Wald, wenn er von beschwerlichen Neugierigen besucht wurde.»[146] Vielleicht hat ein Einheimischer Meiners von diesem Fluchtweg erzählt, vielleicht hat er sich die ganze Sache einfach ausgedacht, um seine Schilderung der Rousseau-Kammer zu würzen – wir wissen es nicht. Sicher ist, dass Meiners' Anekdote schnell die Runde gemacht hat. Einige Reiseschriftsteller sind in der Folge der Meinung, Rousseau habe dieses Zimmer, das ärmlichste und unansehnlichste des Hauses, gerade wegen der Falltür gewählt, er hätte durchaus ein besseres haben können. Andere glauben, er habe es der Sicht auf die fernen Gletscher wegen ausgewählt. Wie dem auch sei: Die Falltür- und Geheimtreppen-Geschichte ist fester Bestandteil des Rousseau-Mythos geworden. Und Wagner kommt wie so oft bei seinen dichterischen Beschreibungen gewaltig ins Fabulieren: «Durch diesen Ausweg entwich Rousseau oft, wenn rauschende Gesellschaften durch den langen Corridor gegen sein geheimes Stübchen im Anzuge waren […]. Rousseau flohe denn vor solchen Verfolgungen in die geheimsten Winkel des Waldes; als aber die Spührkunst seiner Nachsteller ihn auch da aufzufinden wusste, so liess er sich insgeheim an verschiedenen Stellen des Waldes einige dickbelaubte Bäume dergestalt zurichten, dass er ohne Gefahr in die Gipfel derselben flüchten, und sich daselbst verborgen aufhalten konnte.»[147] Tatsächlich betritt auf einer Illustration in Wagners Insel-Album gerade ein Paar – eine Städterin und ein Städter auf Landpartie – die Rousseau-Stube, sich begierig nach dem Hochberühmten umsehend. Hinter ihnen drängen sich weitere Neugierige. Thérèse macht einen artigen Knicks, Hund Sultan bellt die Eindringlinge an, und Rousseau, noch unentdeckt, ist schon dabei, die Falltür über sich zu schliessen. Die Zeit reicht gerade noch, um Thérèse mit

---

[144] Zitiert nach Bourquin, *Bezaubernder Bielersee*, S. 95.
[145] Zitiert nach Bourquin, *Wallfahrt zu einer kargen Unterkunft*, S. 138 (Übersetzung von D. B.).
[146] Meiners, *Briefe über die Schweiz*, Erster Teil, S. 228.
[147] Wagner, *Die Peters-Insel im Bieler-See*, S. 75.

A un moment quelconque, on institua un livre d'or à faire signer aux visiteurs, pour épargner un peu les murs de la chambre. Monsieur Simond fait dans son *Voyage en Suisse* de 1817 des statistiques intéressantes sur la nationalité des visiteurs: «Cinquante-trois Suisses et Allemands, quatre Russes, deux Hollandais, un Italien, cinq Français, trois Américains, vingt-huit Anglais»[152] auraient signé le livre, selon son décompte.

Rencontres avec Rousseau

Tant d'hommages rendus à Rousseau laissent facilement deviner que les récits de première main furent bientôt agrémentés de nombreuses anecdotes. Philippe Bridel a retenu dans sa description quelques histoires particulièrement amusantes, qui racontent les rencontres de Rousseau avec les «importuns». «Un jour qu'il se promenait à l'écart, un inconnu l'aborde en disant: ‹Mr. Jean Jaques Rousseau, je vous salue …› ‹Mr. lui répond-il, si je savais vos noms de baptême & de famille aussi bien que vous savez les miens, je pourrais vous en dire autant›, & il continua sa promenade. Une autre fois un noble campagnard du voisinage lui crie d'aussi loin qu'il l'aperçoit: ‹Mr. j'ai l'honneur d'être votre très humble & très obéissant serviteur …› & Rousseau qui n'aimait point cette fin de lettre pour prélude d'une conversation, lui crie sur le même ton; ‹& moi, Mr. je ne suis pas le vôtre›, & il s'enfonce dans le bois.»[153] Un autre admirateur mit plus de doigté dans sa démarche. Il se rend souvent sur l'île, mais fait semblant de ne pas être intéressé le moins du monde par Rousseau. Le grand philosophe s'en trouve tout de même froissé, si bien qu'il finit par adresser le premier la parole au visiteur et entre en conversation avec lui. Mais le plus souvent il fait dire aux visiteurs par le receveur: «Je ne suis pas ici dans une ménagerie.»[154]

Tout comme Bridel, Friederike Brun cherche à enrichir les descriptions de Rousseau, imagine des scènes dont on ne trouve aucune mention dans les textes du poète: «Un chalet délabré […] me sembla l'un des objets qui devaient lui être chers. Ici, Il se reposait dans ses promenades, lorsque la pluie et la tempête l'assaillaient.»[155]

La promenade dans l'île, la ☛ *lecture en plein air* des souvenirs de Rousseau, la visite du pavillon et de la chambre de Rousseau, l'étude des inscriptions et poèmes sur les murs et, finalement l'immortalisation de son propre

---

[152] Cité d'après Bourquin, *Bezaubernder Bielersee*, p. 95.
[153] Bridel, *Course de Bâle à Bienne*, p. 241.
[154] Bridel, *Course de Bâle à Bienne*, p. 242.
[155] Brun, *Reise nach der Petersinsel auf dem Bielersee*, p. 334.

erhobenem Zeigefinger zu mahnen, ihn ja nicht zu verraten … (Farbtafel X, S. 187).

Das Auffälligste an dem Zimmer sind jedoch die zahllosen Inschriften, Signaturen und Gedichte an den Wänden. Alle Reisenden lassen die eine oder andere Bemerkungen über die Schriftzüge fallen, die die weissgetünchten Wände des Zimmers schwärzen. Man amüsiert sich, belächelt ungeschickte Wendungen (in den Augen eines Herrn Berkenheim handelt es sich grösstenteils um Inschriften, «die wahrhaftig dem menschlichen Verstande wenig Ehre machen»[148]), hält im eigenen Notizbuch besonders gelungene Einträge fest und verewigt sich allem Spott zum Trotz am Ende wohl selbst in diesem Album der Empfindsamkeit. «Ich weiss nicht», fragt sich Spazier, «wenn R. hier wieder erwachen, und alle die poetische Prose und prosaischen Verse erblicken sollte, die man ihm zu Ehren hier angeschrieben hat, ob er zuerst lachen oder sich betrüben würde. Fast glaube ich, er würde die Fallthüre suchen.»[149]

William Waldvogel, ein später Nachfahre der empfindsamen Inselreisenden, sah irgendwann in den ersten Jahrzehnten des 20. Jahrhunderts die mit berühmten und weniger berühmten Namen über und über bedeckten Wände im ehemaligen Schlafzimmer des Philosophen als einer der letzten (bald darauf wurde das ganze Zimmer renoviert, wurden die Spuren der Rousseau-Pilgerinnen und -pilger getilgt): «Spassvögel leisteten sich den Scherz, die Namen von Julius Cäsar, Montaigne und Molière beizufügen.»[150]

Wie im Pavillon finden sich auch hier nebst Unterschriften und Daten ganze Gedichte, die sich auf den Ort selbst beziehen. August von Platen hält in seinem Tagebuch zwei solcher «Impromptüs» fest, die er auf der Stubentür vorfindet:

Sensible auteur de la tendre Julie,
Mortel, si digne d'être heureux,
Pourquoi toujours, durant ta vie,
Ne te vit-on que malheureux?
Fut-ce la rage de l'envie,
Fut-ce la haine des cieux?
Ou ta propre mélancolie,
Qui te suivit dans tous les cieux?

---

[148] Zitiert nach Raymond, *Von der Landschaft im Kopf zur Landschaft aus Sprache*, S. 109.
[149] Spazier, *Wanderungen durch die Schweiz*, S. 153.
[150] Waldvogel, *St. Petersinsel*, S. 11.

nom – tout tendait vers le même but: être aussi proche que possible de Rousseau, dédier quelques heures à ressentir comme lui, à imiter ses sentiments et ses émotions: «J'avais relu de bonne heure, avant de quitter la Neuveville, la *Cinquième Promenade* qui se trouve dans le deuxième volume des *Confessions* de Rousseau, et je vous prie, cher ami, de la relire aussi. C'est une rêverie, si vous voulez, un rêve de bonheur, qui ne pouvait durer! Ah, si seulement je pouvais passer ici ne serait-ce qu'un été, avec des gens que je voudrais faire venir des lieux les plus différents et les rassembler ici avec vous! Ah, être avec vous dans ce séjour paradisiaque! A l'abri du monde, habiter une partie de cette maison pure, se retrouver tôt le matin, parcourir l'île dans la reconnaissance et la dévotion du divin, voir de tous côtés le paysage magnifique de l'île et les rives du lac, alterner les travaux des champs avec l'écriture et la lecture, lire la joie sur chaque visage, ressentir la vie et les sentiments dans chaque fibre de son être, et en rendre grâce à Dieu! Le matin, avant la grosse chaleur, se promener dans les prairies aux mille couleurs en dessous de la maison, regarder les vignerons travailler en face, se réfugier dans la forêt quand le soleil monte et le soir se laisser bercer comme Rousseau sur une barque – mais lisez-le vous-même.»[156] C'est ainsi que rêve Küttner – exemple parfait du lecteur sentimental – comme mille autres qui se transportent par la pensée dans la vie quotidienne de Rousseau.

Le départ de l'île, tout comme l'arrivée, s'accompagne de sentiments forts et empreints de mélancolie. S'éloigner de ses rives offre la dernière occasion de s'identifier avec le philosophe chassé du paradis: «En quittant l'île, nous ressentions avec vivacité comme le pauvre Jean-Jacques, avec quels sentiments il dut abandonner ce refuge dans lequel il avait ardemment souhaité être banni à jamais.»[157]

Souvenirs: le monde imagé des petits maîtres suisses

Ceux qui quittaient l'île de Rousseau en ressentant les mêmes affres pouvaient se consoler en achetant un album de souvenirs, des estampes ou des cartons à dessins remplis d'illustrations de l'île Saint-Pierre (les prédécesseurs de nos cartes postales). Il y avait un grand choix. L'île y était représentée de tous les côtés imaginables. Depuis une hauteur de la rive nord, d'où l'on apercevait l'île et son reflet sur la surface lisse du lac, avec la chaîne des Alpes dans le lointain. Un peu plus bas, sur les rives du lac où certains artistes préféraient se placer. A cette distance, tous les détails sont reconnaissables:

[156] Küttner, *Briefe eines Sachsen aus der Schweiz*, Troisième partie, p. 182.
[157] Stolberg, *Reise in Deutschland, der Schweiz, Italien und Sicilien*, Vol. 1, p. 148.

Ne pouvant dans Erménonville
Jeter tes fleurs sur ton tombeau,
Reçois, Rousseau, dedans cette îsle,
Mon hommage par mon pinceau.[151]

Irgendwann wurde auch ein Gästebuch angeschafft, um die Wände ein wenig zu entlasten. Monsieur Simond stellt diesbezüglich in seiner *Voyage en Suisse* von 1817 aufschlussreiche Untersuchungen über den Anteil der Gäste aus den verschiedenen Ländern an: «Dreiundfünfzig Schweizer und Deutsche, vier Russen, zwei Holländer, ein Italiener, fünf Franzosen, drei Amerikaner und achtundzwanzig Engländer»[152] haben sich seiner Zählung zufolge eingetragen.

Begegnungen mit Rousseau

Bei soviel Verehrung für Rousseau ist unschwer zu erraten, dass die Berichte aus erster Hand bald durch weitere Anekdoten angereichert wurden. Philippe Bridel hat einige besonders witzige Geschichten in seine Schilderung aufgenommen, die von Begegnungen Rousseaus mit den «Überlästigen» erzählen. «Als er einsmal, so abgelegen, spazieren ging, redete ihn ein Unbekannter mit den Worten an: ‹Herr Johann Jakob Rousseau, ich mache Ihnen mein Compliment.› ‹Mein Herr›, antwortete Rousseau, ‹wenn ich Ihre Vor- und Zunamen, so gut wüsste [wie] Sie die meinigen, so wollte ich Ihr Compliment erwiedern!› und setzte seinen Spaziergang fort. Ein andermal schrie ihm ein Landjunker aus der Nachbarschaft schon von weitem zu: ‹Mein Herr, ich habe die Ehre, ihr ergebenster und gehorsamster Diener zu seyn.› ‹Und ich mein Herr! bin der Ihrige nicht!› rief Rousseau […].»[153] Ein dritter Bewunderer geht die Sache mit mehr Geschick an. Er kommt oft auf die Insel, tut aber so, als würde ihn Rousseau in keinster Weise interessieren. Das wurmt nun den Hochberühmten doch, so dass er schliesslich den Mann zuerst anspricht und so mit ihm ins Gespräch kommt. Öfter aber lässt er den Fremden über den Schaffner ausrichten: «Ich bin hier nicht in einer Menagerie!»[154]

Ähnlich wie Bridel versucht auch Friederike Brun die Beschreibungen Rousseaus noch anzureichern, malt sich Szenen aus, die in den Rousseau-Texten mit keinem Wort erwähnt werden: «Ein verfallendes Châlet […]

---

[151] Platen, *Tagebücher*, Bd. 1, S. 610.
[152] Zitiert nach Bourquin, *Bezaubernder Bielersee*, S. 95 (Übersetzung von D. B.).
[153] Bridel, *Reise durch eine der romantischsten Gegenden der Schweiz*, S. 320f.
[154] Bridel, *Reise durch eine der romantischsten Gegenden der Schweiz*, S. 322.

les sentiers fréquentés jusqu'au pavillon, les murets qui soutiennent les terrasses de vignes, les couleurs de la forêt, d'un vert printanier ou d'un or et rouge profond au temps des vendanges. On voit presque toujours sur ces images des bateaux qui glissent sur le lac en direction de l'île, chargés d'une «jeunesse brillante et nombreuse qui s'y rend en foule des rives voisines et y forme souvent des bals champêtres»[158]. Les groupes de voyageurs sont conduits à leur but dans des barques couvertes, alors que les pêcheurs naviguent sur le lac dans de dangereux canots plats: «On voit avec étonnement des hommes debout dans de petites nacelles, qui ont à peine la longueur et la largeur de leur corps, et qui s'élèvent de deux ou trois doigts seulement au-dessus de la surface de l'eau, parcourir comme des Neptunes le vaste bassin du lac, souvent même quand il est le plus agité.»[159]

Les ☞ *petits maîtres suisses* eurent tôt fait de trouver leurs motifs préférés sur l'île même. Certaines scènes du séjour de Rousseau ont été pour ainsi dire «canonisées», tant elles ont été représentées souvent: la récolte des pommes, Rousseau dans un bateau à rames avec son chien Sultan, l'expédition des lapins, la «légende» (postérieure au séjour de Rousseau) de la fuite par l'escalier dérobé (couverture, ill. en couleur VIII, IX, X, p. 185s.). Le pavillon constitue souvent le centre de ces petites scènes, une fois avec des garçons qui luttent dans la clairière, ailleurs avec deux amoureux tendrement enlacés sur un banc et tournant le dos au pavillon, ou de belles citadines élégantes dont les robes d'été aux couleurs pastel et les parasols bleu clair ou roses mettent des accents de couleur sur l'herbe verte (ill. 15 et VI).

Le monde coloré des petits maîtres suisses donnait une nouvelle dimension à l'île. Rousseau en avait fait un haut-lieu littéraire dans ses écrits, les petits maîtres suisses l'élevèrent au rang de leurs plus beaux motifs décoratifs. Il y avait là une synthèse unique de paysage, de poésie et de peinture, que les admirateurs de Rousseau savouraient déjà. Se promener sur les hauteurs de l'île sous les vénérables chênes ou se tenir sur les rives, le regard et les pensées perdus dans le jeu des vagues, c'était se retrouver au cœur de l'œuvre poétique de Rousseau, quitter le monde réel et se plonger dans un univers littéraire.

Les voyageurs arrivaient sur l'île la tête farcie de préconçus littéraires, mais aussi d'images toutes faites. En effet, la plupart avait déjà rencontré des vues de l'île, bien avant le voyage dans la région de Bienne, que ce soit dans les ateliers des artistes, chez les libraires des grandes villes suisses ou bien par les gravures d'ouvrages sur la Suisse. Ou encore grâce à des parents et amis

---

[158] Wagner, *L'île de St. Pierre dite l'île de Rousseau*, p. 10.
[159] Wagner, *L'île de St. Pierre dite l'île de Rousseau*, p. 12.

schien mir auch einer von den Gegenständen zu seyn, die Ihm lieb waren. Hier ruhte Er oft von seinen Wanderungen, wenn Sturm und Regen Ihn über-fielen.»[155]

Der Gang über die Insel, das ☞ *Lesen* der Erinnerungen Rousseaus *draus-sen im Grünen*, der Besuch des Pavillons und des Rousseau-Zimmers, das Studieren von Inschriften und Gedichten an den Wänden, schliesslich das Verewigen des eigenen Namens – all das hatte nur einen Zweck: Rousseau so nah wie möglich zu sein, einige Stunden nur dem Nachempfinden, der Imi-tation seines Lebensgefühls zu widmen. «Ich hatte früh, ehe ich von Neustadt abfuhr, die fünfte Promenade wieder gelesen, die im zweiten Bande der *Confessions de Rousseau* steht, und ich bitte Sie, lieber Freund, sie auch wie-der zu lesen. Es ist ein Traum, wenn Sie wollen, ein Traum von Glückselig-keit, die unmöglich dauern konnte! Und doch – nur einen Sommer dort zu-zubringen – mit Menschen, wie ich sie aus verschiedenen Orten zusammen bringen und dort sammeln wollte, einen Sommer mit Euch, mit Euch in die-sem paradiesischen Aufenthalte! So von aller Welt abgesondert einen Theil dieses reinlichen Hauses bewohnen, früh sich zusammen finden, mit Dank und Gottesgefühl, diese Insel durchwandern und von allen Seiten das unbe-schreiblich schöne Land zu sehen von den Ufern des Sees weg; dann ländli-che Arbeiten mit Lesen und Schreiben abwechseln, sich wieder zusammen finden, in jedem Gesichte lesen, dass man glücklich ist, in jeder Ader es ist, es fühlt und Gott es dankt! Des Morgens, ehe die Hitze kommt, in der Ebene vor dem Hause die tausendfarbige Wiese durchstreichen, die Winzer auf der andern Seite arbeiten sehen, in den Wald sich flüchten, wenn die Sonne höher steigt, und Abends auf einem Fahrzeuge sich so hin und her wiegen lassen wie Rousseau – Doch lesen Sie selbst.»[156] So träumt sich Küttner – Muster-beispiel des empfindsamen Menschen und Lesers – wie tausend andere in den Alltag Rousseaus hinein.

Selbst der Aufbruch von der Insel ist, ebenso wie die Ankunft, von star-ken, diesmal wehmütigen Gefühlen begleitet. Die Abreise bietet eine letzte Möglichkeit, sich mit dem aus dem Paradies vertriebenen Philosophen zu identifizieren: «Als wir die Insel verliessen, empfanden wir dem armen Jean Jacques lebhaft nach, mit welchem Gefühle er auch diese Zuflucht verlas-sen musste, auf welche gebannt zu werden er mit Sehnsucht gewünscht hatte.»[157]

[155] Brun, *Reise nach der Petersinsel auf dem Bielersee*, S. 334.
[156] Küttner, *Briefe eines Sachsen aus der Schweiz*, Dritter Teil, S. 182.
[157] Stolberg, *Reise in Deutschland, der Schweiz, Italien und Sicilien*, Erster Band, S. 148.

qui leur avaient présenté leurs souvenirs de voyage au cours d'une soirée en société, commentant tout un carton de dessins bourré de vues sur la Suisse. «A qui les feuilletait, ces collections permettaient de jouir d'un voyage pittoresque, sans même quitter son fauteuil – à la fois souvenir, distraction et stimulant.»[160]

De retour chez lui, en souvenir de son excursion en Suisse, le voyageur s'empressait d'accrocher des tableaux de grand format ou d'encadrer des petites gouaches comme celles de Johann Joseph Hartmann, montrant l'île Saint-Pierre avec la pente escarpée, ou le paysage riant avec la forêt, les vignes et l'auberge (ill. en couleur XIII, XIV, p. 190s.).

C'est ainsi qu'en arrivant enfin sur l'île, on avait le sentiment de pénétrer dans une image déjà vue et l'on découvrait que l'île Saint-Pierre, non contente d'être un lieu littéraire et un motif charmant de tableau, était un paysage bien réel. Et ô combien le XVIIIe siècle aimait ces tangences et revirements entre l'art et la réalité! Une fois débarqué sur l'île Saint-Pierre, on voulait la voir, la percevoir telle qu'on la connaissait déjà en images. Les tableaux et gravures de l'île formaient des filtres à la perception, tout comme les descriptions de Rousseau s'intercalaient entre le promeneur et le paysage. Rien n'était alors plus «en vogue» que voyager avec le texte et les illustrations dans ses bagages (et dans la tête).

Ces tableaux si courus des *petits maîtres suisses*, – petits maîtres parce qu'ils travaillaient en formats de taille réduite faciles à transporter –, trouvaient toujours une petite place dans les malles des voyageurs. Johann Ludwig Aberli, probablement le représentant le plus important de ce genre, dessinait dehors, «ad naturam». Il entreprit des voyages d'études et des randonnées pour découvrir de nouveaux motifs valant d'être immortalisés. De retour dans son atelier de Berne, il utilisait ses croquis et ses esquisses comme modèles pour des tableaux qu'il complétait à l'aquarelle et à l'encre. Ces «remarquables» paysages suisses étaient très prisés. Et lorsque vers 1763, à la fin de la Guerre de sept ans, de plus en plus de touristes affluèrent vers la Suisse, la demande en paysages peints à la main dépassa l'offre de beaucoup.

Aberli, qui n'était pas seulement talentueux, mais aussi doué pour le commerce, eut alors une idée de génie qu'il mit aussitôt en pratique. Il était prêt pour la saison touristique de 1766: «Lors de la saison touristique de 1766, Berne avait de nouveaux souvenirs à proposer aux étrangers».[161] Il s'agissait des gravures coloriées. Les premières estampes publiées présentent les deux stations les plus appréciées du voyage en Suisse et s'intitulent la «Vue de Nidau et du Lac de Bienne» et la «Vue prise du Château de Thoune». Aberli

[160] Korazija, *Flots d'étrangers et montagnes d'images*, p. 160.
[161] Korazija, *Flots d'étrangers et montagnes d'images*, p. 155.

Wer, Rousseaus Qualen nachempfindend, das Eiland im Bielersee verlassen musste, hatte immer noch die Möglichkeit, eines der Souveniralben, Einzelblätter oder ganze Mappen mit Darstellungen der St. Petersinsel zu erwerben – die Vorläufer unserer Ansichtskarten. Die Auswahl war gross. Die Insel ist von allen nur denkbaren Seiten abgebildet worden. Etwa von einer Anhöhe des nördlichen Ufers aus, von wo nicht nur die Insel und ihr Spiegelbild auf der weiten unbewegten Wasserfläche zu sehen sind, sondern auch die majestätischen Gipfel der Alpenkette in der Ferne. Andere Künstler wählten ihren Standort weiter unten, direkt am Ufer. Aus dieser Distanz sind alle Details schon lesbar: die ausgetretenen Fusswege zum Pavillon, die Mäuerchen, die den Rebberg terrassieren, die Farbe des Laubwaldes, frühlingshaft in hellem Grün oder in satten Gold- und Rottönen zur Zeit der Weinlese. Fast immer sind Boote auf dem See zu sehen; die zum Tanz geputzte Jugend lässt sich «auf leichten gemahlten Gondeln mit flatternden Wimpfeln» und geblähten Segeln zur Insel übersetzen, «um den Tag in Spiel und Freude zuzubringen».[158] Reisegesellschaften werden auf überdachten Barken zu ihrem Ziel gebracht, und Fischer gleiten in gefährlich flachen Kähnen über das Wasser: «Man erstaunt, wenn man zuweilen auf der spiegelhellen oder auch auf der bewegten Wasserfläche Menschen stehend in so kleinen Kähnen, welche man in der Landessprache Loggetten nennet, und welche kaum die Länge und Breite einer menschlichen Figur fassen, und mit ihren Seitenwänden kaum zwey Finger breit über das Wasser sich erheben, wie Neptune in einer Muschel daherschwimmen sieht; auf einem solchen fast blossen Brette begeben sie sich fast bey jedem Wetter über den See, auch da wo er am breitesten ist.»[159]

Auf der Insel selbst haben die ☞ *Schweizer Kleinmeister* bald ihre Lieblingsmotive gefunden. Gewisse Szenen aus Rousseaus Inselaufenthalt sind, wenn man so will, «kanonisiert» worden, so häufig wurden sie ins Bild gesetzt. Dazu zählen die Apfelernte, Rousseau im Ruderboot mit seinem Hund Sultan, das Einschiffen der Kaninchen und die nachträglich hinzugefügte «Legende» von der Flucht über die Geheimtreppe (Buchumschlag, Farbtafeln VIII, IX, X, S. 185f.). Und immer wieder steht der Pavillon im Mittelpunkt reizender kleiner Bilderzählungen. Knaben raufen sich auf einer Lichtung, zwei Liebende sitzen zärtlich aneinandergeschmiegt auf einer Bank, den Rücken an die Pavillonwand gelehnt. Blickfang sind oft die städtischen, elegant gekleideten Damen, die sich mit ihren pastellfarbenen Sommerklei-

---

[158] Wagner, *Die Peters-Insel im Bieler-See*, S. 10.
[159] Wagner, *Die Peters-Insel im Bieler-See*, S. 12.

visait depuis le début un public international. «Il mettait les titres en français. L'allemand n'aurait pas été compris dans tous les pays voisins, et à Berne beaucoup de représentants des couches aisées parlaient aussi bien le français, sinon mieux, que l'allemand.»[162]

La manière d'Aberli, comme on appela bientôt cette technique, produisit de charmants petits tableaux. Seules les lignes guides, les contours, étaient finement tracés, parfois point par point avec un stylet de graveur sur le fond de la plaque de cuivre. Les gravures étaient ensuite coloriées avec des aquarelles aux joyeuses couleurs claires. La palette de couleurs étant limitée, l'artiste n'utilisait en général que trois couleurs. «Il passait d'abord un lavis sur le dessin avec de l'excellente encre de chine, ne laissant blanc que l'air et les plus lointaines montagnes. Une fois ce procédé terminé, il teintait l'air à l'indigo et les nuages avec un mélange l'indigo et d'encre, puis les parties aux tons rouges, jaunes et brunes étaient légèrement coloriées avec un mélange alternant cinabre [pour le rouge] et gomme-gutte [pour le jaune], puis l'indigo et la gomme-gutte étaient additionnés au vert pour recouvrir les arbres et toute verdure, et le paysage était terminé.»[163] C'est ainsi qu'un contemporain décrit la technique du maître.

Dans un roman de Gottfried Keller, *Henri le Vert* (1ère édition all. 1855) on trouve un écho tardif de l'art des petits maîtres. Keller y décrit avec ironie un atelier en pleine effervescence: «C'est ainsi qu'elle [la mère du héros Henri] finit par dénicher enfin un homme qui pratiquait sans attirer l'attention un art étonnant, dans un vieux couvent de bonnes sœurs aux portes de la ville. Il était peintre, graveur, lithographe et imprimeur tout à la fois, et, selon une technique oubliée, il dessinait ces paysages suisses qui attiraient les foules, les gravait sur des plaques de cuivre et les faisait mettre en couleur par quelques jeunes apprentis.»[164] Il s'ensuit une description des jeunes coloristes: «Ces joyeux lurons distribuaient sur le papier les couleurs légères et transparentes, ils maniaient le pinceau trempé dans le bleu, le rouge ou le jaune avec d'autant plus d'insouciance qu'ils n'avaient pas à s'occuper du dessin, ni de son arrangement et qu'ils pouvaient recouvrir avec leurs teintes fluides et joyeuses les lignes sombres et austères de la gravure. [...] Sous la direction de Habersaat, les belles années d'une trentaine de ces jeunes gens avaient déjà dû s'exhaler sur le papier, dans ces ciels bleus et ces arbres verts, et le graveur toussotant était son sous-aide infernal qui corrodait à l'eau-forte le fond noir des plaques, tandis que les mélancoliques imprimeurs, enchaînés

---

[162] Schaller, *Annäherung an die Natur*, p. 29.
[163] Cité d'après Schaller, *Annäherung an die Natur*, p. 27 (Source: Leben Johann Ludwig Aberlis von Winterthur. XIII. Neujahrsstück der Künstlergesellschaft Zürich 1817, p. 9).
[164] Keller, *Der grüne Heinrich*, p. 252s.

dern und den verspielten hellblauen oder rosaroten Sonnenschirmen als Farbakzente vom Rasen abheben (Abb. 15; Farbtafel VI, S. 183).

Diese bunte Bilderwelt der Schweizer Kleinmeister fügte der Insel eine neue Dimension hinzu. Durch Rousseau und seine Dichtungen ist sie zum literarischen Schauplatz geworden, die Schweizer Kleinmeister haben sie zu einem ihrer schönsten Bildmotive erkoren. Es ist dies ein einmaliges Zusammenspiel von Landschaft, Dichtung und Malerei. Das haben durchaus schon die Rousseau-Schwärmerinnen und -Verehrer so empfunden. Sich oben auf der Inselanhöhe unter den alterwürdigen Eichen zu ergehen oder unten am Ufer zu stehen und gedankenverloren dem Spiel der Wellen zuzuschauen, das war ganz so, als wäre man in die Dichtungen Rousseaus versetzt worden, als hätte man die wirkliche Welt verlassen und wäre in eine literarische eingetreten. Mit dem Bildcharakter der Insel verhält es sich ähnlich. Manche Reisenden hatten schon vor ihrer Ankunft in der Bielerseegegend Ansichten der Insel gesehen, in den Auslagen von Ateliers und Buchhandlungen der grossen Schweizer Städte. Oder sie hatten Kupferstiche in Reisebeschreibungen und Foliobänden über die Schweiz bewundert. Oder Verwandte und Bekannte hatten ihnen, im Rahmen geselliger Abende, ihre Reisesouvenirs vorgeführt, hatten eine Bildermappe voller Schweizeransichten erzählend kommentiert. «Solche Kollektionen boten beim Blättern den Genuss einer ganzen malerischen Reise, ohne die Stube auch nur verlassen zu müssen – zur Erinnerung, zur Kurzweil, zur Anregung.»[160] Grössere Formate oder Pendantbilder wie etwa die beiden Gouachen von Johann Joseph Hartmann – die eine zeigt den steilen Abhang, die andere die liebliche Seite mit Laubwald, Rebbergen und Gutshaus (Farbtafeln XIII, XIV, S. 190f.) – wurden als repräsentative Reiseandenken gerahmt und in den Wohnräumen aufgehängt.

So stellte sich dann bei der wirklichen Ankunft auf der Insel, die man schon so gut zu kennen glaubte, das Gefühl ein, in ein Bild einzutreten. Denn die St. Petersinsel war ja nicht nur eine reale Landschaft, sondern auch literarischer Schauplatz und reizvolles Bildmotiv. Und wie liebte das 18. Jahrhundert diese Grenzgänge und Gratwanderungen zwischen Kunst und Wirklichkeit! Einmal auf der St. Petersinsel angekommen, wollte man sie so sehen, so wahrnehmen, wie man sie von den Bildern her kannte. Die Ansichten von der Insel waren ebenso Wahrnehmungsfilter wie Rousseaus Beschreibungen: Auch diese Darstellungen schoben sich zwischen die Spazierenden und die Landschaft. Das Reisen mit Texten und Bildern im Gepäck – und im Kopf! – war ungemein «en vogue».

[160] Korazija, *Fremdenstrom und Bilderberg*, S. 170.

à la roue grinçante, semblaient des diables inférieurs et soumis, démons qui, sans se lasser, glissaient sous le cylindre de leurs presses une suite ininterrompue et inépuisable de feuillets à colorier.»[165]

Berne devint le centre de l'art des petits maîtres, en même temps que le centre culturel et social du pays sous l'Ancien Régime. Ici se retrouvèrent Aberli, Johann Jakob Biedermann et Heinrich Rieter (originaires de Winterthur), Caspar Wolf (de Muri), Balthasar Anton Dunker (venant du nord de l'Allemagne, suivi bientôt de compatriotes), le bernois Sigmund Freudenberger, Gabriel Lory père et fils, Franz Niklaus König, Daniel Simon Lafond et le bâlois Peter Birmann. La capacité de production des ateliers augmenta, le commerce devint florissant: «Il n'y a plus la moindre petite ville où l'on ne trouve un de ces fabricants de prospectus ou du moins son échoppe, et il faudra bientôt que la nature façonne de nouvelles montagnes ou que les vieilles s'écroulent pour donner une provende fraîche aux nombreux membres de cette corporation»[166], se moque un voyageur dont le nom est oublié. Mais ce n'est pas rendre justice aux petits maîtres que de caractériser leurs estampes de «production industrielle» sans âme. C'est à l'époque la plus florissante de cette fabrication de souvenirs que les plus jolis paysages virent le jour, inlassablement parés de l'éclat d'un soleil printanier ou estival. Aberli cherchait avec application à obtenir un résultat proche de la peinture avec ses eaux-fortes coloriées. Il écrivit un jour à Salomon Gessner que les estampes coloriées ne doivent pas produire un effet «trop gravure»[167], c'est-à-dire ne pas être trop dures, elles doivent plutôt donner l'illusion d'une aquarelle peinte à la main (et en effet, il s'agit d'une technique mixte d'impression graphique et d'aquarelle).

La tâche du maître ou du chef de l'atelier consistait à découvrir de nouveaux sujets et à les esquisser au cours de ses voyages d'études et de ses randonnées. Aberli entreprit plusieurs de ces voyages, l'un dans l'Oberland bernois en 1762, un autre en 1774 dans la région du lac de Bienne et du lac de Joux, avec son collègue Freudenberger. Il raconte le voyage dans une lettre à son ami Zingg qui se trouvait à Dresde. Son itinéraire passe par Erlach, Neuchâtel, Grandson, Yverdon et Orbe jusqu'au lac de Joux. Le peintre de plein air Aberli raconte avec un enthousiasme visible: «Ecoutez mon ami, il me semble qu'il serait bien temps que vous songeassiez à faire un tour dans votre patrie; non, vous ne savez pas encore combien & quels trésors elle renferme pour nos pinceaux & nos crayons.»[168]

[165] Keller, *Der grüne Heinrich*, p. 254s.
[166] Cité d'après Wozniakowski, *Die Wildnis*, p. 286.
[167] Cité d'après *Alte Meister*, p. 100.
[168] Aberli, *Collection de quelques vues dessinées en Suisse d'après nature*, p. 10.

Geschaffen wurden diese so beliebten Ansichten von den *Schweizer Kleinmeistern* – Kleinmeister deshalb, weil sie in kleinen, einfach zu transportierenden Formaten arbeiteten; dafür fand sich in den Koffern und Truhen der Reisenden immer ein Plätzchen. Johann Ludwig Aberli, der vielleicht berühmteste Vertreter der Kleinmeisterkunst, zeichnete draussen, «ad naturam». Er unternahm Malerreisen und Wanderungen, stets auf der Suche nach neuen Motiven. Zurück im Atelier in Bern verwendete er diese Studien und Skizzen als Vorlagen für Blätter, die er mit Tusche und Aquarellfarben ausführte. Diese Ansichten von «merkwürdigen» Schweizer Gegenden waren sehr gefragt. Und als nach 1763, nach Ende des siebenjährigen Krieges, immer mehr und mehr Reisende in die Schweiz strömten, überstieg die Nachfrage das Angebot an handgemalten Ansichten bei weitem.

Aberli, nicht nur begabt, sondern auch geschäftstüchtig, liess sich etwas einfallen. In der Reisesaison des Jahres 1766 war es dann soweit: Bern konnte «den Fremden mit neuen Souvenirs aufwarten – mit neuartigen Landschaftsbildern nämlich […]».[161] Auf den Markt kamen die sogenannten kolorierten Umrissradierungen. Die beiden ersten edierten Blätter setzten zwei äusserst beliebte Stationen einer Schweizerreise ins Bild: «Vue de Nidau et du Lac de Bienne» und «Vue prise du Chateau de Thoun» lauten die Beschriftungen. Aberli hatte von Beginn an ein internationales Publikum im Auge. «Er beschriftete seine Blätter auf französisch. Deutsch wurde nicht in allen Nachbarländern verstanden, in Bern hingegen sprachen und schrieben viele Vertreter der oberen Schichten ebenso gut, wenn nicht besser, Französisch wie Deutsch.»[162]

Die Aberlische Manier, wie das Verfahren bald nach seinem Erfinder genannt wurde, brachte charmante Kleinkunst hervor. Nur gerade die Hilfslinien, die Umrisslinien eben, wurden fein, meist punktiert mit der Radiernadel auf den Ätzgrund der Kupferplatte gezeichnet. Koloriert wurden die Radierungen anschliessend einzeln mit Aquarellfarben, die den Blättern ihr helles, heiteres Aussehen verliehen. Die Farbpalette war beschränkt, die Künstler bedienten sich meist nur dreier Farben. «Die Zeichnung wurde zuerst ganz mit guter chinesischer Tusche ausgetuscht; nur die Luft und die hintersten Berge wurden weiss gelassen. War auf diese Weise die Landschaft in Absicht auf den Effect vollendet, so mahlte er die Luft mit Indigo hinein, die Wolken mit Indigo und Tusche; alsdann wurden die gelblichten, röthlichten und bräunlichen Parthien mit einem abwechselnden Gemische von Zinober und Gumigutt leicht gefärbt, und hierauf aus Indigo und Gumigutt die

[161] Korazija, *Fremdenstrom und Bilderberg*, S. 165.
[162] Schaller, *Annäherung an die Natur*, S. 29.

Aberli, artiste du pays, et non pas voyageur sentimental venu d'Allemagne, d'Angleterre ou d'Ecosse, ironise subtilement dans sa description sur ces voyageurs distingués, à la tête encombrée d'images et de textes qu'ils plaquent sur la réalité: «Tout cela avait l'air si romanesque, que nous, qui avons fait notre cours de lecture de romans comme il faut, ne pouvions presque nous empêcher d'espérer dans ce lieu quelque apparition extraordinaire; pour le moins quelque ermite vénérable avec une barbe bien longue & bien blanche: déjà il nous semblait l'entendre conter l'histoire de sa vie, nous donner de belles instructions, & les poches pleines de noisettes.»[169]

Au terme de ses voyages artistiques, au cours desquels il remplissait ses cartons de nouveaux sujets idylliques ou majestueux, Aberli retournait à son atelier à Berne. D'autres petits maîtres s'installaient pour quelque temps dans le Seeland, à la source des motifs les plus recherchés. Ainsi, Balthasar Anton Dunker, qui fut invité dans l'été 1774 par le grand bourgeois bernois Gottlieb Fischer d'Oberried dans ses vignobles d'Engelberg, près du lac de Bienne, pour y peindre le magnifique paysage des environs. Dunker avait un goût marqué pour le «romantique», ce qui veut dire, selon la compréhension de son époque, «pour les régions montagneuses, les rochers, les cavernes, les grottes, les cascades et les cataractes».[170] Il peignit donc de préférence les pentes escarpées du lac de Bienne, sur la rive nord-ouest. «La rive droite et l'île Saint-Pierre, lieux de prédilection des âmes tendres, ne l'intéressaient pas.»[171] (ill. 16)

Un autre petit maître habita quelques années dans une propriété à Rockhall près de Bienne, lieu à l'histoire mouvementée qui ressentit «parfois le souffle de l'histoire du monde».[172] Beaucoup de célébrités passèrent par Rockhall. Trois d'entre elles, dont le petit maître Hartmann, nous intéressent plus particulièrement, car leurs séjours se suivirent à quelques années d'intervalle, les fils de leur vie s'y croisant donc en quelque sorte. En mai 1765, Rousseau rendit visite depuis Môtiers au propriétaire de l'époque, Jean-Rodolphe de Vautravers, aventurier et globe-trotter, qui aurait proposé à Rousseau d'être son hôte et de séjourner à Rockhall après l'exclusion de l'île Saint-Pierre. Onze ans plus tard, le peintre augsbourgeois Johann Joseph Hartmann se rendit à Rockhall. Il se spécialisa dans les «vedute» (paysages) de l'île Saint-Pierre et des environs du lac de Bienne, ce qui le rendit si célèbre qu'il est mentionné dans différents récits de voyage (Bridel recommande par exemple d'acheter les œuvres «charmantes» d'Hartmann repré-

[169] Aberli, *Collection de quelques vues dessinées en Suisse d'après nature*, p. 18.
[170] Hirschfeld, *Theorie der Gartenkunst*, Vol. 4, p. 90.
[171] Schaller, *Annäherung an die Natur*, p. 107.
[172] *Rockhall*, p. 1.

grüne Farbe gemischt, mit welcher die Bäume und alles was einen grünlichen Ton haben musste, überzogen wurden, und so war die Landschaft vollendet.»[163] So beschreibt ein Zeitgenosse die Technik des Meisters. In Gottfried Kellers grossem Roman *Der grüne Heinrich* (1855, 1. Fassung) findet sich ein später Reflex auf die Kleinmeister-Kunst. Keller gibt die köstlich ironische Schilderung eines Ateliers, in dem der Betrieb auf Hochtouren läuft: «So trieb sie [die Mutter der Titelfigur Heinrich] endlich einen Mann auf die Beine, welcher in einem alten Frauenklösterlein vor der Stadt, wenig beachtet, einen wunderlichen Kunstspuk trieb. Er war ein Maler, Kupferstecher, Lithograph und Drucker in einer Person, indem er, in einer verschollenen Manier, vielbesuchte Schweizerlandschaften zeichnete, dieselben in Kupfer kratzte, abdruckte und von einigen jungen Leuten mit Farbe überziehen liess.»[164] Es folgt eine Schilderung der jungen Koloristen: «Diese lustigen Geister gingen mit wirklichen, leichten und durchsichtigen Farben um, sie handhaben den Pinsel in Blau, Rot und Gelb, und das umso fröhlicher als sie sich um Zeichnung und Anordnung nichts zu bekümmern hatten und mit ihrem buntflüssigen Elemente vornehm über die düstern Schwarzkünste des Kupferstechers wegeilen durften. […] Die Jugendjahre von wohl Dreissigen solcher Knaben und Jünglinge hatte Habersaat schon in blauen Sonntagshimmeln und grasgrünen Bäumen auf sein Papier gehaucht, und der hüstelnde Kupferstecher war sein infernalischer Helfershelfer, indem er mit seinem Scheidewasser die schwarze Unterlage dazu ätzte, wobei die melancholischen Drucker, an das knarrende Rad gefesselt, füglich eine Art gedrückter Unterteufel vorstellten, nimmermüde Dämonen, die unter der Walze ihrer Pressen die zu bemalenden Blätter unerschöpflich, endlos hervorzogen.»[165]

Das Zentrum der Kleinmeister-Kunst wurde Bern, geistiger und gesellschaftlicher Mittelpunkt des Landes im Ancien Régime. Hier trafen sich die Winterthurer Aberli, Johann Jakob Biedermann und Heinrich Rieter, Caspar Wolf aus Muri, der Norddeutsche Balthasar Anton Dunker, dem bald andere Landsleute folgten, die gebürtigen Berner Sigmund Freudenberger, Gabriel Lory père und fils, Franz Niklaus König, Daniel Simon Lafond und der Basler Peter Birmann. Die Produktionskapazität der Ateliers stieg, das Geschäft florierte: «Es ist beinahe kein Städtchen, wo nicht so ein Prospektmacher selbst oder sein Kramladen zu finden sei, und es wäre bald nötig, dass die Natur neue Berge schüfe oder alte zusammenstürzten, um der zahlreichen Innung weitere Nahrung zu geben»[166], spottet ein Reisender, dessen Name

---

[163] Zitiert nach Schaller, *Annäherung an die Natur*, S. 27 (Quelle: Leben Johann Ludwig Aberlis von Winterthur. XIII. Neujahrsstück der Künstlergesellschaft Zürich 1817, S. 9).

[164] Keller, *Der grüne Heinrich*, S. 252f.

[165] Keller, *Der grüne Heinrich*, S. 254f.

[166] Zitiert nach Wozniakowski, *Die Wildnis*, S. 286.

18
Johann Ludwig Aberli: Blick auf Erlach und den Bielersee.
Johann Ludwig Aberli: Vue sur Cerlier et le lac de Bienne.

sentant le lac et l'île). La plupart de ses estampes furent montées «sur un support avec un cadre décoré – un Glomy – avec la légende suivante écrite à la
main: ‹célèbre par le séjour qu'y fit J. J. Rousseau en 1765›».[173] Le troisième
à séjourner à Rockhall ne fut rien moins que Goethe lui-même. Il passa en
octobre 1779 une journée radieuse sur l'île Saint-Pierre et acheta quelques
estampes à Hartmann, sans doute des vues de l'île, bien qu'il ne donne pas
de détails sur les motifs des tableaux dans la lettre à son ami Merck: «fait
connaissance à Bienne de Hartmann, dont je rapporte quelques œuvres».[174]

Hartmann expérimenta avec succès différents effets de lumière, à la
gouache ou à la gravure. Selon l'heure de la journée et la saison, ses œuvres
nous présentent l'île Saint-Pierre sous des éclairages variés (ill. en couleur
XIII, XIV, p. 190s.). Franz Niklaus König mit aussi à profit les changements
de temps fréquents sur le lac. Le charme de ses représentations doit beaucoup aux rayons de soleil perçant les nuages en biais (ill. en couleur IV,
p. 181), aux orages (ill. 20) ou aux clairs de lune. Ces atmosphères annoncent
les préromantiques et sont fortement influencées par la littérature. Sur une

[173] Schaller, *Annäherung an die Natur*, p. 47.
[174] Goethe à Johann Heinrich Merck, 17 octobre 1779. In: *Goethes Briefe*, Vol. 4, p. 88.

uns nicht überliefert ist. Doch man tut den Kleinmeistern unrecht, ihre Blätter als lieblos hergestellte «Industrieware» zu charakterisieren. Gerade die Blütezeit dieser Souvenirkunst brachte entzückende Ansichten hervor, über denen stets der Glanz eines heiteren Frühlings- oder Sommertages zu liegen scheint. Aberli war sehr darauf bedacht, mit seinen Umrissradierungen einen gemäldeähnlichen Effekt zu erzielen. An Salomon Gessner schreibt er einmal, dass die Blätter nicht zu «Kupfer-Stecherisch»[167], d. h. nicht zu hart wirken dürften; vielmehr sollten sie die Illusion eines handgemalten Aquarells erwecken (in der Tat handelt es sich ja um eine Mischform zwischen Originalaquarell und Druckgraphik).

Die Aufgabe der Meister oder Atelier-Leiter bestand darin, auf Malwanderungen oder Künstlerreisen neue Sujets zu finden und zu skizzieren. Aberli hat mehrere solcher Reisen unternommen, 1762 eine ins Berner Oberland, eine andere 1774 in die Bielerseegegend und zum Lac de Joux, zusammen mit seinem Kollegen Freudenberger. In einem Brief an seinen Freund Zingg in Dresden berichtet er von diesem Unternehmen. Die Route führte über Erlach, Neuenburg, Grandson, Yverdon und Orbe bis zum Lac de Joux. Der Plein-Air-Maler Aberli berichtet mit spürbarer Begeisterung: «Hören Sie, mein Freund, es wäre, scheint mir, bald an der Zeit, dass auch Sie daran dächten, eine Reise durch Ihre Heimat zu machen. Sie wissen offenbar noch gar nicht, welche Menge und Art von Schätzen sie für unsere Pinsel und Stifte einschliesst.»[168]

Aberli, ein Einheimischer, ein Künstler, kein empfindsamer Reisender aus Deutschland, England oder Schottland, parodiert in der Schilderung seiner Fusswanderung das Reisen dieser feinen Herrschaften sehr subtil, ein Reisen mit Bildern und Texten im Kopf, die der Wirklichkeit quasi übergestülpt werden: «Dies alles bot einen so romantischen Anblick, dass wir, die wir gehörig viel Romane gelesen hatten, kaum umhin konnten, hier eine ausserordentliche Erscheinung zu erhoffen, zum mindesten irgend einen ehrwürdigen Einsiedler mit einem langen, schneeweissen Bart; fast vermeinten wir, ihn uns seine Lebensgeschichte erzählen zu hören, zu vernehmen, wie er uns gute Ermahnungen gab und uns die Taschen mit Haselnüssen füllte.»[169]

Nach seinen Malerreisen, auf denen er seine Zeichenmappe mit neuen idyllischen und erhabenen Sujets füllte, kehrte Aberli jeweils in sein Atelier nach Bern zurück. Andere Kleinmeister liessen sich für eine Weile im Seeland nieder, sozusagen an der Quelle besonders gefragter Motive. So wurde etwa Balthasar Anton Dunker im Sommer 1774 vom Berner Patrizier Gott-

---

[167] Zitiert nach *Alte Meister*, S. 100.
[168] Aberli, *Sammlung einiger Ansichten in der Schweiz nach der Natur gezeichnet*, S. 32.
[169] Aberli, *Sammlung einiger Ansichten in der Schweiz nach der Natur gezeichnet*, S. 39.

19
Balthasar Anton Dunker: Felsiges Seeufer bei Twann.
Balthasar Anton Dunker: Rives rocheuses près de Douanne.

charmante vignette réunissant le pavillon et la lune (ill. en couleur I, p. 178),
König essaya «de rendre justice en première ligne à son modèle littéraire,
Rousseau, en insufflant une beauté mélancolique au lieu si souvent visité par
le poète.»[175] König produisit toute une série de tableaux aux motifs idylliques
et romantiques, comme la bergerie de l'île Saint-Pierre (ill. 21).

L'apogée de l'art des petits maîtres suisses se place dans la seconde moitié du XVIIIe siècle. C'est à cette époque que les artistes réalisèrent leurs
chefs-d'œuvre. Mais l'invasion de l'armée de Napoléon en 1798 signifia la
triste fin de la mode grandissante des voyages culturels et de plaisance en
Suisse. «Les lourdes contributions et le cantonnement des soldats mirent en
difficulté de nombreuses familles aisées. Les riches touristes étrangers ne
vinrent pas, beaucoup connaissant le même genre de difficultés dans leur
propre patrie. Les artistes ne trouvaient plus de débouchés. Ils moururent

[175] Bourquin, *Die St. Petersinsel in der Graphik*, p. 25.

lieb Fischer von Oberried auf sein Rebgut Engelberg am Bielersee eingeladen, um dort Ansichten der prächtigen Gegend zu schaffen. Dunker hatte eine ausgeprägte Vorliebe für das «Romantische», das heisst, im Verständnis seiner Zeit, für «gebirgigte Gegenden, Felsen, Höhlen, Grotten, Wasserfälle, Katarakte».[170] Und so malte er auch am Bielersee am liebsten die Steilhänge und Felsen der nordwestlichen Uferpartien. «Das rechte Ufer und die Petersinsel, bevorzugte Aufenthaltsorte der Sanftmütigen, interessierten ihn nicht.»[171] (Abb. 19).

Ein anderer Kleinmeister bewohnte während einiger Jahre den Bieler Landsitz Rockhall – einen Ort mit bewegter Geschichte, ein Haus das «zeitweise gar den Hauch der Weltgeschichte»[172] spürte. Viele Berühmtheiten sind hier ein- und ausgegangen. Drei von ihnen sind für uns von Interesse, weil sich ihre Wege in Rockhall gewissermassen «kreuzten». Im Mai 1765 besuchte Rousseau noch von Môtiers aus den damaligen Besitzer Jean-Rodolphe de Vautravers, einen Abenteurer und Weltreisenden. Dieser sollte Rousseau nach der Ausweisung von der St. Petersinsel sogar Gastrecht in Rockhall anbieten. Elf Jahre später traf der gebürtige Augsburger Maler Johann Joseph Hartmann im Rockhall ein. Er spezialisierte sich auf Veduten der St. Petersinsel und der Bielerseegegend und wurde damit immerhin so berühmt, dass er in verschiedenen Reiseberichten Erwähnung fand (Bridel etwa erwähnt im Sinne einer Kaufempfehlung, dass Hartmann in Biel «niedliche» Ansichten des Sees und der Insel male). Die meisten seiner Blätter wurden «auf einer Unterlage mit Zierrahmen – einem Glomy – montiert und handschriftlich mit folgender Legende versehen: ‹célèbre par le séjour qu'y fit J. J. Rousseau en 1765›».[173] Der dritte für uns bedeutsame Zeitgenosse der in Rockhall eintraf, war – Goethe. Er verbrachte im Oktober 1779 ja auch einen Tag auf der St. Petersinsel und erwarb bei Hartmann einige Blätter. An Freund Merck schreibt er, ohne sich über die Motive näher auszulassen: «In Biel einen kennen lernen, Hartmann, von dem ich mitbringe.»[174]

Hartmann experimentiert auf seinen Gouachen und Umrissradierungen mit effektvollen Tagesbeleuchtungen. Die St. Petersinsel präsentiert sich auf seinen Darstellungen je nach Tages- und Jahreszeit von immer anderem Licht übergossen (Farbtafeln XIII, XIV, S. 190f.). Auch Franz Niklaus König machte sich die ständig wechselnden Stimmungen am See zunutze. Der Reiz seiner Inseldarstellungen wird durch schräg aus den Wolken einfallende Sonnen-

[170] Hirschfeld, *Theorie der Gartenkunst*, Bd. 4, S. 90.
[171] Schaller, *Annäherung an die Natur*, S. 107.
[172] *Rockhall*, S. 1.
[173] Schaller, *Annäherung an die Natur*, S. 47.
[174] Goethe an Johann Heinrich Merck, 17. Oktober 1779. In: *Goethes Briefe*, Bd. 4, S. 88.

20
Franz Niklaus König: Am Ufer der St. Petersinsel.
Franz Niklaus König: Les rives de l'île Saint-Pierre.

dans la misère, comme Freudenberger ou Dunker, ou adaptèrent leurs activités aux nouvelles circonstances, comme Biedermann, qui accomplit pendant plusieurs années des travaux administratifs auprès du gouvernement helvétique, ou comme Heinrich Rieter, qui devint professeur de dessin.»[176]

Au début du XIXe siècle, Franz Niklaus König, Gabriel Ludwig Lory, puis Mathias Gabriel Lory et Johann Joseph Hartmann reprirent avec un nouvel élan l'œuvre de leurs prédécesseurs, et poursuivirent quelque temps encore la tradition des petits maîtres.

---

[176] Schaller, *Sehnsucht nach dem Goldenen Zeitalter*, p. 34.

strahlen (Farbtafel IV, S. 181), Sturmwetter (Abb. 20) oder sanften Mondschein verstärkt. Diese Stimmungselemente sind zwar Anzeichen einer frühromantischen Malweise, sind vor allen Dingen aber literarisch bedingt. König versuchte z. B. auf seiner entzückenden Vignette mit Pavillon und Mond (Farbtafel I, S. 178) «in erster Linie dem literarischen Vorbild Rousseau gerecht zu werden, indem er den vom Dichter so oft aufgesuchten Ort in einen Hauch melancholischer Schönheit taucht.»[175] König schuf eine Reihe weiterer Blätter mit romantisch-idyllischen Motive wie zum Beispiel die Schäferei auf der St. Petersinsel (Abb. 21).

Die grosse Ära der Schweizer Kleinmeister ist die zweite Hälfte des 18. Jahrhunderts. Die meisten Künstler schufen in dieser Zeit ihr Hauptwerk. Doch der Einfall der Armee Napoléons 1798 bedeutete ein jähes Ende für die blühende Reise- und Kunstkultur in der Schweiz. «Die harten Kontributionen und die Einquartierung von fremden Soldaten brachte viele ehemals wohlhabende Familien in Schwierigkeiten. Die ausländischen Gäste blieben aus; viele von ihnen hatten in ihren Heimatländern ähnliche Sorgen. Die Künstler fanden keinen Erwerb mehr. Sie starben gramgebeugt wie Freudenberger und Dunker oder passten ihre Tätigkeit den neuen Verhältnissen an wie Biedermann, der mehrere Jahre bei der Helvetischen Regierung administrative Arbeiten verrichtete, oder Heinrich Rieter, der Zeichenlehrer wurde.»[176] Franz Niklaus König, Gabriel Ludwig Lory, später auch Mathias Gabriel Lory, und Johann Joseph Hartmann nahmen die Tätigkeit ihrer Vorgänger im neuen Jahrhundert mit neuen Kräften wieder auf und setzten die Kleinmeister-Tradition noch für eine Weile fort.

Der dritte Besuch

Die St. Petersinsel als literarischer Schauplatz

Es ist ein Ding der Unmöglichkeit, alle Zeugnisse in Bild und Text vorzustellen, die die St. Petersinsel zum Gegenstand haben (oder sie en passant erwähnen, wie Hölderlin in seiner Hymne *Der Rhein* oder Jean Paul im *Leben des Quintus Fixlein*). Zwar ebbte im Verlaufe des 19. Jahrhunderts der Besucherstrom ein wenig ab; gedruckte Beschreibungen wurden seltener, denn was lässt sich nach all den empfindsamen Gefühlsergüssen noch Neues hinzufügen? Auch die grosse Ära der Schweizer Kleinmeister neigte sich ihrem Ende zu. Erst die Lithographie, dann die Photographie wurden zur Konkurrenz und liefen den prächtigen Souveniralben und Bildermappen schliesslich

---

[175] Bourquin, *Die St. Petersinsel in der Graphik*, S. 25.
[176] Schaller, *Sehnsucht nach dem Goldenen Zeitalter*, S. 34.

21
Franz Niklaus König: Die Schäferei auf der St. Petersinsel.
Franz Niklaus König: La bergerie de l'île Saint-Pierre.

La troisième visite

L'île Saint-Pierre en théâtre littéraire

Il est impossible de présenter ici tous les documents et témoignages qui se rapportent à l'île Saint-Pierre (ou qui la mentionnent en passant, comme Höl-derlin dans son hymne sur le Rhin ou Jean Paul dans *Quintus Fixlein*). Il faut

den Rang ab. Die Insel wurde noch immer rege besucht, auch von hoch-
berühmten Zeitgenossen und Künstlern – Rodolphe Toepffer, Alexandre
Dumas père, Honoré de Balzac, der russische Anarchist Michail Bakunin und
Paul Klee reihen sich in die lange Liste illustrer Persönlichkeiten ein, die eine
Wallfahrt zu Rousseaus Refugium unternommen haben.

Immer wieder kommen auch einsame Spaziergänger auf die St. Petersinsel und suchen nach Rousseaus Spuren, und wieder sind es sowohl fiktive als
auch reale Figuren, die sich den spazierenden Philosophen zum Vorbild nehmen … In Ferdinand von Hornsteins Novelle *St. Petersinsel* (1903) zieht sich
der Erzähler und Held in die Einsamkeit auf der Insel zurück, um seine so-
eben beendete Affäre mit einer verheirateten Frau zu überdenken. Die
Atmosphäre des Rousseau-Zimmers im Inselhaus inspiriert ihn ungemein.
Und noch in derselben Nacht beginnt er, «Das Bekenntnis Rousseaus des
Jüngeren» zu Papier zu bringen. Tagsüber erforscht er, wie könnte es anders
sein, auf langen Spaziergängen die Insel …

Spannende Handlung und einfühlsame Landschaftsschilderungen zeichnen Walter von Rummels Liebes- und Abenteuerroman *Der Reiter und die
Frau* (1922) aus, dem eine klassische Dreieckskonstellation mit eifersüchti-
gem Ehemann, schöner Dame und früherem Geliebtem zugrunde liegt. Die
Liebenden fliehen – ihre Zufluchtsstätte ist die St. Petersinsel, wo sie, wie
schon so viele, im Haus des Inselschaffners unterkommen. Der Frühling verwandelt die Insel in ein blühendes Paradies, Marie-Rose und ihr Geliebter
verbringen Tage voller Glück. Doch der böse Ehemann ist nicht weit. Er spürt
den Schlupfwinkel auf und will den Verführer seiner Frau zum Duell fordern.
Dem gelingt es, die Geliebte noch rasch durch die berühmte Falltür in Rousseaus Zimmer in Sicherheit zu bringen; dann verwundet er den blaublütigen
Ehemann im Duell, um schliesslich mit Marie-Rose nach Amerika zu fliehen … Ein veritables Mantel- und Degenstück, dessen Höhepunkte die St.
Petersinsel zum Schauplatz haben.

Eine dagegen recht gesucht wirkende Idee hat Arnold H. Schwengeler in
seiner Novelle *Die glückliche Insel* (1944) umgesetzt. Die Dreharbeiten zu
einer literarischen Verfilmung mit dem Titel «Die glückliche Insel» sollen auf
der St. Petersinsel stattfinden. Vor der romantischen Kulisse entwickelt sich
dann allerdings ungeahnt Dramatisches: gefälschte Verträge, eine bankrotte
Filmgesellschaft und ein geistesgestörter Autor führen zu allerlei Turbu-
lenzen.

Zu erwähnen ist ferner die Novelle *Flüchtling und Landvogt* (1950) von
Otto Zinniker, die Rousseaus Ausweisung von der Insel zum Thema hat, vor
allem aber das Verhältnis zwischen Emanuel von Graffenried, dem Landvogt
von Nidau, und Rousseau literarisch ausschmückt.

cependant avouer que le flot des visiteurs se ralentit au cours du XIXe siècle, et les descriptions se firent plus rares. En effet, qu'y avait-il à ajouter de plus à tous ces épanchements sentimentaux? L'âge d'or des petits maîtres suisses touchait également à sa fin. La lithographie puis la photographie devinrent une concurrence sérieuse et détrônèrent les albums de souvenirs et les cartons d'images. L'île fut encore visitée par de célèbres contemporains et artistes – les noms de Rodolphe Toepffer, Alexandre Dumas père, Honoré de Balzac, de l'anarchiste russe Michail Bakounine et de Paul Klee s'ajoutant à la longue liste des illustres personnalités qui entreprirent un pèlerinage dans le refuge de Rousseau.

Les promeneurs solitaires se plaisent toujours à venir sur l'île Saint-Pierre pour y chercher les traces de Rousseau. Encore une fois, aussi bien des personnes réelles que des figures de roman prennent le philosophe disparu pour modèle ... Dans la nouvelle de Ferdinand von Hornstein, *St. Peterinsel* (1903), le héros et conteur se retire dans la solitude sur l'île, pour méditer sur une aventure avec une femme mariée, à laquelle il vient de mettre fin. L'atmosphère de la chambre de Rousseau se révèle très inspiratrice. Dès la première nuit, il commence à jeter sur le papier «Les confessions de Rousseau le Jeune». Pendant la journée, il explore l'île, comment pourrait-il en être autrement, en de longues promenades ...

Une intrigue palpitante et des descriptions du paysage empreintes de sensibilité caractérisent un roman d'amour et d'aventures de 1922, *Der Reiter und die Frau* [Le chevalier et la dame], de Walter von Rummel, qui présente la constellation classique du ménage à trois, avec le mari jaloux, la belle épouse et l'amant. Les amoureux s'enfuient, et leur refuge n'est autre que l'île Saint-Pierre, où comme d'autres avant eux, ils sont hébergés dans la maison du receveur. Le printemps métamorphose l'île en un paradis fleuri, Marie-Rose et son amant coulent des journées emplies de bonheur. Mais le mari furieux n'est pas loin. Il découvre la cachette du couple et provoque son rival en duel. Celui-ci parvient à temps à faire fuir son amante par la fameuse trappe de la chambre de Rousseau. Il blesse le mari en duel et s'échappe en Amérique avec Marie-Rose ... Un véritable roman de cape et d'épée, dont les scènes les plus passionnantes se déroulent sur l'île Saint-Pierre.

Arnold H. Schwengeler, lui, développe une idée très élaborée dans une nouvelle intitulée *Die glückliche Insel* [L'île heureuse] (1944). L'histoire se passe dans l'île Saint-Pierre et raconte le tournage d'un film basé sur un ouvrage littéraire du même titre. Devant ce décor romantique se développe un scénario où les drames abondent. Des faux contrats, une société de cinéma en faillite et un auteur à l'esprit dérangé provoquent toutes sortes de mésaventures.

Ein Zeugnis der Wandervogel- und Pfadfinderromantik ist Paul Balmers *Die Argonauten des Bielersees* von 1946. Wie Rousseau rund 180 Jahre zuvor, identifizieren sich einige Kinder bei einer Fahrt über den Bielersee mit den griechischen Helden, von denen sie gerade im Schulunterricht gehört haben.

Nicht zu vergessen das gewaltige Festspiel, das 1934 mit 1500 Mitwirkenden am Bernischen Kantonal-Gesangsfest in Biel aufgeführt wurde. Sein Titel: *Die Friedensinsel – L'île de la Paix,* verfasst von Hans Zulliger und Richard Walter. Das Festspiel sollte einen Beitrag zur besseren Verständigung und zu mehr Toleranz zwischen Welschen und Deutschschweizern leisten. Die Gegensätze brechen bei einem Frühlingsfest auf der St. Petersinsel auf, das in Neid und Unverständnis auszuarten droht. Doch da erscheint der Geist Rousseaus und stiftet Frieden – der Chor kann ein freudig-versöhnliches Lied anstimmen.

Natürlich ist die St. Petersinsel auch immer wieder willkommener Anlass zu autobiographischen Aufzeichnungen. So etwa im Falle Hans Stauffers, der mit seinem 1962 erschienenen St. Petersinsel-Buch eine «heitere und kritische Lebensschau eines Arztes, Fischers und Naturfreundes» (so der Untertitel) vorlegt. Auf der Insel tankt er immer wieder Energie, erholt sich von Schicksalsschlägen und dem hektischen Alltag, und das ganz am grossen Vorbild Rousseau orientiert: «Nie habe ich so Gelegenheit und Musse über verschiedenes nachzudenken, als auf einem der alten Bänke auf dem Känzeli oder am Aussichtspunkt am Westende des Inselbergs mit dem wunderbaren Blick auf Heidenweg, Erlach und Jolimont oder auch irgendwo auf dem See im Schiffchen. Da hat man nichts anderes zu tun als zu schauen und zu sinnieren.»[177]

All diese Zeugnisse – und es wären noch mehr zu nennen – wären ohne Rousseaus Aufenthalt und ohne die enorme Wirkung, die dieses Inselleben ausgelöst hat, nicht denkbar. Manche dieser Texte mögen aus heutiger Sicht verschroben, belanglos, kurios wirken, andere noch immer aktuell und ansprechend. Was sie verbindet, ist der versteckte oder offene Bezug zur St. Petersinsel als «Rousseau-Insel». Die Falltür, das Inselhaus, die bezaubernde Landschaft, Spaziergänge à la Rousseau sind Motive, denen man immer wieder begegnet. Rousseau und die Empfindsamen haben sich die Gegend regelrecht zu eigen gemacht. Durch sie sind Insel und See zu einer literarisch bedeutsamen Landschaft geworden.

[177] Stauffer, *Heitere und kritische Lebensschau eines Arztes*, S. 80.

Il faut encore citer la nouvelle *Flüchtling und Landvogt* [Fuyard et bailli] (1950) d'Otto Zinniker, qui romance le renvoi de Rousseau hors de l'île et ses liens avec le bailli de Nidau, Emanuel von Graffenried.

Le livre de Paul Balmer, *Die Argonauten des Bielersees* [Les Argonautes du lac de Bienne] (1946), est un témoignage de l'époque des «Wandervogel» et du romantisme scout. Comme Rousseau 180 ans plus tôt, quelques enfants explorent le lac et s'identifient aux héros grecs dont ils viennent d'entendre l'histoire à l'école.

Il ne faut pas oublier non plus le spectaculaire festival *Die Friedensinsel – L'île de la Paix,* écrit par Hans Zulliger et Richard Walter en 1934, où 1500 participants animèrent à Bienne la Fête du Chant du canton de Berne. Le spectacle était conçu comme une contribution à une meilleure compréhension et plus de tolérance entre romands et suisses-allemands. Les oppositions se manifestent au cours d'une fête du printemps sur l'île Saint-Pierre et menacent de faire sombrer les festivités dans la jalousie et la discorde, mais l'esprit de Rousseau apparaît et ramène la paix, le chœur peut entonner avec allégresse un chant de réconciliation.

L'île Saint-Pierre est évidemment un cadre bienvenu et une source d'inspiration favorable aux souvenirs autobiographiques. Hans Stauffer, dans son livre sur l'île Saint-Pierre (1962), écrit la «joyeuse et critique histoire de la vie d'un médecin, pêcheur et ami de la nature» (c'est le titre). C'est sur l'île qu'il vient faire provision d'énergie, qu'il se remet des coups du destin et se repose des tracas quotidiens, à l'image de son grand modèle: «Jamais je n'eus mieux l'occasion ni l'envie de réfléchir que sur l'un de ces vieux bancs sur le belvédère, ou depuis le point de vue au bout ouest de l'île avec cette vue magnifique sur le Chemin des Païens, Cerlier et le Jolimont, ou dans un bateau, n'importe où sur le lac. Il n'y a rien d'autre à faire que se laisser aller et penser.»[177]

Tous ces témoignages – et il y en aurait bien d'autres – seraient impensables, sans le séjour de Rousseau et les répercussions inimaginables qu'il eut sur la vie de l'île. Beaucoup de ces textes semblent aujourd'hui ampoulés, superflus ou bizarres, certains sont étonnamment actuels et parlants. Ce qu'ils ont de commun, c'est le lien caché ou évident avec l'île Saint-Pierre en tant qu'«île de Rousseau». La trappe, la maison, le beau paysage, les promenades à la Rousseau, sont des motifs qui reviennent toujours. Rousseau et les sentimentaux se sont carrément approprié le paysage. Grâce à eux, l'île et le lac sont devenus un paysage littéraire marquant.

---

[177] Stauffer, *Heitere und kritische Lebensschau eines Arztes*, p. 80.

Der Insel-Kalender

Und die Maler? Natürlich haben auch die Kleinmeister, die die Insel zu verschiedenen Tages- und Jahreszeiten und aus wechselnden Perspektiven gemalt haben, ihre Nachfolger gefunden: Malerinnen und Maler, die sich über Jahre hinweg immer wieder vom stillen Zauber des Bielersees gefangennehmen liessen. Der originellste unter diesen Kleinmeister-Nachfahren ist zweifellos Oskar Binz. Er hat vom 1. Januar bis zum 31. Dezember 1953 einen Jahreszyklus der St. Petersinsel geschaffen: Immer vom gleichen Standort aus – von einem Zimmer im ersten Stock seines Hauses in Klein-Twann – ohne sich auch nur um ein paar Zentimeter zu verschieben. Auf seinen 365 Insel-Blättern ballen sich mal düster Wolken über dem wohlvertrauten Umriss der St. Petersinsel, mal ist der Himmel dunstig, so dass das Eiland nur durch einen Schleier zu erkennen ist; an manchen Tagen spiegelt es sich im See, dann wieder kräuselt der Wind die Wasseroberfläche. Im November und Dezember entzieht sich die Insel hinter dicken Nebelwänden den Blicken, nicht einmal der See ist mehr zu sehen. Es schneit, es regnet, und immer steht Oskar Binz da und zeichnet die St. Petersinsel. Dafür wird er im Frühling belohnt. Eine Reihe von schönen Tagen veranlasst den Künstler, über die Zeichnung vom 23. März 1953 zu schreiben: «Einschtwyle kei Abwächslig, aber by der Pracht isch das nit nötig.»[178] Und wer ein Stück weiter blättert im Insel-Kalender, kann wie bei einem Daumenkino zusehen, wie die Bäume sich allmählich belauben. Übrigens ist jede einzelne der 365 Zeichnungen mit einer kurzen Bemerkung übers Wetter versehen. Und auch die jeweilige Tagestemperatur ist minutiös verzeichnet. Binzens prächtiger Insel-Kalender gehört mit zu den schönsten bildnerischen Hommagen an die St. Petersinsel.

Ein Dichter spaziert über die Insel

Einer der bis anhin letzten Spaziergänger im Geiste Rousseaus ist der Dichter W. G. Sebald, der über seinen Insel-Aufenthalt einen sehr schönen Essay verfasst hat: *J'aurais voulu que ce lac eût été l'Océan – Anlässlich eines Besuchs auf der St. Petersinsel.* Schon das Rousseau-Zitat – dieser hätte sich ja, wie er in den *Confessions* berichtet, sehnlichst gewünscht, der Bielersee würde sich zum Ozean ausweiten – evoziert aufs Neue eine Atmosphäre, wie sie uns aus der Empfindsamkeit vertraut ist. Und in der Tat: Sebald denkt und fühlt im Grunde wie ein Leser und Spaziergänger aus der Epoche der Empfindsamkeit, der sich zufällig erst am Ende des 20. Jahrhunderts auf die

---

[178] Binz, *365 Tage St. Petersinsel*, Zeichnung vom 23. 3.

Le calendrier de l'île

Et les peintres? Les petits maîtres, qui peignirent l'île à toutes les heures du jour et en toutes saisons, sous les perspectives les plus variées, trouvèrent aussi des successeurs qui se laissèrent prendre au charme paisible du lac de Bienne. Le plus original d'entre eux est sans doute Oskar Binz, qui réalisa un cycle de l'île Saint-Pierre du 1er janvier au 31 décembre 1953: toujours du même endroit – une chambre au premier étage de sa maison à Klein-Twann (Petit-Douanne) – sans se décaler ne serait-ce que de quelques centimètres. Sur ces 365 feuilles, on découvre l'île au fil des saisons: là, des nuages menaçants au-dessus des contours bien connus de l'île, ailleurs un ciel brumeux, l'île ne se reconnaît qu'à travers un voile; certains jours, elle se reflète dans le lac, d'autres jours, le vent gonfle les vagues. En novembre et décembre, l'île se cache derrière un épais brouillard, même le lac a disparu. Qu'il pleuve ou qu'il neige, Oskar Binz est présent et dessine l'île Saint-Pierre. Il est récompensé par l'arrivée du printemps. Une suite de belles journées incite le peintre à écrire au-dessus du dessin du 23 mars 1953: «Pas de changement depuis un moment mais avec cette splendeur, ce n'est pas nécessaire.»[178] Si l'on consulte ce calendrier de l'île, on peut voir les arbres se couvrir peu à peu de verdure, comme dans ces livres de «dessins animés» que l'on feuillette du pouce pour donner l'illusion du mouvement. Chaque page est annotée d'une brève remarque sur le temps, et la température du jour est soigneusement relevée. Le calendrier réalisé par Binz est l'un des plus remarquables hommages picturaux à l'île Saint-Pierre.

Un poète se promène sur l'île

L'un des derniers promeneurs dans l'esprit de Rousseau fut le poète W. G. Sebald, qui écrivit un essai très intéressant sur son séjour dans: *J'aurais voulu que ce lac eût été l'Océan – Anlässlich eines Besuchs auf der St. Petersinsel*. [J'aurais voulu que ce lac eût été l'Océan – A l'occasion d'une visite sur l'île Saint-Pierre]. Ce titre reprend une phrase de Rousseau – qui aurait vivement souhaité, comme il l'écrit dans les *Confessions*, que le lac de Bienne devienne océan – et évoque l'atmosphère qui nous est devenue familière pour l'époque sentimentale. Et, en effet, Sebald pense et ressent comme un lecteur et promeneur de cette époque disparue, égaré par hasard sur l'île en plein XXe siècle: «Au cours de notre siècle, qui touche à sa fin, l'enthousiasme pour Rousseau s'est peu à peu calmé. En tout cas, au cours des quelques jours que j'ai passés sur l'île, et pendant les heures où je suis resté assis à la fenêtre de

[178] Binz, *365 Tage St. Petersinsel*, dessin du 23 mars.

St. Petersinsel verirrt: «Im Verlauf unseres eigenen, jetzt beinah beendeten Jahrhunderts hat die Rousseaubegeisterung sich allmählich gelegt. Jedenfalls haben sich in den paar Tagen, die ich auf der Insel verbrachte und während derer ich mehrere Stunden im Fenster des Rousseauzimmers gesessen bin, nur zwei der Ausflügler, die zum Spazierengehen und Brotzeitmachen auf die Insel herüberkommen, in die spärlich bloss mit einem Kanapee, einem Bett, einem Tisch und einem Stuhl möblierte Kammer verirrt, und auch diese beiden sind, offenbar enttäuscht von dem wenigen, das es da zu sehen gab, gleich wieder gegangen. Keiner von ihnen hat sich über die Glasvitrine gebeugt, um die Schriftzüge Rousseaus zu entziffern, keiner hat bemerkt, dass die bleichen, bis zu zwei Fuss breiten Fichtenbretter des Bodens gegen die Mitte des Zimmers so abgetreten sind, dass sie eine flache Kuhle bilden, und dass die Stellen um die harten Äste herum beinahe einen Zoll herausstehen aus dem übrigen Holz. Keiner liess seine Hand über den glatt geschliffenen Spülstein im Vorraum gleiten, nahm den russigen Geruch wahr, der immer noch um die Feuerstelle hängt, und keiner warf einen Blick aus dem Fenster, von dem aus man über den Obstgarten und eine Wiese auf das Südufer hinuntersieht. Mir aber war es in dem Rousseauzimmer, als sei ich zurückversetzt in die vergangene Zeit, eine Illusion, auf die ich umso leichter mich einlassen konnte, als auf der Insel dieselbe, von keinem noch so fernen Motorgeräusch gestörte Stille herrschte wie überall auf der Welt vor hundert oder zweihundert Jahren.»[179]

Dichter sind oft Wahlverwandte, auch über die Jahrhunderte hinweg. Und so kommt es oft zu seltsamen Überschneidungen und Begegnungen. In Sebalds ungemein lesenswertem Essay-Band *Logis in einem Landhaus* steht neben der Rousseau-Hommage ein Porträt Robert Walsers: *Le promeneur solitaire. Zur Erinnerung an Robert Walser.* Walser – auch er ein einsamer Spaziergänger, in der Bielerseegegend und anderswo, ein Spaziergänger wohl noch einsamer als Rousseau es jemals war. Walser schrieb subtile literarische Miniaturen über die Bielerseegegend, er verfasste bekanntlich aber auch eine Novelle über Kleists Aufenthalt in Thun, auf der Aareinsel. Und ganz en passant deutet Sebald an, dass der Rousseau-Verehrer Kleist mit *seinem* Inselleben das Inselglück des Philosophen nachahmen wollte … Über alle drei, Rousseau, Kleist und Walser schreibt Sebald in seinen Essays, wobei er keinen Hehl daraus macht, dass er selbst mit manchen der Poeten, die er porträtiert, in einem merkwürdig engen Verhältnis steht. Und zuweilen ist er ihnen besonders nah, etwa wenn er im Geiste Walsers (und diesen zitierend) die Seelandgegend betrachtet: «Und manchmal denke ich mir, ich sehe mit

[179] Sebald, *Logis in einem Landhaus*, S. 49f.

22
Jean-Baptiste Michel: Jean-Jacques Rousseau 1765 in Neuchâtel.
Jean-Baptiste Michel: Jean-Jacques Rousseau en 1765 à Neuchâtel.

sa chambre, seuls deux randonneurs venus se promener et pique-niquer sur l'île se sont montrés dans la chambre, sobrement meublée d'un canapé, d'un lit, d'une table et d'une chaise, et même ces deux-là, apparemment déçus de ne pas voir grand-chose, sont repartis aussitôt. Ni l'un ni l'autre ne s'est penché sur la vitrine pour déchiffrer les lignes de Rousseau. Aucun n'a

seinen Augen das helle Seeland und im Seeland wie eine schimmernde Insel den See und in dieser Seeinsel wiederum eine andere Insel, die Insel des Heiligen Peter ‹im leichten Morgensonnendunst, von weisslich zitterndem Licht umschwommen›.»[180]

Was die St. Petersinsel betrifft, liegt über Sebalds Essay ein Hauch feiner Melancholie. Sein Aufenthalt im Rousseau-Zimmer, für das sich niemand zu interessieren scheint, seine Insel-Spaziergänge in der Abenddämmerung, wenn das lustige Völkchen der Ausflügler sie verlassen hat, lassen eine Frage im Raum stehen: Ist die St. Petersinsel nur noch für die wenigen, die mit ihrer Vergangenheit, mit den Schriften und dem Schicksal Rousseaus vertraut sind, ein kulturgeschichtliches Kleinod? Bekannt ist die St. Petersinsel und wird es wohl immer bleiben. Aber beginnt sie sich, mehr als zweihundert Jahre später, allmählich von der Aura Rousseaus und seiner Epoche zu befreien und zu einem ganz gewöhnlichen Ausflugsziel zu werden? Verblasst die Idee eines wirklich gewordenen Arkadiens allmählich?

Schäferspiele: Musiktheater aus der Epoche der Empfindsamkeit

Im ersten Sommer des neuen Jahrtausends steht die kleine Insel jedenfalls ganz im Zeichen Rousseaus und seiner Epoche. Man stelle sich vor: die St. Petersinsel in ihrem Sommerkleid, grüne Wiesen, der alte Eichenwald rauscht auf der Inselanhöhe, kleine Wellen schlagen plätschernd an die Ufer. So war es vor zweihundert Jahren, und so ist es auch heute noch. Wer die Insel betritt, betritt eine andere Welt. Ideale Voraussetzungen also, um eine Reise in die Vergangenheit zu unternehmen. Auf der grossen Wiese vor dem Gutshaus werden deshalb zwei ☛ *Schäferspiele*, eines von Rousseau, eines von Mozart, als Plein-Air-Inszenierungen auf einer nach historischem Vorbild rekonstruierten Wanderbühne aufgeführt, stimmungsvoll eingerahmt von der viel beschriebenen, viel gemalten arkadischen Landschaft. Die Idee und das Konzept zu dieser «Lustreise» in eine vergangene Zeit stammt von Lukas Leuenberger, für die künstlerische Leitung zeichnet Christian Brandauer verantwortlich. Ihr «Musiktheater aus der Epoche der Empfindsamkeit», wie das Projekt betitelt ist, schlägt den Bogen zurück ins 18. Jahrhundert, es schliesst den Kreis, den diese kleine Kulturgeschichte der St. Petersinsel aufzuzeigen versucht hat. Denn die Geschichte dieser beiden Pastoralen, wie man die Gattung der Schäferspiele auch nennt, ist eine besondere und soll hier zum Abschluss erzählt werden.

---

[180] Sebald, *Logis in einem Landhaus*, S. 163.

remarqué que les deux planches pâles de sapin du parquet au milieu de la chambre sont si usées qu'elles en forment un creux, et que les nœuds plus durs du bois dépassent de presque un pouce. Aucun ne caressa de la main l'évier de pierre lisse dans l'antichambre, ne perçut l'odeur de suie qui flotte encore sur le foyer, aucun ne jeta un regard par la fenêtre, d'où l'on aperçoit le verger et le pré qui descend vers la rive sud. Alors que pour moi, être dans cette chambre, c'était se trouver plongé dans le passé, une illusion d'autant plus aisée que le silence régnait sur l'île, bien loin des bruits de moteurs, aussi paisible qu'il y a un ou deux siècles.»[179]

Les poètes sont souvent des frères spirituels, même au-delà des siècles. Il en résulte des recoupements et des rencontres étonnants. Dans l'ouvrage de Sebald *Logis in einem Landhaus* [Logis dans une maison de campagne], lecture fort recommandée, l'hommage à Rousseau est suivi d'un essai sur l'écrivain suisse Robert Walser (1878–1956), intitulé: *Le promeneur solitaire. Zur Erinnerung an Robert Walser* [Le promeneur solitaire. En souvenir de Robert Walser]. Car Walser fut lui aussi un promeneur solitaire autour du lac de Bienne, bien plus solitaire que Rousseau ne l'a jamais été. Walser écrivit de subtiles miniatures littéraires sur les environs du lac de Bienne, et rédigea aussi une nouvelle sur le séjour de Kleist à Thoune, sur une île de l'Aar. Sebald mentionne à son tour que Kleist, en admirateur de Rousseau, voulait imiter le philosophe dans son bonheur sur une île … Sebald écrit donc sur tous trois, Rousseau, Kleist et Walser. Il ne cache pas dans ses Essais qu'il se sent étrangement lié aux poètes qu'il décrit. Et il leur est parfois étonnamment proche, comme lorsqu'il contemple le lac de Bienne dans l'esprit de Walser (et le cite): «et parfois je pense voir avec ses yeux le lac clair, et dans ce lac une île chatoyante, et dans cette île, une autre île encore, l'île de Saint-Pierre ‹dans la légère brume du matin, dans un halo de lumière pâle et tremblant›.»[180]

Une certaine mélancolie souffle sur l'essai de Sebald consacré à l'île Saint-Pierre. Son séjour dans la chambre de Rousseau, qui semble n'intéresser personne, ses promenades dans l'île au crépuscule, lorsque les joyeux randonneurs l'ont abandonnée, soulèvent une question: l'île Saint-Pierre n'est-elle un bijou culturel et littéraire que pour les rares visiteurs qui connaissent son passé, auxquels les œuvres et le destin de Rousseau sont familiers? L'île Saint-Pierre est bien connue et le restera sans doute. Mais commence-t-elle à se libérer de l'aura de Rousseau et de son époque, et, après plus de deux siècles, devient-elle un simple lieu d'excursion? L'idée d'une Arcadie devenue ici réalité pâlirait-elle?

[179] Sebald, *Logis in einem Landhaus*, p. 49s.
[180] Sebald, *Logis in einem Landhaus*, p. 163.

Schloss Fontainebleau, 18. Oktober 1752: Der Saal ist noch dunkel. Rousseau, nach eigener Aussage «im gleichen nachlässigen Aufzug wie gewöhnlich mit starkem Bart und ziemlich schlecht gekämmter Perücke»[181], wird zu einer Loge geführt. Er wird so plaziert, dass ihn alle, – sind die Lichter erst einmal angezündet – , mustern können. Die glänzende Welt des Hofes umgibt ihn, schöne Damen, galante Herren, und gegenüber von ihm, in einer kleineren, höher gelegenen Loge, der König Louis XV., und seine Mätresse, Madame de Pompadour. An diesem Abend findet eine mit Spannung erwartete Première statt: Rousseaus «opéra comique» *Le Devin du Village* wird gegeben. Rousseau ist unruhig, fühlt sich unwohl inmitten all dieser herausgeputzten Geschöpfe. Doch dann beginnt das Spiel, und das verwöhnte Publikum von Fontainebleau ist vom ersten Augenblick an hingerissen: «Schon bei der ersten Szene, die auch wirklich von einer rührenden Natürlichkeit ist, hörte ich in den Logen ein Murmeln der Überraschung und des Beifalls sich erheben, wie es bei dieser Art von Stücken bisher unerhört war. […] Ich hörte um mich ein Flüstern der Frauen, die mir schön wie Engel schienen und sich halblaut zuriefen: ‹Das ist reizend. Das ist entzückend. Jeder Ton hier spricht zum Herzen.›»[182] Auf der Bühne sind Colin, der Schäfer, und Colette, seine Schäferin, zu sehen. Die Liebe dieser beiden schönen Kinder vom Lande hat eine Probe zu bestehen. Ihr Glück wäre vollkommen, wäre da nicht die Herrin des Schlosses, die gleichfalls Gefallen am hübschen und auch ein wenig flatterhaften Schäfer Colin gefunden hat. Hütte und Palast, das heiter-unschuldige ☛ *Landleben* im Kontrast zu den ruchlosen Vergnügungen in den Schlössern und Städten, all das klingt schon zu Beginn des Stücks an. Wie sagte Gessner doch? «Oft reiss ich mich aus der Stadt los, und fliehe in einsame Gegenden, dann entreisst die Schönheit der Natur mein Gemüth allem dem Ekel und allen den widrigen Eindrücken, die mich aus der Stadt verfolgt haben […].»[183] Colette glaubt sich von Colin verlassen. In ihrer Verzweiflung eilt sie zum titelgebenden Dorfwahrsager, der ihr Kluges rät … Und so finden Colin und Colette nach einigen Verwirrungen wieder zueinander: «Colin revient à sa bergère» jubelt der Chor der Dorfbewohnerinnen und -bewohner. In der Schlussszene lädt man zum munteren Fest und zum Tanz.

Diese denkbar einfache Geschichte rührt die Anwesenden, vor allem die Damen, zu Tränen. Ja selbst der Komponist und Dichter des Libretto, Rousseau, weint! Durch seinen Tränenschleier hindurch nimmt er wahr, dass im ganzen Theater «so völlige, so süsse, so rührende Trunkenheit»[184] herrscht,

---

[181] Rousseau, *Bekenntnisse*, S. 372.
[182] Rousseau, *Bekenntnisse*, S. 373.
[183] Gessner, *Idyllen*, S. 15.

Quoi qu'il en soit, la petite île se trouve en plein sous le signe de Rousseau et de son époque, pour le premier été du nouveau millénaire. Qu'on imagine: l'île Saint-Pierre sous les couleurs de l'été, les prés verts, la vieille forêt de chênes bruissant sur les hauteurs, le clapotis des vagues sur les rives. Aujourd'hui, comme il y a deux cents ans. Poser le pied sur l'île, c'est pénétrer dans un autre monde, entreprendre un voyage dans le passé. Sur la prairie devant l'hôtel-restaurant, deux ☛ *comédies pastorales* seront présentées en plein air, l'une de Rousseau, l'autre de Mozart. La mise en scène, sur un plateau ambulant reconstitué selon un modèle historique, retrouve dans ce cadre l'atmosphère arcadienne si souvent décrite. L'idée et la conception de ce «plaisant voyage dans le passé» revient à Lukas Leuenberger. Christian Brandauer est responsable de la direction artistique. Leur «théâtre lyrique de l'époque du culte du sentiment» nous fait retourner au XVIIIe siècle, refermant la boucle de ce petit périple dans l'île Saint-Pierre. Mais l'histoire de ces deux comédies pastorales, comme on appelle ce genre, est particulière et doit encore être racontée ici pour terminer.

Château de Fontainebleau, 18 octobre 1752: la salle est encore dans l'obscurité. Rousseau, en tenue peu soignée comme il l'écrit lui-même, est conduit à sa loge: «J'étais ce jour-là dans le même équipage négligé qui m'était ordinaire; grande barbe et perruque assez mal peignée.»[181] Il est placé de sorte que tout le monde puisse le voir, les lumières allumées. Le monde brillant de la cour l'entoure, belles dames, messieurs galants. En face de lui, dans une petite loge surélevée, le roi Louis XV et sa maîtresse, Madame de Pompadour. Ce soir-là, on attend avec impatience la première de l'«opéra comique», *Le Devin du Village*, de Rousseau, auteur et compositeur du libretto. Le poète est inquiet, il n'est pas à son aise au milieu de tous ces gens si élégants. Mais la pièce commence, et le public gâté de Fontainebleau est pris sous le charme dès les premiers instants: «Dès la première scène, qui véritablement est d'une naïveté touchante, j'entendis s'élever dans les loges un murmure de surprise et d'applaudissement jusqu'alors inouï dans ce genre de pièce. […] J'entendais autour de moi un chuchotement de femmes qui me semblaient belles comme des anges, et qui s'entredisaient à demi-voix: ‹Cela est charmant, cela est ravissant; il n'y a pas un son là qui ne parle au cœur.›»[182] Sur la scène, on voit Colin, le berger, et Colette, sa bergère. L'amour de ces deux jeunes gens doit surmonter des épreuves. Leur bonheur serait parfait, si la châtelaine du lieu n'avait succombé au charme du séduisant et quelque peu papillonnant

---

[181] Rousseau, *Confessions* II, p. 127.
[182] Rousseau, *Confessions* II, p. 128.

wie er es nie zuvor erlebt hat. Tags darauf ist das Schloss noch immer von den Klängen des *Devin* erfüllt. «Der König soll trotz geringer Musikalität einen ganzen Tag lang Rousseaus Melodien vor sich hingesungen haben (‹avec la voie la plus fausse de son Royaume›, wie ein Zeitgenosse berichtet).»[185] Auf die glanzvolle Première in Fontainebleau folgten zahlreiche weitere Aufführungen in Paris; der *Devin du Village* wurde zu einem der grössten Bühnentriumphe seiner Zeit, ja zu einem «europäischen Ereignis».[186] Erst während der 1830er Revolution verschwand er vom Spielplan, nachdem er die Französische Revolution, die Erste Republik, die Ära Kaiser Napoléons I. und die Restauration der Bourbonen schadlos überstanden hatte …

Wie immer, wenn ein literarisches oder musikalisches Erzeugnis ungeheuer erfolgreich ist, liess die Parodie nicht lang auf sich warten. Unter dem Titel *Les Amours de Bastien und Bastienne* führten die *Comédiens italiens ordinaires du roi* schon 1753 eine solche auf. Die parodistische Bearbeitung stammte nicht von irgendwem, sondern von Marie-Justine Favart, wobei ihr Gatte Charles-Simon einige Ideen beigesteuert haben mag. Die Favarts, ein Dichter- und Schauspielerpaar, gehörten zu den gefeierten Stars der Pariser Theaterszene. Unter Marie-Justines Feder begannen Colin und Colette, nun Bastien und Bastienne genannt, nicht mehr ganz so gepflegt von ihren Gefühlen zu singen wie bei Rousseau, sondern etwas bodenständiger, volkstümlicher, mit manchen Dialekt-Einsprengseln. Waren Rousseaus Schäfer Kunstfiguren, so traten sie im Favart-Stück in echt bäuerischer Kleidung auf, «Bastienne in einem wollenen Rock mit nackten Armen, einfach zusammengebundenen Haaren ohne Perücke (besonders anstössig!) und in Holzschuhen».[187]

Auf Umwegen ist der *Bastien und Bastienne*-Stoff schliesslich zum zwölfjährigen Mozart gelangt, der über den Text einer deutschen Fassung entzückende Singspielmelodien komponierte. Es ist nicht sicher, ob das kleine Meisterwerk jemals zu Mozarts Lebzeiten aufgeführt wurde. Die «erste nachweisbare Aufführung fand 99 Jahre nach seinem Tod, am 2. Oktober 1890 in Berlin statt».[188]

Vielsagener Zufall, der nicht unerwähnt bleiben soll: Als Knabe sah Goethe den *Devin du Village* und war hingerissen, obwohl er, wie er sich in *Dichtung und Wahrheit* erinnert, «wenig oder nichts vom dem verstand, was da oben gesprochen wurde, und also meine Unterhaltung nur vom Geberden-

---

[184] Rousseau, *Bekenntnisse*, S. 374.
[185] Stackelberg, *Literarische Rezeptionsformen*, S. 227.
[186] Blank, *J. J. Rousseaus ‹Devin du village›*, S. 30.
[187] Blank, *J. J. Rousseaus ‹Devin du village*, S. 43.
[188] Blank, *J. J. Rousseaus ‹Devin du village*, S. 51.

Colin. Cabanes de bergers et château, la vie joyeuse et innocente de la ☞ *campagne* en opposition aux plaisirs sulfureux des palais et des villes, tout cela est annoncé dès le début de la pièce. Que disait donc Gessner? «Souvent je m'enfuis de la ville et cherche des endroits solitaires où la beauté de la nature chasse mes humeurs tristes et toutes les impressions repoussantes qui me poursuivent en ville».[183] Colette se croit abandonnée de Colin. Dans sa confusion, elle court chez le devin du village qui lui donne quelques conseils avisés … Et Colin et Colette se retrouvent, après quelques quiproquos: «Colin revient à sa bergère» chante le chœur des villageois, et la scène finale se termine dans les chants et la danse.

Cette histoire simplette émeut l'assistance aux larmes, surtout les dames. L'auteur lui-même pleure! A travers un voile de larmes, il remarque l'émotion de tout le théâtre:«J'ai vu des pièces exciter de plus vifs transports d'admiration, mais jamais une ivresse aussi pleine, aussi douce, aussi touchante, régner dans tout un spectacle»[184]. Les jours suivants, le château est toujours rempli des sons du *Devin*. «Le roi, malgré son manque de musicalité, aurait fredonné les mélodies de Rousseau toute la journée (‹avec la voie la plus fausse de son Royaume›, selon un contemporain!)»[185]. La brillante première de Fontainebleau est suivie de nombreuses représentations à Paris, couronnées d'un vif succès. Le *Devin du Village* devient un des plus grands triomphes de scène de son temps, quasi un «événement européen»[186]. C'est seulement pendant la révolution de 1830 qu'il disparaîtra de la scène, après avoir survécu sans dommage à la Révolution, à la Première République, à l'Empire de Napoléon Ier et à la Restauration des Bourbons.

Comme toujours, lorsqu'un spectacle littéraire ou musical attire les foules, les parodies ne se font pas attendre. Sous le titre *Les Amours de Bastien et Bastienne*, la première imitation est jouée en 1753 par les *Comédiens italiens ordinaires du roi*. Elle n'est pas écrite par n'importe qui, mais par l'actrice Marie-Justine Favart, sans doute redevable de quelques idées à son époux Charles-Simon. Les Favart, couple d'acteurs et poètes, étaient parmi les étoiles les plus fêtées de la scène théâtrale parisienne. Sous la plume de Marie-Justine, Colin et Colette, devenus Bastien et Bastienne, se mirent à chanter leurs émotions avec moins de retenue que chez Rousseau, mais avec plus de bon sens, de raison terre-à-terre, un langage plus populaire, empruntant quelquefois au patois. Les personnages de Rousseau étaient assez artificiels, ceux de Favart sont vêtus en paysans. «Bastienne dans une robe de

[183] Gessner, *Idyllen*, p. 15.
[184] Rousseau, *Confessions* II, p. 129.
[185] Stackelberg, *Literarische Rezeptionsformen*, p. 227.
[186] Blank, *J. J. Rousseaus ‹Devin du village›*, p. 30.

spiel und Sprachton nehmen konnte. […] Höchst anmutig war der Eindruck, den der Devin du Village, Rose et Colas, Annette et Lubin, auf mich machten. Ich kann mir die bebänderten Buben und Mädchen und ihre Bewegungen noch jetzt zurückrufen.»[189] 1763 erlebte er ein Konzert des Wunderkindes Mozart. Und 1779 besuchte der inzwischen Geheimrat gewordene Dichter zusammen mit seinem Herzog bekanntlich die St. Petersinsel. Bei einem Halt in Biel erwarb er Souvenirblätter aus dem Atelier Johann Joseph Hartmanns. Wieder einmal ist es Goethe, bei dem alle Fäden seiner Epoche zusammenzulaufen scheinen …

Die Idee, «Hirten» und «Schäferinnen» für eine Theaterinszenierung auf die Insel zu holen, hätte das ganze Reisevölkchen, das da auf Rousseaus Spuren wandelte, in einen Begeisterungstaumel ohnegleichen versetzt. Denn die Sehnsucht nach Natur und nach einem sorgenfreien ☛ *Landleben* äusserte sich ja oft genug in (zuweilen scherzhaften) Phantasien und Rollenspielen, die ☛ *Arkadien* zum Gegenstand haben. Die Gattung der Schäferdichtung erlebte im 18. Jahrhundert eine letzte Blüte. Johann Peter Uz zum Beispiel träumt so schön, und traurig ist das Erwachen:

Arkadien! Sei mir gegrüsst!
Du Land beglückter Hirten,
Wo unter unentweihten Myrten
Ein zärtlich Herz allein noch rühmlich ist!

Ich will mit sanftem Hirtenstab
Hier meine Schafe weiden.
Hier, Liebe! schenke mir die Freuden,
Die mir die Stadt, die stolze Stadt nicht gab.

Wie schäfermässig, wie getreu
Will ich Climenen lieben,
Bis meinen ehrfurchtvollen Trieben
Ihr Mund erlaubt, dass ich ihr Schäfer sei!

Welch süssem Traume geb ich Raum,
Der mich zum Schäfer machet!
Die traurige Vernunft erwachet:
Das Herz träumt fort und liebet seinen Traum.[190]

[189] Goethe, *Aus meinem Leben. Dichtung und Wahrheit*, S. 102.
[190] Zit. nach *Arkadien. Landschaft vergänglichen Glücks*, S. 97f.

149

laine, les bras nus, les cheveux simplement noués, sans perruque (quelle horreur!) et en sabots de bois.»[187]

Après certains détours, l'intrigue de *Bastien et Bastienne* parvint finalement au jeune Mozart, alors âgé de douze ans, qui composa une ravissante mélodie sur une version allemande du texte. Il n'est pas certain que l'œuvre ait jamais été jouée de son vivant. La «première représentation dont on ait la preuve fut jouée et chantée à Berlin le 2 octobre 1890, soit 99 ans après sa mort».[188]

Hasard évocateur et qu'on ne saurait négliger: Goethe, jeune garçon encore, vit le *Devin du Village* et en fut ravi, bien qu'il n'eut, comme il se souvient dans son autobiographie, *Poésie et Vérité*, «peu ou rien compris de ce qui était récité, et donc n'ait pu saisir de l'action que les gestes et les intonations. [...] *Le Devin du Village, Rose et Colas, Annette et Lubin*, me firent une impression des plus gracieuses. Je peux encore me rappeler des jeunes garçons et jeunes filles et revoir leurs mouvements dans ma tête.»[189] En 1763, il assista à un concert de l'enfant-prodige Mozart. En 1779, le poète devenu conseiller se rendit sur l'île Saint-Pierre en compagnie du Duc de Saxe-Weimar. C'est lors d'un arrêt à Bienne qu'il acheta en souvenir des estampes coloriées de l'atelier de Johann Joseph Hartmann. Encore une fois, les fils de son époque se croisaient entre ses mains ...

L'idée de mettre en scène sur l'île une pièce de théâtre avec «bergers» et «bergères» aurait saisi d'un enthousiasme sans pareil tous les voyageurs qui suivaient les traces de Rousseau. Car la nostalgie de la nature et la quête d'une ☛ *vie à la campagne* libre de tous soucis s'exprimaient assez souvent dans des fantaisies et saynettes (parfois moqueuses) dont ☛ l'*Arcadie* était le sujet. Le genre de la poésie pastorale connut une dernière heure de gloire au XVIIIᵉ siècle. Dans le poème ci-dessous, Johann Peter Uz (1720–1796) rêve de beauté et d'amour dans la douce Arcadie, et le réveil lui semble dur:

Arcadie! Je te salue!
ô toi le pays des heureux bergers
sous les myrtes parfumées
seul un cœur tendre est méritoire.

Avec le bâton de berger
je veux faire paître mes brebis.
Voici, amour! Offre-moi la joie,
que la ville, la fière ville, me refusa.

---

[187] Blank, *J. J. Rousseaus ‹Devin du village›* p. 43.
[188] Blank, *J. J. Rousseaus ‹Devin du village›* p. 51.
[189] Goethe, *Aus meinem Leben. Dichtung und Wahrheit*, p. 102.

Den traditionsreichen Stadt-Land-Gegensatz – einfaches und glückliches Leben und Lieben auf dem Land, Luxus und Verderbtheit in den Städten – greift auch Rousseau in seinem *Devin du Village* auf. Rousseau tut im Grunde nichts anderes, als seine «Lieblingsideen ins Schäfergewand»[191] zu kleiden.

> Ici de la simple Nature
> L'Amour suit la naïveté;
> En d'autres lieux, de la parure
> Il cherche l'éclat emprunté.[192]

In Fontainebleau und in Paris mussten die Bühnenbildner das Hirtenland mit schwachen Andeutungen vor die Augen des Publikums zaubern. Bei einer Aufführung auf der St. Petersinsel ist das anders. «Arkadien», das sagenhafte Hirtenland, lag den Empfindsamen nämlich immer zuvorderst auf der Zunge, wenn es irgendwo so ungemein lieblich war, dass man anders als durch einen Vergleich diese Reize der Landschaft nicht ausdrücken konnte. Sannazaro erzählt in seinem Hirtenroman *Arcadia* (1504) von einem lieblichen Hain, der «immer wie ein angenehmes Gemach» wirke. Dort treffen sich die Hirten, sie «singen […] und spielen im Wechsel die Hirtenflöte, nicht ohne den Sieger zu loben und zu preisen.»[193] Szenen wie diese haben die Besucherinnen und Besucher mit Vergnügen auf die «Rousseau-Insel» übertragen. Hier schien, mit ein klein wenig Beihilfe der Imaginationskraft, der Wunschtraum einer Idealnatur Wirklichkeit geworden zu sein. Wagner jedenfalls schwelgt förmlich in Entzücken und literarischen Anspielungen, als er bei seinem Inselspaziergang eine Lichtung mit einer Schäferhütte entdeckt: «Hier weiden im hohen Grase ein Paar milchreiche Kühe mit klingenden Glöckchen am Halse, eine kleine Heerde Schafe liegt zerstreut im Schatten der Bäume umher, Ziegen raufen, mit den vordern Füssen an die Baumstämme aufstehend, von denselben Epheu und niedere Laubranken herunter, indessen ein junger Hirt, unter einem Baume sitzend, auf der ländlichen Flöte ein frisch erlerntes Lied zu blasen versucht. Diese unerwartete Erscheinung kann nicht anders als die angenehmste Überraschung verursachen, und man verweilt gerne einige Augenblicke, von Hirt und Viehe unbemerkt, bey der ächt idyllischen Scene.»[194] (siehe Abb. 21). Für die Auftritte von Colin und Colette, Bastien und Bastienne war also der Boden auf der St. Petersinsel längst bereitet …

---

[191] Stackelberg, *Literarische Rezeptionsformen*, S. 229.
[192] Rousseau, *Œuvres complètes*, tome 2, S. 1111 («Hier folgt die Liebe gerne der Ursprünglichkeit der schlichten Natur; andernorts sucht sie den bloss geliehenen Glanz von Tand und Schmuckwerk.» Übersetzung von D. B.).
[193] Zit. nach *Arkadien. Landschaft vergänglichen Glücks*, S. 24.
[194] Wagner, *Die Peters-Insel im Bieler-See*, S. 22.

Comme un pastoureau, fidèle,
je veux aimer Climène,
Jusqu'à ce que sa bouche permette
à mes instincts dévoués d'être son berger!

Quels doux rêves m'emplissent
Qui font de moi un berger!
La triste raison s'éveille:
Le cœur rêve et est amoureux de son rêve.[190]

L'opposition traditionnelle entre la vie et les amours simples et heureux à la campagne et le luxe et la décadence de la ville est le véritable sujet du *Devin du Village* de Rousseau, qui donne ici forme à son «idée favorite en tenue de berger»[191].

Ici de la simple Nature
L'Amour suit la naïveté;
En d'autres lieux, de la parure
Il cherche l'éclat emprunté.[192]

Sur les scènes de Fontainebleau et de Paris, il fallait monter un décor évoquant l'«Arcadie», le légendaire pays des bergers. Mais c'est inutile pour une représentation sur l'île Saint-Pierre. Le mot Arcadie vient aux lèvres de tout promeneur sentimental, dès qu'il se trouve dans un paysage au charme champêtre qu'aucune expression ne saurait mieux décrire à ses yeux. Sannazaro parle dans son roman pastoral *Arcadia* (1504) d'un bois charmant, qui «fait l'effet d'un agréable salon». Là se rencontrent les bergers, ils «chantent [...] et jouent de la flûte en louant et célébrant le vainqueur.»[193] Les visiteurs de l'île Saint-Pierre transposent de telles scènes sur «l'île de Rousseau» pour leur plus grand plaisir. Il semble, avec un peu d'imagination, que le rêve de la nature soit ici devenu réalité. Le plaisir de Wagner se mue en exaltation et il déborde de citations littéraires, en découvrant une cabane de berger dans une clairière au cours d'une promenade: «Ici quelques vaches paissent l'herbe touffue en faisant tinter leurs clochettes; un petit troupeau de brebis repose au pied des arbres que des chèvres cherchent à dépouiller du lierre qui tapisse leur tronc, tandis qu'un jeune berger, assis à l'ombre, essaie sur sa flûte une chanson nouvellement apprise. On s'arrête involontairement à cette apparition imprévue, et on l'aime à contempler quelques instants cette scène

---

[190] Cité d'après *Arkadien. Landschaft vergänglichen Glücks*, p. 97s.
[191] Stackelberg, *Literarische Rezeptionsformen*, p. 229.
[192] Rousseau, *Œuvres complètes*, tome 2, p. 1111.
[193] Cité d'après *Arkadien. Landschaft vergänglichen Glücks*, p. 24.

23
Anna Morlotti-Wengler: Skizze für Bühnenprospekt zu den Freilichtaufführungen auf der St. Petersinsel, «Musiktheater aus der Epoche der Empfindsamkeit» im Sommer 2001.
Anna Morlotti-Wengler: Esquisse pour les coulisses du spectacle en plein air sur l'île Saint-Pierre, «Théâtre lyrique de l'époque du culte du sentiment», été 2001.

Das «Musiktheater aus der Epoche der Empfindsamkeit» mit seinen zwei Schäferidyllen schafft vor diesem Hintergrund ein dichtes Netz von Bezügen zum kulturgeschichtlich so bedeutsamen Aufführungsort. Die Bühnenprospekte zum Beispiel sind gestaltet in der Manier der ☛ *Schweizer Kleinmeister*, als Hommage an diese charmante Kunstrichtung (Abb. 23). Damit tritt die Inszenierung selbst ein ins Verwirrspiel um Landschaftsbilder und reale Landschaft – wobei die Insel seit Rousseau ja wiederum keineswegs eine gewöhnliche, sondern eine *inszenierte*, in hohem Mass bedeutungsgesättigte Landschaft ist. «Es ist phantastisch», so Jean Starobinski, «wie Rousseaus Wahl seiner Orte [...] jedes Mal von einem unfehlbaren Sinn für Inszenierung zeugt. Rousseau hat sich in unvergleichlichen Landschaften in Szene gesetzt. Er beweist eine solche Intuition, ein solches Gespür, einen solchen Sinn für Orte, dass man sich fragen kann, ob irgend jemand im 18., ja sogar im 19. Jahrhundert das besser verstand als er.»[195]

[195] Jean Starobinski im Dokumentarfilm «Citoyen Rousseau» von Jacques Mény, ausgestrahlt auf dem Fensehsender Arte, am 3. April 2001.

153

riante et champêtre.»[194] (ill. 21) Le terrain était préparé depuis longtemps à l'île Saint-Pierre, pour l'entrée en scène de Colin et Colette, et de Bastien et Bastienne …

Le «théâtre lyrique de l'époque du culte du sentiment» et ses deux idylles pastorales tissent devant ce décor un réseau serré de relations culturelles, historiques et littéraires. Les coulisses des spectacles sont réalisées à la manière des ☛ *Petits maîtres suisses*, en hommage à ce charmant genre artistique (ill. 23). La mise en scène est un va-et-vient permanent entre le décor de la pièce et le paysage réel. L'île n'est plus un paysage quelconque, depuis Rousseau, c'est un décor de spectacle, un lieu chargé d'une grande signification. Comme le dit Jean Starobinski: «Il est tout de même extraordinaire que le choix des lieux de Rousseau […] soit toutes les fois aussi infaillible quant au sens de la mise en scène. Rousseau s'est mis lui-même en scène dans des paysages incomparables. Il faut dire qu'il y a là une intuition, un flair, un sens du lieu dont on se demande s'il y en eut un meilleur au XVIIIe siècle et même au XIXe siècle.»[195]

Si des *comédies pastorales* sont jouées sur *cette* île, «l'île de Rousseau», ce jardin issu avec une quasi-perfection des mains de la nature, comme le dit Hirschfeld, ce doit être dans l'esprit du XVIIIe siècle. Pourra-t-on alors jamais savoir «si l'on se trouve dans un jardin qui singe le théâtre, ou sur une scène en forme de jardin»? Qu'importe, car «promeneur et spectateur sont finalement réunis dans un commun topos. Pris au piège d'une illusion soigneusement créée et entretenue, ils s'abandonnent à cette particulière délectation, but ultime du jardin et du théâtre.»[196]

[194] Wagner, *L'île de St. Pierre dite l'île de Rousseau*, p. 19.
[195] Jean Starobinski dans le film *Citoyen Rousseau* de Jacques Mény, diffusé sur Arte le 3 April 2001.
[196] Michel, *Entre scène et jardin*, p. 240s.

Wenn auf *dieser* Insel, der «Rousseau-Insel», diesem Garten, der beinahe vollkommen aus den Händen der Natur gekommen ist, wie Hirschfeld meint, ☞ *Schäferspiele* inszeniert werden, dann ist das durchaus im Sinn und Geist des 18. Jahrhunderts. Nie kann man so ganz sicher sein, «ob man sich in einem dem Theater nachempfundenen Garten befindet oder etwa mitten in einer gartenähnlichen Theaterszene. [...] Spaziergänger und Zuschauer finden letztlich in einem Topos zusammen. Geradewegs in die Falle eines sorgsam erschaffenen und gehegten Trugspiels geraten, geben sie sich diesem einzigartigen Genuss hin, diesem äussersten Ziel des Gartens, des Theaters.»[196]

---

[196] Michel, *Entre scène et jardin*, S. 240ff. (Übersetzung von D. B.).

Jean-Jacques Rousseau

«Fünfter Spaziergang»
aus *Die Träumereien des einsamen Spaziergängers*

La «Cinquième promenade»
des *Rêveries du promeneur solitaire*

Cinquième promenade

De toutes les habitations où j'ai demeuré (et j'en ai eu de charmantes), aucune ne m'a rendu si véritablement heureux et ne m'a laissé de si tendres regrets que l'île de Saint-Pierre au milieu du lac de Bienne. Cette petite île qu'on appelle à Neuchâtel l'île de La Motte est bien peu connue, même en Suisse. Aucun voyageur, que je sache, n'en fait mention. Cependant elle est très agréable et singulièrement située pour le bonheur d'un homme qui aime à se circonscrire; car quoique je sois peut-être le seul au monde à qui sa destinée en ait fait une loi, je ne puis croire être le seul qui ait un goût si naturel, quoique je ne l'aie trouvé jusqu'ici chez nul autre.

Les rives du lac de Bienne sont plus sauvages et romantiques que celles du lac de Genève, parce que les rochers et les bois y bordent l'eau de plus près; mais elles ne sont pas moins riantes. S'il y a moins de culture de champs et de vignes, moins de villes et de maisons, il y a aussi plus de verdure naturelle, plus de prairies, d'asiles ombragés de bocages, des contrastes plus fréquents et des accidents plus rapprochés. Comme il n'y a pas sur ces heureux bords de grandes routes commodes pour les voitures, le pays est peu fréquenté par les voyageurs; mais qu'il est intéressant pour des contemplatifs solitaires qui aiment à s'enivrer à loisir des charmes de la nature, et à se recueillir dans un silence que ne trouble aucun autre bruit que le cri des aigles, le ramage entrecoupé de quelques oiseaux, et le roulement des torrents qui tombent de la montagne! Ce beau bassin d'une forme presque ronde enferme dans son milieu deux petites îles, l'une habitée et cultivée, d'environ demi-lieue de tour; l'autre plus petite, déserte et en friche, et qui sera détruite à la fin par les transports de la terre qu'on en ôte sans cesse pour réparer les dégâts que les vagues et les orages font à la grande. C'est ainsi que la substance du faible est toujours employée au profit du puissant.

Il n'y a dans l'île qu'une seule maison, mais grande, agréable et commode, qui appartient à l'hôpital de Berne ainsi que l'île, et où loge un receveur avec sa famille et ses domestiques. Il y entretient une nombreuse basse-cour, une volière et des réservoirs pour le poisson. L'île dans sa petitesse est tellement variée dans ses terrains et ses aspects qu'elle offre toutes sortes de sites et souffre toutes sortes de cultures. On y trouve des champs, des vignes, des bois,

Fünfter Spaziergang

Von allen Orten, die ich bewohnte (und ich bewohnte deren schöne), machte mich keiner wahrhaft glücklicher und an keinen denke ich mit so zärtlichem Bedauern zurück wie an die Insel Saint-Pierre mitten im Bieler See. Diese kleine Insel, die man zu Neuchâtel «Ile de la Motte» nennt, ist selbst in der Schweiz kaum bekannt. Kein Reisender tut ihrer Erwähnung, soweit ich weiss. Indessen ist sie sehr angenehm und einzigartig gelegen für das Glück eines Menschen, der sich gern auf sich selbst beschränkt; denn wiewohl ich vielleicht der einzige auf der Welt bin, dem sein Schicksal dies zum Gesetz gemacht hat, so kann ich doch nicht glauben, dass ich allein eine so natürliche Neigung dazu fühlen sollte, obgleich ich sie bis jetzt noch bei keinem anderen fand.

Die Ufer des Bieler Sees sind wilder und romantischer als die des Genfer Sees, weil die Felsen und Wälder näher ans Wasser reichen; aber sie sind nicht minder anmutig. Wenn es hier weniger Äcker und Weinberge, weniger Städte und Häuser gibt, so gibt es mehr natürliches Grün, mehr Wiesen, schattige Gebüsche, häufigere Gegensätze und grössere Abwechslung. Da es an diesen glücklichen Ufern keine bequeme Strasse für Fuhrwerke gibt, wird die Gegend selten von Reisenden besucht; sie ist aber anziehend für einsame Denker, die sich gern in aller Ruhe an den Reizen der Natur berauschen und sich in einem Schweigen sammeln, das nur vom Schrei der Adler, dem zeitweiligen Gezwitscher einiger Vögel und dem Rauschen der Bäche, die vom Berge herabstürzen, unterbrochen wird. Dieses schöne, fast runde Becken schliesst in seiner Mitte zwei kleine Inseln ein; die eine von ungefähr einer halben Meile Umfang ist bewohnt und bebaut; die andre ist kleiner, öde und liegt brach und wird einst zerstört sein, da man unaufhörlich Ladungen von Erde davon wegführt, um die durch Sturm und Wellen verursachten Beschädigungen an der grossen Insel zu beheben. So wird der Besitz des Schwachen immer zum Nutzen des Mächtigen verwandt.

Es gibt auf der ganzen Insel nur ein einziges Haus, das aber gross, angenehm und bequem ist; es gehört, so wie die ganze Insel, dem Hospital von Bern und wird von einem Steuereinnehmer samt seiner Familie und seinem Gesinde bewohnt. Er unterhält einen grossen Geflügelhof, ein Vogelhaus und

Manuskriptseite der «Cinquième Promenade».
Une page du manuscrit de la «Cinquième Promenade».

mehrere Fischbecken. So klein die Insel ist, so ist ihr Gelände und ihr Aussehen doch so mannigfaltig, dass sie dem Blick verschiedene Landschaften bietet und vielerlei Arten des Anbaus ermöglicht. Man findet dort Felder, Weingärten, Gehölze, Obstgärten, fette Weiden, von Wäldchen beschattet und von allerlei Gebüsch eingefasst, die das Wasser frisch erhält; ein stattlicher Höhenzug, auf dem zwei Reihen von Bäumen gepflanzt sind, erstreckt sich über die Länge der Insel, und in der Mitte dieser Anhöhe hatte man eine hübsche Laube errichtet, unter der sich die Bewohner der benachbarten Gestade während der Weinlese sonntags zum Tanze versammeln.

Auf diese Insel flüchtete ich mich nach der Steinigung zu Môtiers. Ich fand den Ort so reizend und führte dort ein Leben, das meiner Neigung so sehr entsprach, dass ich, entschlossen, meine Tage da zu beenden, keine andere Unruhe spürte als die, man könnte mich daran hindern, dieses Vorhaben auszuführen, das sich mit dem, mich nach England zu schleppen, dessen erste Auswirkungen ich bereits wahrnahm, nicht vereinbaren liess. Bei diesen Vorahnungen, die mich beunruhigten, wäre es mir lieb gewesen, wenn man mir diesen Zufluchtsort als ewiges Gefängnis angewiesen und mich mein Leben lang dahin verbannt hätte und dass man, indem man mir jede Möglichkeit und jede Hoffnung genommen hätte, die Insel jemals wieder zu verlassen, jegliche Art der Verbindung mit dem Festland verboten hätte; und ohne irgend etwas von dem zu wissen, was in der Welt vorgeht, hätte ich ihr Dasein vergessen und sie das meinige.

Man liess mich kaum zwei Monate auf dieser Insel verbringen, aber ich hätte zwei Jahre, zwei Jahrhunderte, die ganze Ewigkeit dort verbracht, ohne einen Augenblick Langeweile zu haben, wiewohl ich nebst meiner Gefährtin keine andere Gesellschaft hatte als den Steuereinnehmer, seine Frau und sein Hausgesinde, die zwar alle nur brave Leute waren und weiter nichts; aber dies war es eben, dessen ich bedurfte. Ich halte diese zwei Monate für die glücklichste Zeit meines Lebens; und so glücklich war ich, dass ich mein ganzes Leben hindurch zufrieden gewesen wäre, ohne dass auch nur für einen einzigen Augenblick in meiner Seele der Wunsch nach einem anderen Zustand aufgekommen wäre.

Welcher Art war nun dieses Glück, und worin bestand der Genuss desselben? Ich lasse es alle Menschen dieses Zeitalters erraten, indem ich ihnen das Leben beschreibe, das ich dort führte. Das kostbare *far niente* war die erste und wichtigste dieser Freuden, und ich wollte es in seiner ganzen Süsse geniessen; alles, was ich während meines Aufenthalts unternahm, war in der Tat nichts anderes als die köstliche und notwendige Beschäftigung eines Menschen, der sich dem Müssiggang ergeben hat.

des vergers, de gras pâturages ombragés de bosquets et bordés d'arbrisseaux de toute espèce dont le bord des eaux entretient la fraîcheur; une haute terrasse plantée de deux rangs d'arbres borde l'île dans sa longueur, et dans le milieu de cette terrasse on a bâti un joli salon où les habitants des rives voisines se rassemblent et viennent danser les dimanches durant les vendanges.

C'est dans cette île que je me réfugiai après la lapidation de Môtiers. J'en trouvai le séjour si charmant, j'y menais une vie si convenable à mon humeur que, résolu d'y finir mes jours, je n'avais d'autre inquiétude sinon qu'on ne me laissât pas exécuter ce projet qui ne s'accordait pas avec celui de m'entraîner en Angleterre, dont je sentais déjà les premiers effets. Dans les pressentiments qui m'inquiétaient j'aurais voulu qu'on m'eût fait de cet asile une prison perpétuelle, qu'on m'y eût confiné pour toute ma vie, et qu'en m'ôtant toute puissance et tout espoir d'en sortir on m'eût interdit toute espèce de communication avec la terre ferme de sorte qu'ignorant tout ce qui se faisait dans le monde j'en eusse oublié l'existence et qu'on y eût oublié la mienne aussi.

On ne m'a laissé passer guère que deux mois dans cette île, mais j'y aurais passé deux ans, deux siècles et toute l'éternité sans m'y ennuyer un moment, quoique je n'y eusse, avec ma compagne, d'autre société que celle du receveur, de sa femme et de ses domestiques, qui tous étaient à la vérité de très bonnes gens et rien de plus, mais c'était précisément ce qu'il me fallait je compte ces deux mois pour le temps le plus heureux de ma vie et tellement heureux qu'il m'eût suffi durant toute mon existence sans laisser naître un seul instant dans mon âme le désir d'un autre état.

Quel était donc ce bonheur et en quoi consistait sa jouissance? Je le donnerais à deviner à tous les hommes de ce siècle sur la description de la vie que j'y menais. Le précieux *far niente* fut la première et la principale de ces jouissances que je voulus savourer dans toute sa douceur, et tout ce que je fis durant mon séjour ne fut en effet que l'occupation délicieuse et nécessaire d'un homme qui s'est dévoué à l'oisiveté.

L'espoir qu'on ne demanderait pas mieux que de me laisser dans ce séjour isolé où je m'étais enlacé de moi-même, dont il m'était impossible de sortir sans assistance et sans être bien aperçu, et où je ne pouvais avoir ni communication ni correspondance que par le concours des gens qui m'entouraient, cet espoir, dis-je, me donnait celui d'y finir mes jours plus tranquillement que je ne les avais passés, et l'idée que j'aurais le temps de m'y arranger tout à loisir fit que je commençai par n'y faire aucun arrangement. Transporté là brusquement seul et nu, j'y fis venir successivement ma gouvernante, mes livres et mon petit équipage, dont j'eus le plaisir de ne rien déballer, laissant mes caisses et mes malles comme elles étaient arrivées et vivant dans l'habi-

Die Hoffnung, dass man sich nichts Besseres wünschen würde, als mich an diesem einsamen Ort zu lassen, an den ich mich selbst gefesselt hatte, den ich unmöglich ohne Beistand und ohne bemerkt zu werden verlassen konnte und von wo aus ich nur durch die Mitwirkung der Leute, die um mich waren, Verbindungen und Briefverkehr unterhalten konnte – diese Hoffnung, sage ich, weckte in mir die andere, daselbst meine Tage friedlicher zu beschliessen, als ich sie verbracht hatte, und der Gedanke, dass ich mich mit aller Musse einrichten könnte, machte, dass ich keinerlei Anstalten dazu traf. Da ich plötzlich allein und von allem entblösst dorthin versetzt worden war, liess ich nach und nach meine Gouvernante, meine Bücher und meine geringen Habseligkeiten kommen, und ich machte mir das Vergnügen, nichts auszupacken, sondern liess meine Koffer und Kisten so, wie sie angekommen waren, und lebte an dem Ort, an dem ich mein Leben zu beschliessen gedachte, wie in einer Herberge, die ich am folgenden Tag verlassen sollte. Alles ging so, wie es war, so gut, dass man nichts daran hätte verbessern können, ohne etwas zu verderben. Eine meiner grössten Freuden war es, meine Bücher immer noch wohl eingepackt zu lassen und kein Schreibzeug zu haben. Wenn mich lästige Briefe nötigten, die Feder zu ergreifen, so lieh ich brummend das Schreibzeug vom Steuereinnehmer und beeilte mich, es wieder zurückzugeben, in der eitlen Hoffnung, es nicht von neuem entlehnen zu müssen. Anstatt mit traurigem Papierkram und all diesen Scharteken füllte ich mein Zimmer mit Blumen und Heu, denn ich befand mich in meiner ersten Begeisterung für die Botanik; der Doktor d'Ivernois hatte mir dafür eine Neigung eingeflösst, die bald zur Leidenschaft wurde. Da ich keine Arbeit mehr beginnen wollte, welche Mühe kostete, brauchte ich eine zu meiner Unterhaltung, die mir gefiel und mir nur so viel Mühe verursachte, als ein fauler Mensch gern übernimmt. Ich nahm mir vor, eine *Flora petrinsularis* zu verfertigen und alle Pflanzen der Insel zu beschreiben, ohne eine einzige auszulassen, und das mit einer Genauigkeit, die hinreichend gewesen wäre, mich für den Rest meines Lebens zu beschäftigen. Man sagt, ein Deutscher habe ein Buch über eine Zitronenschale verfasst; ich hätte eines geschrieben über jedes Wiesengras, jedes Waldmoos, jede Flechte, welche die Felsen bedeckt; kurz, ich wollte jedes Grashälmchen, jedes Stäubchen des Pflanzenreiches ausführlich beschreiben. Um diesen schönen Plan auszuführen, besuchte ich jeden Morgen nach dem Frühstück, das wir alle gemeinsam einnahmen, mit einem Vergrösserungsglas in der Hand und meinem *Systema naturae* unterm Arm ein bestimmtes Revier der Insel, die ich zu diesem Zweck in kleine Quadrate aufgeteilt hatte, um sie nacheinander in jeder Jahreszeit aufzusuchen. Nichts ist sonderbarer als das Entzücken, die Begeisterung, die ich jedesmal empfand, wenn ich eine Beobachtung über den Bau und die Organisation des

tation où je comptais achever mes jours comme dans une auberge dont j'aurais dû partir le lendemain. Toutes choses telles qu'elles étaient allaient si bien que vouloir les mieux ranger était y gâter quelque chose. Un de mes plus grands délices était surtout de laisser toujours mes livres bien encaissés et de n'avoir point d'écritoire. Quand de malheureuses lettres me forçaient de prendre la plume pour y répondre, j'empruntais en murmurant l'écritoire du receveur, et je me hâtais de la rendre dans la vaine espérance de n'avoir plus besoin de la remprunter. Au lieu de ces tristes paperasses et de toute cette bouquinerie, j'emplissais ma chambre de fleurs et de foin; car j'étais alors dans ma première ferveur de botanique, pour laquelle le docteur d'Ivernois m'avait inspiré un goût qui bientôt devint passion. Ne voulant plus d'œuvre de travail il m'en fallait une d'amusement qui me plût et qui ne me donnât de peine que celle qu'aime à prendre un paresseux. J'entrepris de faire la *Flora petrinsularis* et de décrire toutes les plantes de l'île sans en omettre une seule, avec un détail suffisant pour m'occuper le reste de mes jours. On dit qu'un Allemand a fait un livre sur un zeste de citron, j'en aurais fait un sur chaque gramen des prés, sur chaque mousse des bois, sur chaque lichen qui tapisse les rochers; enfin je ne voulais pas laisser un poil d'herbe, pas un atome végétal qui ne fût amplement décrit. En conséquence de ce beau projet, tous les matins après le déjeuner, que nous faisions tous ensemble, j'allais, une loupe à la main et mon *Systema natura* sous le bras, visiter un canton de l'île que j'avais pour cet effet divisée en petits carrés dans l'intention de les parcourir l'un après l'autre en chaque saison. Rien n'est plus singulier que les ravissements, les extases que j'éprouvais à chaque observation que je faisais sur la structure et l'organisation végétale, et sur le jeu des parties sexuelles dans la fructification, dont le système était alors tout à fait nouveau pour moi. La distinction des caractères génériques, dont je n'avais pas auparavant la moindre idée, m'enchantait en les vérifiant sur les espèces communes en attendant qu'il s'en offrît à moi de plus rares. La fourchure des deux longues étamines de la brunelle, le ressort de celles de l'ortie et de la pariétaire, l'explosion du fruit de la balsamine et de la capsule du buis, mille petits jeux de la fructification que j'observais pour la première fois me comblaient de joie, et j'allais demandant si l'on avait vu les cornes de la brunelle comme La Fontaine demandait si l'on avait lu Habacuc. Au bout de deux ou trois heures, je m'en revenais chargé d'une ample moisson, provision d'amusement pour l'après-dînée au logis, en cas de pluie. J'employais le reste de la matinée à aller avec le receveur, sa femme et Thérèse visiter leurs ouvriers et leur récolte, mettant le plus souvent la main à l'œuvre avec eux, et souvent des Bernois qui me venaient voir m'ont trouvé juché sur de grands arbres ceint d'un sac que je remplissais de fruits, et que je dévalais ensuite à terre avec une

Pflanzenreiches und die Wirkungsweise der Geschlechtszellen bei der Befruchtung machte, deren System für mich damals ganz neu war. Die Unterscheidung der Gattungsmerkmale, von denen ich vorher nicht das mindeste gewusst hatte, begeisterte mich, wenn ich sie bei den gewöhnlichen Arten bestätigt fand, während ich wartete, bis sich mir seltenere zeigen würden. Die gabelförmige Spaltung in den zwei langen Staubfäden der Brunelle, die Biegsamkeit bei jenen der Brennessel und des Glaskrauts, das Aufplatzen der Frucht bei der Balsamine und der Kapsel des Buchsbaumes und tausend kleine Spiele der Befruchtung, die ich zum erstenmal bemerkte, erfüllten mich mit grosser Freude, und ich fragte, ob man nicht die Hörner bei der Brunelle gesehen habe, so wie La Fontaine gefragt hatte, ob man den Habakuk gelesen. Nach zwei oder drei Stunden kehrte ich mit einer reichen Beute beladen zurück, einem Vorrat, der mir nachmittags zu Hause zur Unterhaltung diente, falls es regnete. Die übrigen Stunden des Morgens brachte ich damit zu, mit dem Steuereinnehmer, seiner Frau und Thérèse die Arbeiter auf dem Feld zu besuchen; ich legte meist selbst mit Hand an, und häufig sahen mich Berner, die mich besuchen kamen, auf einem grossen Baum hockend, einen Sack umgebunden, den ich mit Früchten füllte und dann an einer Schnur hinunterliess. Die Bewegung, die ich mir den Morgen über machte, und die damit unzertrennlich verbundene gute Laune machten mir das Ausruhen beim Mittagsmahl sehr angenehm; wenn es aber zu lange währte und das schöne Wetter mich einlud, konnte ich nicht so lange warten, und während die anderen noch bei Tisch sassen, schlich ich mich davon und warf mich allein in einen Kahn und ruderte bis zur Mitte des Sees, wenn das Wasser ruhig war. Dort streckte ich mich der Länge nach im Boot aus, die Augen gen Himmel gerichtet, und liess mich manchmal mehrere Stunden lang vom Wasser hin- und hertreiben, in tausend verworrene, aber köstliche Träumereien versunken, die keinen bestimmten und beständigen Gegenstand hatten und mir doch hundertmal mehr Vergnügen machten als alles, was ich an Süssestem von den sogenannten Freuden des Lebens genossen hatte. Wenn mich die untergehende Sonne an die Stunde der Heimkehr erinnerte, befand ich mich oft so weit von der Insel entfernt, dass ich mit allen Kräften rudern musste, um vor Einbruch der Nacht anzukommen. Andere Male hatte ich Gefallen daran, anstatt bis zur Mitte zu rudern, an den grünen Ufern der Insel entlangzufahren, und das durchsichtige Wasser und der kühle Schatten luden mich oft zum Baden ein. Aber am häufigsten ruderte ich von der grossen zur kleinen Insel; dort landete ich und brachte den Nachmittag mit kleinen Spaziergängen inmitten von Weiden, Faulbäumen, Flöhkraut, Sträuchern und Bäumchen aller Art zu; andere Male lagerte ich auf dem Gipfel eines sandigen Hügels, der von Gras, Thymian, Blumen, sogar von Esparsette und Klee

corde. L'exercice que j'avais fait dans la matinée et la bonne humeur qui en est inséparable me rendaient le repos du dîner très agréable; mais quand il se prolongeait trop et que le beau temps m'invitait, je ne pouvais si longtemps attendre, et pendant qu'on était encore à table je m'esquivais et j'allais me jeter seul dans un bateau que je conduisais au milieu du lac quand l'eau était calme, et là, m'étendant tout de mon long dans le bateau les yeux tournés vers le ciel, je me laissais aller et dériver lentement au gré de l'eau, quelquefois pendant plusieurs heures, plongé dans mille rêveries confuses mais délicieuses, et qui sans avoir aucun objet bien déterminé ni constant ne laissaient pas d'être à mon gré cent fois préférables à tout ce que j'avais trouvé de plus doux dans ce qu'on appelle les plaisirs de la vie. Souvent averti par le baisser du soleil de l'heure de la retraite je me trouvais si loin de l'île que j'étais forcé de travailler de toute ma force pour arriver avant la nuit close. D'autres fois, au lieu de m'écarter en pleine eau, je me plaisais à côtoyer les verdoyantes rives de l'île dont les limpides eaux et les ombrages frais m'ont souvent engagé à m'y baigner. Mais une de mes navigations les plus fréquentes était d'aller de la grande à la petite île, d'y débarquer et d'y passer l'après-dînée, tantôt à des promenades très circonscrites au milieu des marceaux, des bourdaines, des persicaires, des arbrisseaux de toute espèce, et tantôt m'établissant au sommet d'un tertre sablonneux couvert de gazon, de serpolet, de fleurs, même d'esparcette et de trèfles qu'on y avait vraisemblablement semés autrefois, et très propre à loger des lapins qui pouvaient là multiplier en paix sans rien craindre et sans nuire à rien. Je donnai cette idée au receveur qui fit venir de Neuchâtel des lapins mâles et femelles, et nous allâmes en grande pompe, sa femme, une de ses sœurs, Thérèse et moi, les établir dans la petite île, où ils commençaient à peupler avant mon départ et où ils auront prospéré sans doute s'ils ont pu soutenir la rigueur des hivers. La fondation de cette petite colonie fut une fête. Le pilote des Argonautes n'était pas plus fier que moi menant en triomphe la compagnie et les lapins de la grande île à la petite, et je notais avec orgueil que la receveuse, qui redoutait l'eau à l'excès et s'y trouvait toujours mal, s'embarqua sous ma conduite avec confiance et ne montra nulle peur durant la traversée.

Quand le lac agité ne me permettait pas la navigation, je passais mon après-midi à parcourir l'île en herborisant à droite et à gauche, m'asseyant tantôt dans les réduits les plus riants et les plus solitaires pour y rêver à mon aise, tantôt sur les terrasses et les tertres, pour parcourir des yeux le superbe et ravissant coup d'œil du lac et de ses rivages couronnés d'un côté par des montagnes prochaines et de l'autre élargis en riches et fertiles plaines, dans lesquelles la vue s'étendait jusqu'aux montagnes bleuâtres plus éloignées qui la bornaient.

bedeckt war, den man wahrscheinlich früher einmal gesät hatte; ein geeigneter Ort für Kaninchen, die sich hier ungestört vermehren konnten, ohne etwas fürchten zu müssen oder einen Schaden anzurichten. Ich teilte dem Steuereinnehmer diesen Gedanken mit, und er liess männliche und weibliche Kaninchen aus Neuchâtel kommen; mit grosser Feierlichkeit setzten wir, seine Frau, eine seiner Schwestern, Thérèse und ich, die Kaninchen auf der kleinen Insel aus, die sie noch vor meiner Abreise zu bevölkern begannen und wo sie zweifellos gedeihen werden, wenn sie die Strenge des Winters überstehen konnten. Die Gründung dieser kleinen Kolonie war ein Fest. Der Führer der Argonauten war nicht stolzer als ich, da ich die Gesellschaft und die Kaninchen im Triumph von der grossen Insel zur kleinen brachte, und ich bemerkte mit Stolz, dass die Steuereinnehmerin, die sonst das Wasser ausserordentlich scheute und der sonst immer übel wurde, sich unter meiner Führung vertrauensvoll einschiffte und während der Überfahrt nicht die mindeste Furcht verriet.

Wenn der stürmische See mich am Rudern hinderte, so brachte ich meinen Nachmittag damit zu, die Insel zu durchstreifen und zur Rechten und zur Linken zu botanisieren; bald liess ich mich an den lieblichsten und einsamsten Plätzchen nieder, um dort nach Herzenslust zu träumen, bald lagerte ich auf Anhöhen und Hügeln, um den prächtigen und entzückenden Anblick des Sees und seiner Ufer zu geniessen, die auf der einen Seite von nahen Bergen gekrönt waren und sich auf der anderen Seite zu reichen und fruchtbaren Ebenen erweiterten, von denen der Blick bis zu den entferntesten, bläulichen Bergen schweifte, die ihn begrenzten.

Wenn der Abend nahte, so stieg ich von den Höhen der Insel herab und setzte mich dann gern in einem verborgenen Winkel auf das sandige Ufer des Sees; dort wurden meine Sinne durch das Gemurmel der Wellen und die Bewegung des Wassers gefesselt, die jede andre Bewegung aus meiner Seele vertrieben und sie in eine wonnige Träumerei versenkten, bei welcher mich oft die Nacht überraschte, ohne dass ich es gewahrte. Das Her- und Zurückfluten des Wassers, sein immerwährendes Geplätscher, das jedoch von Zeit zu Zeit anschwoll und unaufhörlich an mein Ohr drang und meinen Blick gefangenhielt, ersetzten die innere Bewegung, welche die Träumerei zum Schweigen brachte, und dies war hinreichend, um mich mein Dasein mit Behagen empfinden zu lassen und um mich der Mühe des Denkens zu entheben. Dann und wann dachte ich flüchtig an die Unbeständigkeit der Dinge dieser Welt, deren Abbild mir die Oberfläche des Wassers darbot; aber diese leichten Eindrücke wurden bald ausgelöscht durch die fortdauernde Gleichförmigkeit der Bewegung, die mich wiegte und die mich ohne irgendeine tätige Mitwirkung meiner Seele so festhielt, dass es mich Überwindung

Quand le soir approchait je descendais des cimes de l'île et j'allais volontiers m'asseoir au bord du lac sur la grève dans quelque asile caché; là le bruit des vagues et l'agitation de l'eau fixant mes sens et chassant de mon âme toute autre agitation la plongeaient dans une rêverie délicieuse où la nuit me surprenait souvent sans que je m'en fusse aperçu. Le flux et reflux de cette eau, son bruit continu mais renflé par intervalles frappant sans relâche mon oreille et mes yeux, suppléaient aux mouvements internes que la rêverie éteignait en moi et suffisaient pour me faire sentir avec plaisir mon existence sans prendre la peine de penser. De temps à autre naissait quelque faible et courte réflexion sur l'instabilité des choses de ce monde dont la surface des eaux m'offrait l'image : mais bientôt ces impressions légères s'effaçaient dans l'uniformité du mouvement continu qui me berçait, et qui sans aucun concours actif de mon âme ne laissait pas de m'attacher au point qu'appelé par l'heure et par le signal convenu je ne pouvais m'arracher de là sans efforts.

Après le souper, quand la soirée était belle, nous allions encore tous ensemble faire quelque tour de promenade sur la terrasse pour y respirer l'air du lac et la fraîcheur. On se reposait dans le pavillon, on riait, on causait, on chantait quelque vieille chanson qui valait bien le tortillage moderne, et enfin l'on s'allait coucher content de sa journée et n'en désirant qu'une semblable pour le lendemain.

Telle est, laissant à part les visites imprévues et importunes, la manière dont j'ai passé mon temps dans cette île durant le séjour que j'y ai fait. Qu'on me dise à présent ce qu'il y a là d'assez attrayant pour exciter dans mon cœur des regrets si vifs, si tendres et si durables qu'au bout de quinze ans il m'est impossible de songer à cette habitation chérie sans m'y sentir à chaque fois transporté encore par les élans du désir.

J'ai remarqué dans les vicissitudes d'une longue vie que les époques des plus douces jouissances et des plaisirs les plus vifs ne sont pourtant pas celles dont le souvenir m'attire et me touche le plus. Ces courts moments de délire et de passion, quelque vifs qu'ils puissent être, ne sont cependant, et par leur vivacité même, que des points bien clairsemés dans la ligne de la vie. Ils sont trop rares et trop rapides pour constituer un état, et le bonheur que mon cœur regrette n'est point composé d'instants fugitifs mais un état simple et permanent, qui n'a rien de vif en lui-même, mais dont la durée accroît le charme au point d'y trouver enfin la suprême félicité.

Tout est dans un flux continuel sur la terre : rien n'y garde une forme constante et arrêtée, et nos affections qui s'attachent aux choses extérieures passent et changent nécessairement comme elles. Toujours en avant ou en arrière de nous, elles rappellent le passé qui n'est plus ou préviennent l'avenir qui souvent ne doit point être : il n'y a rien là de solide à quoi le cœur se puisse

kostete, mich zur festgesetzten Zeit und auf das verabredete Signal hin von diesem Orte loszureissen.

War der Abend schön, so machten wir alle nach der Abendmahlzeit noch einen Spaziergang über die Anhöhe hin, um die Seeluft und die Kühle zu geniessen. Man ruhte in der Laube aus, lachte, plauderte, sang ein altes Lied, welches wohl so viel wert war wie das neumodische Getriller, und schliesslich ging man zu Bette, zufrieden mit seinem Tag und nur vom Wunsch beseelt, am nächsten Tag wieder einen solchen zu erleben.

Auf diese Weise habe ich meine Zeit während meines Aufenthalts auf dieser Insel zugebracht, wenn ich die unvorhergesehenen und lästigen Besuche ausnehme. Man sage mir nun, was denn daran so anziehend war, dass es in meinem Herzen eine so lebhafte, so zärtliche und so anhaltende Sehnsucht wecken konnte, so dass es mir noch nach fünfzehn Jahren unmöglich ist, an diesen geliebten Ort zu denken, ohne dass mich noch immer jedesmal ein heftiges Verlangen danach ergreift.

Ich habe in den Wechselfällen eines langen Lebens bemerkt, dass die Zeiten des süssesten Genusses und der lebhaftesten Freuden dennoch nicht diejenigen sind, deren Andenken am meisten anzieht und rührt. Diese kurzen Augenblicke des Taumels und der Leidenschaft, so lebhaft sie auch sein mögen, sind dennoch eben ihrer Lebhaftigkeit halber nur ganz vereinzelte Punkte auf der Linie des Lebens. Sie sind zu selten und zu flüchtig, um einen Zustand auszumachen, und das Glück, das mein Herz vermisst, besteht nicht aus flüchtigen Augenblicken, sondern es ist ein einfacher und dauerhafter Zustand, der an sich nichts Lebhaftes hat, dessen Dauer den Reiz jedoch erhöht, dass man schliesslich die höchste Glückseligkeit darin findet.

Auf Erden ist alles in einer immerwährenden Bewegung: Nichts behält eine feste, bleibende Gestalt, und unsere Neigungen, die sich an äusserliche Dinge heften, vergehen und verändern sich notwendigerweise mit jenen. Sie sind immer vor oder hinter uns, rufen uns daher das Vergangene zurück, das nicht mehr ist, oder nehmen das Zukünftige vorweg, das oft nicht sein darf: Es gibt dabei nichts Festes, woran das Herz sich hängen könnte. So hat man hienieden fast nur vergängliche Freuden; ich bezweifle, dass ein dauerhaftes Glück bekannt ist. Kaum gibt es bei unsren heftigsten Genüssen einen Augenblick, in dem unser Herz uns wirklich sagen könnte: «Ich wünschte, dass dieser Augenblick ewig währte.» Und wie kann man einen flüchtigen Zustand Glück nennen, der unser Herz noch immer unruhig und leer lässt, der uns etwas Vergangenes vermissen oder noch nach etwas Zukünftigem verlangen lässt?

Wenn es aber einen Zustand gibt, in welchem die Seele eine hinreichende Grundlage findet, um sich dort ganz und gar auszuruhen und ihr ganzes

attacher. Aussi n'a-t-on guère ici-bas que du plaisir qui passe; pour le bonheur qui dure je doute qu'il soit connu. A peine est-il dans nos plus vives jouissances un instant où le cœur puisse véritablement nous dire: *Je voudrais que cet instant durât toujours;* et comment peut-on appeler bonheur un état fugitif qui nous laisse encore le cœur inquiet et vide, qui nous fait regretter quelque chose avant, ou désirer encore quelque chose après?

Mais s'il est un état où l'âme trouve une assiette assez solide pour s'y reposer tout entière et rassembler là tout son être, sans avoir besoin de rappeler le passé ni d'enjamber sur l'avenir; où le temps ne soit rien pour elle, où le présent dure toujours sans néanmoins marquer sa durée et sans aucune trace de succession, sans aucun autre sentiment de privation ni de jouissance, de plaisir ni de peine, de désir ni de crainte que celui seul de notre existence, et que ce sentiment seul puisse la remplir tout entière; tant que cet état dure celui qui s'y trouve peut s'appeler heureux, non d'un bonheur imparfait, pauvre et relatif, tel que celui qu'on trouve dans les plaisirs de la vie, mais d'un bonheur suffisant, parfait et plein, qui ne laisse dans l'âme aucun vide qu'elle sente le besoin de remplir. Tel est l'état où je me suis trouvé souvent à l'île de Saint-Pierre dans mes rêveries solitaires, soit couché dans mon bateau que je laissais dériver au gré de l'eau, soit assis sur les rives du lac agité, soit ailleurs au bord d'une belle rivière ou d'un ruisseau murmurant sur le gravier.

De quoi jouit-on dans une pareille situation? De rien d'extérieur à soi, de rien sinon de soi-même et de sa propre existence, tant que cet état dure on se suffit à soi-même comme Dieu. Le sentiment de l'existence dépouillé de toute autre affection est par lui-même un sentiment précieux de contentement et de paix, qui suffirait seul pour rendre cette existence chère et douce à qui saurait écarter de soi toutes les impressions sensuelles et terrestres qui viennent sans cesse nous en distraire et en troubler ici-bas la douceur. Mais la plupart des hommes, agités de passions continuelles, connaissent peu cet état, et ne l'ayant goûté qu'imparfaitement durant peu d'instants n'en conservent qu'une idée obscure et confuse qui ne leur en fait pas sentir le charme. Il ne serait pas même bon, dans la présente constitution des choses, qu'avides de ces douces extases ils s'y dégoûtassent de la vie active dont leurs besoins toujours renaissants leur prescrivent le devoir. Mais un infortuné qu'on a retranché de la société humaine et qui ne peut plus rien faire ici-bas d'utile et de bon pour autrui ni pour soi, peut trouver dans cet état à toutes les félicités humaines des dédommagements que la fortune et les hommes ne lui sauraient ôter.

Il est vrai que ces dédommagements ne peuvent être sentis par toutes les âmes ni dans toutes les situations. Il faut que le cœur soit en paix et qu'au-

Wesen darin zu sammeln, ohne sich an das Vergangene erinnern oder sich das Zukünftige herbeiwünschen zu müssen; einen Zustand, in welchem die Zeit nichts für sie ist, das Gegenwärtige immer andauert, ohne doch seine Dauer und irgendeine Spur seiner Abfolge merken zu lassen, ohne irgendeine andere Empfindung von Verlust oder Genuss, von Freude oder Schmerz, Verlangen oder Furcht als allein diejenige unserer Existenz; und wenn einzig diese Empfindung sie ganz erfüllte – so kann derjenige, welcher sich in diesem Zustand befindet, sich glücklich nennen; und sein Glück ist nicht unvollkommen, arm und nur bedingt, wie jenes, das man in den Freuden des Lebens findet, sondern es ist ausreichend, vollkommen und erfüllt und hinterlässt keine Leere in der Seele, die diese auszufüllen wünschte. In einem solchen Zustand befand ich mich auf der Petersinsel oft während meiner einsamen Träumereien, wenn ich entweder in meinem Nachen lag, den ich in der Strömung treiben liess, oder am Ufer des stürmischen Sees sass oder anderswo am Ufer eines schönen Flusses oder eines Baches, der murmelnd über den Kies dahinfloss.

Was geniesst man in einem solchen Zustand? Nichts, was ausserhalb von uns ist, nichts ausser uns selbst und unser eigenes Dasein; solange dieser Zustand währt, ist man sich selbst genug, wie Gott. Die Empfindung unsrer Existenz, frei von jedem anderen Gefühl, ist an sich selbst schon eine kostbare Empfindung der Zufriedenheit und der Ruhe; sie allein wäre schon hinlänglich, demjenigen dieses Dasein wert und angenehm zu machen, der all die sinnlichen irdischen Eindrücke von sich fernzuhalten wüsste, die uns unaufhörlich davon ablenken und hienieden ihre Süssigkeit vergällen. Aber die meisten Menschen sind stets von Leidenschaften bewegt und kennen daher diesen Zustand kaum, und da sie ihn nur unvollkommen während weniger Augenblicke genossen haben, behalten sie nur eine dunkle und wirre Vorstellung davon, die sie den Reiz dieses Zustandes nicht erkennen lässt. Bei der gegenwärtigen Lage der Dinge wäre es auch nicht gut, wenn ihnen die Begier nach diesen süssen Verzückungen das tätige Leben verleidete, dessen Pflichten ihnen durch ihre sich ständig erneuernden Bedürfnisse auferlegt werden. Aber ein Unglücklicher, der aus der menschlichen Gemeinschaft verstossen wurde und der hienieden weder für andere noch für sich etwas Gutes und Nützliches tun kann, der kann in diesem Zustand einen Ersatz für jede menschliche Glückseligkeit finden, den ihm weder das Schicksal noch die Menschen rauben können.

Freilich kann nicht jede Seele in jeder Lage diesen Ersatz geniessen. Das Herz muss ruhig sein, und keine Leidenschaft darf seinen Frieden stören. Derjenige, welcher diesen Ersatz geniessen soll, muss in der geeigneten Verfassung sein, und die Gegenstände, die ihn umgeben, dürfen ihn nicht daran

cune passion n'en vienne troubler le calme. Il y faut des dispositions de la part de celui qui les éprouve, il en faut dans le concours des objets environnants. Il n'y faut ni un repos absolu ni trop d'agitation, mais un mouvement uniforme et modéré qui n'ait ni secousses ni intervalles. Sans mouvement la vie n'est qu'une léthargie. Si le mouvement est inégal ou trop fort, il réveille; en nous rappelant aux objets environnants, il détruit le charme de la rêverie et nous arrache d'au dedans de nous pour nous remettre à l'instant sous le joug de la fortune et des hommes et nous rendre au sentiment de nos malheurs. Un silence absolu porte à la tristesse. Il offre une image de la mort. Alors le secours d'une imagination riante est nécessaire et se présente assez naturellement à ceux que le ciel en a gratifiés. Le mouvement qui ne vient pas du dehors se fait alors au dedans de nous. Le repos est moindre, il est vrai, mais il est aussi plus agréable quand de légères et douces idées, sans agiter le fond de l'âme ne font pour ainsi dire qu'en effleurer la surface. Il n'en faut qu'assez pour se souvenir de soi-même en oubliant tous ses maux. Cette espèce de rêverie peut se goûter partout où l'on peut être tranquille, et j'ai souvent pensé qu'à la Bastille, et même dans un cachot où nul objet n'eût frappé ma vue, j'aurais encore pu rêver agréablement.

Mais il faut avouer que cela se faisait bien mieux et plus agréablement dans une île fertile et solitaire, naturellement circonscrite et séparée du reste du monde, où rien ne m'offrait que des images riantes, où rien ne me rappelait des souvenirs attristants, où la société du petit nombre d'habitants était liante et douce sans être intéressante au point de m'occuper incessamment, où je pouvais enfin me livrer tout le jour sans obstacle et sans soins aux occupations de mon goût ou à la plus molle oisiveté. L'occasion sans doute était belle pour un rêveur qui, sachant se nourrir d'agréables chimères au milieu des objets les plus déplaisants, pouvait s'en rassasier à son aise en y faisant concourir tout ce qui frappait réellement ses sens. En sortant d'une longue et douce rêverie, en me voyant entouré de verdure, de fleurs, d'oiseaux et laissant errer mes yeux au loin sur les romanesques rivages qui bordaient une vaste étendue d'eau claire et cristalline, j'assimilais à mes fictions tous ces aimables objets; et me trouvant enfin ramené par degrés à moi-même et à ce qui m'entourait, je ne pouvais marquer le point de séparation des fictions aux réalités; tant tout concourait également à me rendre chère la vie recueillie et solitaire que je menais dans ce beau séjour. Que ne peut-elle renaître encore? Que ne puis-je aller finir mes jours dans cette île chérie sans en ressortir jamais, ni jamais y revoir aucun habitant du continent qui me rappelât le souvenir des calamités de toute espèce qu'ils se plaisent à rassembler sur moi depuis tant d'années? Ils seraient bientôt oubliés pour jamais : sans doute ils ne m'oublieraient pas de même, mais que m'importerait, pourvu qu'ils n'eus-

hindern. Es bedarf dabei weder einer vollkommenen Ruhe noch einer zu grossen Erregung, sondern einer gleichförmigen, mässigen Bewegung ohne Erschütterungen und Unterbrechungen. Ohne Bewegung ist das Leben nur ein träges Dahindämmern. Ist die Bewegung ungleichmässig oder zu stark, so weckt sie uns auf; da sie uns auf die uns umgebenden Gegenstände aufmerksam macht, zerstört sie den Zauber der Träumerei und entreisst uns unserem inneren Selbst, um uns sogleich wieder dem Joch des Geschicks und der Menschen zu unterwerfen und uns die Empfindung unserer Leiden wiederzugeben. Eine vollkommene Stille macht traurig; sie zeigt uns ein Abbild des Todes. Alsdann ist der Beistand einer heiteren Einbildungskraft notwendig, und er bietet sich denjenigen, die der Himmel damit begabt hat, von selbst an. Die Bewegung, die nicht von aussen kommt, entsteht dann in unserem Inneren. Die Ruhe ist zwar geringer, aber desto angenehmer, wenn leichte, liebliche Gedanken, ohne den Grund der Seele zu erschüttern, nur gewissermassen ihre Oberfläche streifen. Mehr bedarf's nicht, um sich auf sich selbst zu besinnen und seine Leiden zu vergessen. Diese Art von Träumerei kann man überall geniessen, wo man ungestört sein kann, und ich habe oft gedacht, dass ich in der Bastille oder selbst in einem finsteren Verlies, in dem mir kein Gegenstand in die Augen fiele, noch immer angenehm hätte träumen können.

Aber ich muss gestehen, dass sich dies weit besser und angenehmer auf einer einsamen und fruchtbaren Insel tun liess, die auf eine natürliche Weise begrenzt und vom Rest der Welt abgesondert war, wo sich mir nur liebliche Bilder boten, wo nichts betrübende Erinnerungen in mir wachrief, wo die Gesellschaft der wenigen Bewohner angenehm und süss war, ohne jedoch so interessant zu sein, dass sie mich unaufhörlich beschäftigt hätte, kurz, wo ich mich den ganzen Tag ungehindert und sorglos nach meiner Neigung beschäftigen oder mich dem lässigsten Müssiggang überlassen konnte. Die Gelegenheit war in der Tat schön für einen Träumer, der sich inmitten der unangenehmsten Gegenstände an lieblichen Schimären laben konnte, und da er alles, was seine Sinne wirklich berührte, zu Hilfe nahm, sich nach Belieben daran sättigen konnte. Wenn ich nach einer langen und süssen Träumerei mich mitten im Grünen sah, von Vögeln und Blumen umgeben, und meinen Blick weit über die romantischen Ufer schweifen liess, die eine weite Fläche hellen, kristallklaren Wassers begrenzten, dann nahm ich all diese liebenswerten Gegenstände in meine Erdichtungen auf, und wenn ich dann nach und nach zu mir selbst und zu dem, was um mich war, zurückgeführt wurde, so konnte ich den Punkt, der das Erdichtete von der Wirklichkeit schied, nicht bezeichnen: So sehr trug alles dazu bei, mir das zurückgezogene und einsame Leben, das ich an diesem schönen Ort führte, wert zu machen.

sent aucun accès pour y venir troubler mon repos? Délivré de toutes les passions terrestres qu'engendre le tumulte de la vie sociale, mon âme s'élancerait fréquemment au-dessus de cette atmosphère, et commercerait d'avance avec les intelligences célestes dont elle espère aller augmenter le nombre dans peu de temps. Les hommes se garderont, je le sais, de me rendre un si doux asile où ils n'ont pas voulu me laisser. Mais ils ne m'empêcheront pas du moins de m'y transporter chaque jour sur les ailes de l'imagination, et d'y goûter durant quelques heures le même plaisir que si je l'habitais encore. Ce que j'y ferais de plus doux serait d'y rêver à mon aise. En rêvant que j'y suis ne fais-je pas la même chose? Je fais même plus; à l'attrait d'une rêverie abstraite et monotone je joins des images charmantes qui la vivifient. Leurs objets échappaient souvent à mes sens dans mes extases, et maintenant plus ma rêverie est profonde plus elle me les peint vivement. Je suis souvent plus au milieu d'eux et plus agréablement encore que quand j'y étais réellement. Le malheur est qu'à mesure que l'imagination s'attiédit cela vient avec plus de peine et ne dure pas si longtemps. Hélas, c'est quand on commence à quitter sa dépouille qu'on en est le plus offusqué!

Warum kann diese Zeit nicht mehr zurückkommen? Warum kann ich nicht meine Tage auf dieser geliebten Insel beschliessen, ohne sie jemals wieder zu verlassen, ohne jemals einen Bewohner des Festlandes wiederzusehen, der mich an die Widerwärtigkeiten aller Art erinnern würde, mit denen man mich mit Freuden seit vielen Jahren überhäuft hat! Sie wären bald für immer vergessen; ohne Zweifel vergässen sie mich nicht ebenso, aber was läge mir daran, wenn sie nur keinen Zutritt erhielten, um meine Ruhe dort stören zu können? Befreit von allen irdischen Leidenschaften, die das Treiben des gesellschaftlichen Lebens erzeugt, würde sich meine Seele oft über diese Atmosphäre hinausschwingen und jetzt schon mit den himmlischen Geistern Umgang pflegen, deren Anzahl sie bald zu vermehren hofft. Die Menschen werden sich hüten, das weiss ich, mir eine so liebliche Freistatt wiederzugeben, an der sie mich nicht lassen wollten. Aber sie werden mich wenigstens nicht daran hindern, dass ich mich täglich auf den Flügeln meiner Einbildungskraft dahin begebe und einige Stunden lang dasselbe Vergnügen koste, als wenn ich noch dort wohnte. Meine süsseste Beschäftigung wäre dort, zu träumen, soviel ich wollte. Tue ich nicht dasselbe, wenn ich träume, ich sei dort? Ich tue noch mehr; dem Reiz einer abstrakten, einförmigen Träumerei füge ich angenehme Bilder hinzu, die sie beleben. Ihr Gegenstand entging während meiner Verzückungen oft meinen Sinnen, und je tiefer ich nun in meine Träumerei versinke, desto lebhafter stellt sie mir sie nun dar. Ich befinde mich jetzt oft noch mehr unter ihnen und auf noch angenehmere Art als zu der Zeit, da ich wirklich dort weilte. Das Unglück ist, dass in dem Masse, in dem die Einbildungskraft erlahmt, dies alles mühsamer zurückkehrt und nicht so lange anhält. Ach! Wenn man beginnt, seine sterbliche Hülle abzulegen, wird man von ihr am meisten behelligt!

Farbtafeln I–XVI
Illustrations en couleur I–XVI

DIE

S.^T PETERS INSEL

IN DEM BIELERSEE.

BERN,
BEY KÖNIG UND LAFON.
1795.

I   Franz Niklaus König: Der Pavillon auf der St. Petersinsel bei Mondschein.
     Franz Niklaus König: Le pavillon de l'île Saint-Pierre au clair de lune.

II   Daniel Simon Lafond: Ansicht der St. Petersinsel von Gerolfingen aus.
      Daniel Simon Lafond: Vue de l'île Saint-Pierre depuis Gerolfingen.

179

III   Daniel Simon Lafond: Ansicht der St. Petersinsel von der Kanincheninsel aus.
Daniel Simon Lafond: Vue de l'île Saint-Pierre depuis l'île aux Lapins.

IV   Franz Niklaus König: Ausblick von der Terrasse beim Pavillon.
     Franz Niklaus König: Vue du haut de la terrasse près du pavillon.

V   Daniel Simon Lafond: Die Weinlese.
     Daniel Simon Lafond: La vendange.

VI   Franz Niklaus König: Das Fest während der Weinlese.
     Franz Niklaus König: La fête pendant les vendanges.

183

VII Franz Niklaus König: Rousseau mit den Kindern der Weinbauern.
Franz Niklaus König: Rousseau avec les enfants des vignerons.

VIII Franz Niklaus König: Die Apfelernte.
      Franz Niklaus König: La récolte des fruits.

IX Daniel Simon Lafond: Die Einschiffung der Kaninchen.
  Daniel Simon Lafond: L'embarquement des lapins.

X   Christoph Rheiner (zugeschrieben): Rousseau flüchtet über die Geheimtreppe.
     Christoph Rheiner (attribué à): Rousseau s'enfuit de sa chambre par l'escalier dérobé.

XI Christoph Rheiner (zugeschrieben): Die Weinlese.
    Christoph Rheiner (attribué à): La vendange.

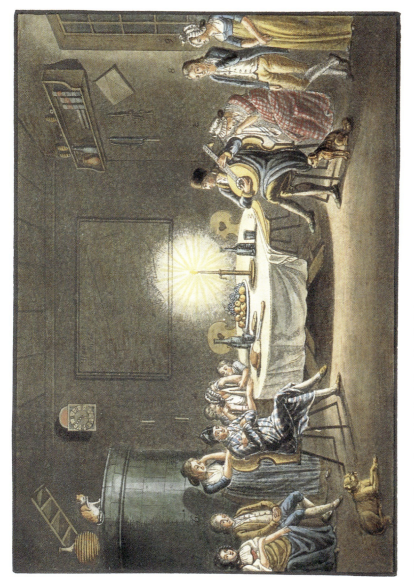

XII   Christoph Rheiner (zugeschrieben): Das Abschiedslied.
Christoph Rheiner (attribué à): La chanson d'adieu.

189

XIII Johann Joseph Hartmann: Die St. Peterinsel von Süden.
Johann Joseph Hartmann: L'île Saint-Pierre vue du sud.

XIV Johann Joseph Hartmann: Die St. Petersinsel von Norden.
Johann Joseph Hartmann: L'île Saint-Pierre vue du nord.

191

XV Johann Joseph Hartmann: Die Rousseau-Stube auf der St. Petersinsel im Jahr 1796.
    Johann Joseph Hartmann: La chambre de Rousseau sur l'île Saint-Pierre en 1796.

XVI Gabriel Lory père: Blick auf den Bielersee von der St. Petersinsel.
Gabriel Lory père: Vue sur le lac de Bienne depuis l'île Saint-Pierre.

193

Stationen
Etapes

Etapes de l'histoire de l'île Saint-Pierre avant et après Rousseau

L'histoire de l'île ne commença pas avec l'arrivée de Rousseau et de la foule de ses admirateurs. Les fouilles de 1984 à 1986 et les examens des bâtiments fournirent des renseignements fondamentaux sur les premiers occupants de l'île Saint-Pierre, permettant de remonter jusqu'à l'époque préhistorique. Au sud, on trouve l'emplacement d'un temple romain. A l'époque mérovingienne, l'île servit de cimetière. Peut-être est-ce l'origine de son ancien nom «insula comitum» (ou Ile des comtes), allusion à un lieu de sépulture pour les familles nobles. Les restes de sarcophages sont exposés au rez-de-chaussée de l'hôtel-restaurant de l'île. A l'époque carolingienne, il existait une nef d'église en pierre et des bâtiments conventuels en bois dans l'actuelle cour intérieure.

Le début de la construction d'une grande basilique à trois nefs remonte au milieu du XIe siècle. La glaise du sol et les dimensions impressionnantes de l'église (sans doute inspirée de Cluny, dont l'ordre était alors en plein essor) firent que les murs déjà édifiés s'écroulèrent pendant les travaux. Il fallut abandonner ce projet trop ambitieux et se contenter, après cette catastrophe, d'une basilique de taille beaucoup plus modeste. En 1107, le comte de Bourgogne et de Mâcon, Guillaume III, fit don à l'ordre de Cluny de ses biens situés à Bellmund (près de Nidau) et de l'île dans le lac de Bienne. Le prieuré clunisien, d'abord fondé à Bellmund, fut transféré avant 1127 sur l'île Saint-Pierre. On construisit plusieurs bâtiments conventuels (sur les fondations desquels se trouve la maison actuelle) et l'église du prieuré, dédiée aux apôtres Pierre et Paul, qui donna son nom à l'île. En 1127, le fils du donateur, Guillaume IV, fut assassiné avec sa suite à Payerne; et selon la tradition, il serait enterré sur l'île Saint-Pierre.

L'île, si prisée par la suite pour son charme, était loin d'avoir au Moyen-Age un attrait aussi puissant. Elle n'était occupée que par quelques moines et leur prieur, tout au plus une demi-douzaine de personnes. Les bâtiments étaient souvent en très mauvais état. La vie était dure, les moyens très restreints.

L'hôtel-restaurant actuel présente encore quelques traces du couvent primitif: arcades, chapiteaux et fresques gothiques.

Stationen aus der Geschichte der St. Petersinsel vor und nach Rousseau

Rousseau und die Scharen nach ihm haben keine geschichtslose Insel betreten. Ausgrabungen und Bauuntersuchungen, die in den Jahren 1984 bis 1986 stattgefunden haben, geben erstmals gründlich Aufschluss über frühere Nutzungen der Insel. Die St. Petersinsel weist prähistorische Siedlungsspuren auf; in den südlichen Bereichen finden sich Reste eines römischen Tempelbezirks. In merowingischer Zeit wurde die Insel als Grablege benutzt. Vielleicht kommt daher der frühere Name «Grafeninsel» (insula comitum) – im Sinne eines Bestattungsortes für vornehme Geschlechter. Sarkophagreste sind im heutigen Inselhaus ausgestellt. In karolingischer Zeit wurde an der Stelle des heutigen Innenhofes eine gemauerte Saalkirche umgeben von hölzernen Konventsgebäuden errichtet.

Auf die Mitte des 11. Jahrhunderts ist der Baubeginn einer mächtigen dreischiffigen Basilika zu datieren. Der lehmige Boden und die gewaltigen Dimensionen der Kirche (wohl inspiriert vom aufsteigenden Orden von Cluny) führten zu einem Einsturz bereits errichteter Mauern. Das Projekt musste aufgegeben werden. Nach dieser Katastrophe begnügte man sich mit einem bescheideneren Bau, einer kleineren Basilika. 1107 schenkte Graf Wilhelm III. von Burgund-Mâcon einige seiner Güter bei Bellmund (in der Nähe von Nidau) sowie die Bielersee-Insel dem Orden von Cluny. In Bellmund wurde in der Folge ein Cluniazenserpriorat gegründet, das schon vor 1127 auf die St. Petersinsel verlegt wurde. Mehrere Konventsbauten – der Grundbestand des heutigen Inselhauses – entstanden. Die Prioratskirche wurde den Apostelfürsten Petrus und Paulus geweiht, daher der bis heute gültige Name St. Petersinsel. Im Jahr 1127 wurde der Sohn des Stifters, Wilhelm IV., zusammen mit seinen Getreuen in Payerne ermordet und der Überlieferung nach auf der St. Petersinsel bestattet.

Die später so umschwärmte Insel war im Mittelalter allem Anschein nach kein besonders beliebter Aufenthaltsort. Zuweilen lebten nur gerade zwei bis sechs Brüder mit ihrem Prior im Kloster. Die Gebäude waren oft in sehr schlechtem Zustand. Das Leben war hart, die Mittel karg. Im heutigen Hotel und Restaurant sind noch Spuren des Klosters zu sehen: Arkaden, Kapitelle und gotische Wandmalereien.

En 1484, le petit couvent fut définitivement fermé. Il passa entre les mains du chapitre de Vincent de la cathédrale de Berne. Quelques années plus tard, dans le grand mouvement de la Réforme, les biens de l'église furent sécularisés et donc aussi, dans la foulée, le couvent de l'île Saint-Pierre. En 1530, le Sénat de Berne attribua l'île à l'Hôpital de Berne (aujourd'hui Burgerspital) et elle lui appartient aujourd'hui encore (politiquement l'île fait partie cependant de la commune de Twann). L'église du prieuré fut démolie en 1557.

Au cours des siècles, les bâtiments du couvent furent réaménagés plusieurs fois, selon le nouvel usage auquel on les destinait (un appartement pour le receveur des contributions, des écuries, un grenier à céréales et une cave à vin, et finalement, entre 1810 et 1815, une série de chambres d'hôtel).

Au début du XVIIIe siècle, on aménagea les allées qu'on peut encore suivre aujourd'hui, ainsi que le pavillon sur l'éminence de l'île. Entre 1770 et 1774, Hans Ulrich Spillmann fortifia les rives. On dit que ce sont des détenus qui transportèrent les lourdes pierres. Les digues formées d'énormes blocs taillés devaient protéger l'île des inondations. L'île prit alors une forme géométrique, comme le montrèrent bientôt les cartes (voir ill. sur le rabat arrière). Par endroits, les murs s'ouvrent sur des escaliers pour les baigneurs et de petits postes d'amarrage pour les bateaux. Au XIXe siècle, selon le modèle des jardins anglais, on agrémenta l'île de bancs ombragés, de sentiers sinueux, du «Bosquet des Anglais» et de deux petits belvédères pour admirer le panorama.

L'aspect général de l'île fut le plus sérieusement modifié par la première correction des eaux du Jura (1868–1891). Les environs des lacs de Neuchâtel, de Bienne et de Morat (Murten) n'étaient jusqu'alors qu'un vaste et dangereux marécage. Les inondations avaient des conséquences catastrophiques et redoutées. Les chroniques de l'époque rapportent que les gens étaient mal nourris, buvaient trop et mouraient jeunes ... La correction des eaux améliora notablement cette situation, assainissant la région mais signifiant aussi la fin de l'isolement paisible de l'île. Le niveau des eaux du lac baissa de 2,2 m, faisant apparaître le «Chemin des Païens». Cette langue de terre relie l'île avec la fameuse «Ile aux lapins» et avec la petite ville d'Erlach (Cerlier) sur la rive ouest du lac. La flore et la faune rares de cette zone de marais sont protégées et l'île (aujourd'hui donc une presqu'île) est une réserve naturelle nationale protégée.

En 1874, le premier débarcadère fut installé au nord. La plupart des bateaux qui font la navette y accostent aujourd'hui. En 1904, un monument en souvenir de Rousseau fut érigé au sud, dans la forêt du parc. Il s'agit d'une

1484 wurde das kleine Kloster endgültig aufgehoben, es ging an das zum Berner Münster gehörende Vinzenzstift über. Wenige Jahrzehnte später wurden kirchliche Güter im Zuge der Reformation säkularisiert, so auch die St. Petersinsel. 1530 sprach der Grosse Rat die Insel dem Unteren (Niederen oder Grossen) Spital der Stadt Bern zu, dem Vorgänger des heutigen Burgerspitals. Noch heute ist sie Eigentum der Stadt Bern (politisch jedoch gehört die Insel zur Gemeinde Twann). 1557 wurde die Prioratskirche abgerissen.

Im Laufe der Jahrhunderte haben die ehemaligen Klostergebäude mehrfache Umgestaltungen erfahren, sie wurden den neuen Zwecken entsprechend umgebaut (es entstanden eine Schaffnerwohnung, Ställe, Kornhaus- und Weinwirtschaftsräume, schliesslich, bei umfangreichen Sanierungsarbeiten zwischen 1810 und 1815, eine Reihe von Hotelzimmern).

Zu Beginn des 18. Jahrhunderts waren die heute noch bestehenden Alleen und der Pavillon auf der Anhöhe errichtet worden. Und in den Jahren zwischen 1770 und 1774 errichtete der Baumeister Hans Ulrich Spillmann die eindrückliche Umfassungsmauer. Sträflinge schleppten die Steine, wie die Akten berichten. Die Mauer aus gewaltigen Steinquadern sollte das Land vor der Ausschwemmung schützen. Sie verlieh der Insel einen geometrisierenden Umriss, wie er bald auf allen Landkarten erscheint (siehe Abb. hintere Klappe). Eingelassen in die Mauer finden sich Badetreppen und kleine Anlegestellen. Im 19. Jahrhundert stattete man die Insel nach dem Vorbild der englischen Gärten mit Sitzbänken an lauschigen Plätzchen aus, legte zusätzlich verschlungene Pfade und das «Engländerwäldchen» an und baute zwei kleine Aussichtskanzeln.

Am stärksten veränderte die erste Juragewässer-Korrektion (1868–1891) das Gesicht der Insel. Die Flachufergegenden am Neuenburger-, Bieler- und Murtensee waren jahrhundertelang ein grosses, gefährliches Moor. Die Überschwemmungen hatten teilweise fürchterliche Konsequenzen. Zeitgenössische Chroniken halten fest, dass die Leute damals schlecht ernährt waren, viel tranken und schnell alterten. Mit der Korrektion der Wasserläufe besserten sich diese unhaltbaren Zustände. Damit endet freilich das Dasein der St. Petersinsel als echter Insel. Das Absinken des Seespiegels um 2,2 m liess den sogenannten Heidenweg auftauchen. Er verbindet seither als Landstreifen die Insel mit dem Städtchen Erlach am westlichen Ufer des Sees. Die St. Petersinsel ist zur Halbinsel und die berühmte Kanincheninsel zum Bestandteil des Heidenweges geworden. Der Weg mit seiner seltenen Flachmoor-Flora und -Fauna und die Insel sind heute Naturschutzgebiet und im Bundesinventar der Landschaften und Naturdenkmäler von nationaler Bedeutung aufgeführt.

copie d'un buste réalisé en 1776 par Jean-Antoine Houdon. Rousseau, re-présenté selon la mode antique des penseurs et philosophes, les cheveux courts et ceints d'un bandeau, vêtu d'une toge, se tient à nouveau dans son lieu favori …

1874 wurde die erste Nordländte eingerichtet; auf dieser Seite legen auch heute die meisten Kursschiffe an. 1904 wurde im Parkwäldchen bei der Südländte das Rousseau-Denkmal aufgestellt, ein Abguss der 1776 von Jean-Antoine Houdon geschaffenen Büste. Rousseau, dargestellt in der Manier antiker Denker und Philosophen, mit kurzem Haar, Haarband und den Ansätzen einer Toga, ist an seinem Lieblingsort wieder präsent …

Wohnorte und Museen
Résidences et musées

Jean-Jacques Rousseau:
Résidences et musées en Suisse

Ile Saint-Pierre

☛ La chambre de Rousseau
Hôtel-Restaurant Ile Saint-Pierre, 3235 Cerlier. Tél. 032 338 11 14.
Au premier étage se trouve la chambre (avec la fameuse trappe) que
Rousseau habita de septembre à octobre 1765. Visite libre de la chambre
aux heures d'ouverture de l'hôtel-restaurant.

Môtiers

☛ Musée Rousseau.
Maison des Mascarons, rue J.-J. Rousseau, jouxte le Musée régional du Val-
de-Travers, 2112 Môtiers. Tél. 032 861 13 18.
Heures d'ouverture: avril à octobre: jeudi, samedi, dimanche de 14h à 17h.
Visite toute l'année sur demande.
Conservateur: Dr François Matthey, Haut-de-Possena, 2115 Buttes.
Cette vaste ferme fut mise à disposition de Rousseau par une de ses
admiratrices. Il y habita de 1762 à 1765, jusqu'à ce que la légendaire
«lapidation» le contraigne à la fuite. C'est à Môtiers qu'il commença à
écrire les *Confessions*. Une importante collection de portraits de Rousseau
et de documents illustrés sont présentés dans les salles de séjour.

Neuchâtel

☛ «Salle Rousseau», Bibliothèque publique et universitaire de Neuchâtel.
Pl. Numa-Droz 3, 2000 Neuchâtel. Tél. 032 717 73 00.
Heures d'ouverture: mercredi à samedi de 14h à 17h. Visites à d'autres
horaires sur demande.
Des manuscrits sont exposés (en particulier l'hommage à l'île Saint-Pierre
– la célèbre *Cinquième Promenade*), les cartes à jouer couvertes de notes
et quelques pages des herbiers de Jean-Jacques Rousseau.

Wohnorte und Museen zu Jean-Jacques Rousseau in der Schweiz

St. Petersinsel

☛ Rousseau-Zimmer.
Restaurant-Hotel St. Petersinsel, 3235 Erlach. Tel. 032 338 11 14.
Im ersten Stock liegt die Stube (mit der berühmten Falltür), die Rousseau im September und Oktober 1765 bewohnte. Das Zimmer ist während der Hotel- und Restaurant-Öffnungszeiten frei zu besichtigen.

Môtiers

☛ Musée Rousseau.
Maison des Mascarons, rue J.-J. Rousseau, jouxte le Musée régional du Val-de-Travers, 2112 Môtiers. Tel. 032 861 13 18.
Öffnungszeiten: April bis Oktober: Donnerstag, Samstag, Sonntag von 14. 00 Uhr bis 17.00 Uhr. Besichtigung das ganze Jahr über nach Vereinbarung.
Konservator: Dr. François Matthey, Haut-de-Possena, 2115 Buttes.
Dieses geräumige Bauernhaus wurde Jean-Jacques Rousseau von einer Verehrerin zur Verfügung gestellt. Er bewohnte es von 1762–1765, bis die legendäre «Steinigung» ihn zur Flucht zwang. In Môtiers begann er mit der Niederschrift seiner *Confessions*. In den ehemaligen Wohnräumen wird u.a. eine prächtige Sammlung mit Rousseaus-Porträts und -Bilddokumenten präsentiert.

Neuchâtel

☛ «Salle Rousseau», Bibliothèque publique et universitaire de Neuchâtel.
Pl. Numa-Droz 3, 2000 Neuchâtel. Tel. 032 717 73 00.
Öffnungszeiten: Mittwoch und Samstag von 14.00 Uhr bis 17.00 Uhr. Weitere Besichtigungstermine auf Anfrage.
Ausgestellt sind Manuskripte (darunter die Hommage an die St. Petersinsel – die berühmte *Cinquième Promenade*), die mit Notizen versehenen Spielkarten und einige Seiten aus den Herbarien Jean-Jacques Rousseaus.

Genève

☞ Musée Jean-Jacques Rousseau et Musée de la Réforme.
Salle Lullin, Bibliothèque universitaire de Genève. Promenade des Bastions, 1205 Genève. Tél. 022 418 28 00.
Une remarquable collection d'originaux sur la vie et l'œuvre du «citoyen de Genève», Jean-Jacques Rousseau.
Heures d'ouverture: lundi à vendredi de 9h à 12h et de 14h à 17h; le samedi de 9 à 12h. Fermé le dimanche.
Visites guidées du musée sur demande.

☞ La maison natale de Jean-Jacques Rousseau. 40, Grand Rue, près de l'Hôtel de Ville.

☞ «L'île Rousseau», entre le Pont du Mont-Blanc et le Pont des Bergues. En 1833, la petite île fut baptisée «île Rousseau» et plantée selon le modèle de la célèbre île aux Peupliers du parc d'Ermenonville, où Rousseau mourut et fut enterré (avant d'être transféré au Panthéon, à Paris). En 1912, on y ajouta, à l'occasion du bicentenaire du célèbre genevois, un «temple d'amour» entouré de pervenches.

Genève

☞ Musée Jean-Jacques Rousseau et Musée de la Réforme.
Salle Lullin, Bibliothèque universitaire de Gèneve. Promenade des
Bastions, 1205 Genève. Tel. 022 418 28 00.
Eine bemerkenswerte Sammlung von Originaldokumenten zu Leben und
Werk des «citoyen de Genève» Jean-Jacques Rousseau.
Öffnungszeiten: Montag bis Freitag von 09.00 Uhr bis 12.00 Uhr und von
14.00 Uhr bis 17.00 Uhr; samstags von 09.00 Uhr bis 12.00 Uhr. Am Sonn-
tag geschlossen.
Führungen durch das Museum auf Anfrage.

☞ Das Geburtshaus Jean-Jacques Rousseaus. 40, Grand Rue, in der Nähe des
Ratshauses.

☞ «Rousseau-Insel», zwischen der Pont du Mont-Blanc und der Ponts
des Bergues. 1833 wurde die kleine Insel zur «Rousseau-Insel» ernannt
und von Verehrern und Verehrinnen nach dem Vorbild der berühmten
Pappelinsel im Park von Ermenonville, Rousseaus erster Grabstätte,
bepflanzt. 1912, zum zweihundertsten Geburstag des Genfers, kam ein
kleiner «temple d'amour» hinzu, umgeben von Immergrün.

Bibliographie

Jean-Jacques Rousseau
Correspondance complète de Jean-Jacques Rousseau. Edition critique établie et annotée par Ralph Alexander Leigh. Oxford: Voltaire Foundation 1965–1998.
Rousseau, Jean-Jacques: La Nouvelle Héloïse. Edition d'Henri Coulet. Tome I/II. Gallimard: Paris 1993 (Collection Folio classique).
Rousseau, Jean-Jacques: Les Confessions. Tome I/II. Paris: GF Flammarion 1968.
Rousseau, Jean-Jacques: Les Rêveries du promeneur solitaire. Paris: Gallimard 1972 (Collection Folio classique).
Rousseau, Jean-Jacques: Œuvres complètes. Edition publiée sous la Direction de Bernard Gagnebin et Marcel Raymond. Tomes I–V. Paris: Gallimard 1959ff.
Rousseau, Jean-Jacques: Die Bekenntnisse. Die Träumereien des einsamen Spaziergängers. Düsseldorf und Zürich: Artemis & Winkler ²1996.
Rousseau, Jean-Jacques: Emile oder Von der Erziehung. Emile und Sophie oder Die Einsamen. München: Winkler 1979.
Rousseau, Jean-Jacques: Julie oder Die neue Héloïse. Briefe zweier Liebenden aus einer kleinen Stadt am Fuss der Alpen. München: Winkler 1978.
Rousseau, Jean-Jacques: Sozialphilosophische und Politische Schriften. Düsseldorf und Zürich: Artemis & Winkler ²1996.

Die Träumereien des einsamen Spaziergängers. Fünfter Spaziergang
Les Rêveries du promeneur solitaire. Cinquième promenade
in: Jean-Jacques Rousseau: Die Bekenntnisse. Die Träumereien des einsamen Spaziergängers (übersetzt von Dietrich Leube nach einer anonymen Übertragung aus dem Jahre 1783), Düsseldorf und Zürich: Artemis & Winkler ²1996, p. 695-704.
in: Jean-Jacques Rousseau: Les Rêveries du promeneur solitaire, Introduction de Jean Grenier, Texte établi et annoté par S. de Sacy, Paris: Gallimard 1972, p. 93-105.

Andere literarische Texte und Quellen /Autres sources et textes littéraires
Aberli, Collection de quelques vues dessinées en Suisse d'après nature / Sammlung einiger Ansichten in der Schweiz nach der Natur gezeichnet. Nach dem Erstdruck aus dem Jahre 1782 neu herausgegeben von Bernhard Geiser. Heidelberg: Verlag von Richard Weissbach 1928.
Arkadien. Landschaft vergänglichen Glücks. Herausgegeben von Petra Maisak und Corinna Fiedler. Frankfurt am Main: Insel 1992.
Binz, Oskar: 365 Tage St. Petersinsel. Ein Jahreszyklus von 365 Zeichnungen. Mit Beiträgen von Bruno Endlich und Emil Saurer. Bern: Benteli Verlag 1978.
Boswell, James: Journal. Ausgewählt, übersetzt und herausgegeben von Helmut Winter. Stuttgart: Philipp Reclam jun. 1996.
Breitenbauch, Georg August von: Geschichte von Arkadien, vom Ursprunge seiner Monarchie bis auf die Zeiten Antonius des Frommen, nebst der alten Erdbeschreibung dieses Landes, auch Nachrichten von der Verfassung, Religion und den Geschäften der Arkadier. Frankfurt am Main 1791.
Bridel, Philippe Syriach: Course de Bâle à Bienne par les vallées du Jura. Avec une carte de la route. A Bâle 1789.
Bridel, Philippe Syriach: Reise durch eine der romantischsten Gegenden der Schweiz 1788. Nebst einer Charte. Gotha 1789.

Brun, Friederike: Reise nach der Petersinsel auf dem Bielersee. Meinem guten Freunde und Schwager Eggers gewiedmet. In: dies.: Prosaische Schriften. Mit Kupfern. Erstes Bändchen. Zürich 1799, S. 327–336.

Defoe, Daniel: Robinson Crusoe. Erster und zweiter Teil. Kapitän Singleton. Romane. Erster Band. Herausgegeben von Norbert Miller. München: Carl Hanser ^{2}1974.

Deutsche Lyrik vom Barock bis zur Gegenwart. Herausgegeben von Gerhard Hay und Sibylle von Steinsdorff. München: Deutscher Taschenbuch Verlag 1980.

Gessner, Salomon: Idyllen. Herausgegeben von E. Theodor Voss. Stuttgart: Philipp Reclam jun. ^{3}1988.

Glückliche Schweiz. Ein Kulturbild. Herausgegeben und erläutert von Angelo Cesana. München: Prestel ^{3}1976.

Goethe, Johann Wolfgang: Aus meinem Leben. Dichtung und Wahrheit. Herausgegeben von Klaus-Detlef Müller. Frankfurt am Main: Deutscher Klassiker Verlag 1986.

Goethe, Johann Wolfgang: Das erste Weimarer Jahrzehnt. Briefe, Tagebücher und Gespräche vom 7. November 1775 bis 2. September 1786. Herausgegeben von Hartmut Reinhardt. Frankfurt am Main: Deutscher Klassiker Verlag 1997.

Goethe, Johann Wolfgang: Die Wahlverwandtschaften. In: ders.: Die Leiden des jungen Werther. Die Wahlverwandtschaften. Kleine Prosa. Epen. In Zusammenarbeit mit Christoph Brecht herausgegeben von Waltraud Wiethölter. Frankfurt am Main: Deutscher Klassiker Verlag 1994, S. 269–529.

Goethe, Johann Wolfgang: Les Affinités électives. Préface de Michel Tournier. Paris: Gallimard 1954 (Collection Folio classique).

Goethes Briefe. Bd. 4 (1. Jan. 1779-7. Nov. 1780) der Abteilung IV: Goethes Werke. Weimarer Ausgabe. Weimar 1889.

Haller, Albrecht von: Die Alpen und andere Gedichte. Stuttgart: Philipp Reclam 1994.

Hirschfeld, Christian Caj Lorenz: Briefe die Schweiz betreffend. Neue und vermehrte Ausgabe. Leipzig 1776.

Hirschfeld, Christian Caj Lorenz: Das Landleben. Bern 1767.

Hirschfeld, Christian Caj Lorenz: Theorie der Gartenkunst. 5 Bände. Leipzig 1779–1785.

Iffland, August Wilhelm: Blick in die Schweiz. Leipzig 1793.

Keller, Gottfried: Der grüne Heinrich. Erste Fassung. Herausgegeben und mit einem Nachwort versehen von Clemens Heselhaus. München: Deutscher Taschenbuch Verlag 1997.

Kleist, Heinrich von: Briefe von und an Heinrich von Kleist 1793-1811. Herausgegeben von Klaus Müller-Salget und Stefan Ormanns. Frankfurt am Main: Deutscher Klassiker Verlag 1997.

Kleist, Heinrich von: Correspondance 1793–1811. Traduit de l'allemand et annoté par Jean-Claude Schneider. Edition complétée et corrigée par Jean-Claude Schneider et Pierre Dehusses. Paris: Gallimard 2000 (Le Promeneur).

Küttner, Karl Gottlob: Briefe eines Sachsen aus der Schweiz an seinen Freund in Leipzig. 3 Theile. Leipzig 1785/1786.

Meiners, Christoph: Briefe über die Schweiz. Zweite durchaus verbesserte und vermehrte Auflage. 4 Theile. Berlin 1788–1790.

Montaigne, Michel: Œuvres complètes. Textes établis par Albert Thibaudet et Maurice Rat. Paris: Gallimard 1962.

Moritz, Karl Philipp: Anton Reiser. Ein psychologischer Roman. München: Deutscher Taschenbuchverlag ^{2}1994.

Platen, August von: Die Tagebücher des Grafen August von Platen. Aus der Handschrift des Dichters. Hrsg. Von G. v. Laubmann und L. von Scheffler. 2 Bände. Stuttgart 1896–1900.

Sebald, W. G.: Logis in einem Landhaus. Über Gottfried Keller, Johann Peter Hebel, Robert Walser und andere. München: Carl Hanser 1998.

Sinner, J. R.: Voyage historique et littéraire dans la Suisse occidentale. 2 Vol. Neuchâtel 1781.

Spazier, Karl: Wanderungen durch die Schweiz. Gotha 1790.

Stauffer, Hans: St. Petersinsel. Heitere und kritische Lebensschau eines Arztes, Fischers und Naturfreundes. Zürich: Schweizer Spiegel Verlag 1962.

Stolberg, Friedrich Leopold Graf zu: Reise in Deutschland, der Schweiz, Italien und Sicilien. Neu herausgegeben im Anschluss an die Stolberg-Biographie von Joh. Janssen. Zwei Bände. Mainz 1877.

210

Über das Reisen durch die Schweiz. Oder Kurze Anleitung für Auslaender, welche mit Zeit- und Kostensparung, einige der merkwürdigsten Alp-Gegenden bereisen wollen. Zürich 1792.

Vergil: Bucolica – Hirtengedichte. In: ders.: Landleben. Lateinisch und deutsch. [München]: Heimeran Verlag 1970, S. 6–59.

Virgile: Bucolique. Géorgiques. Préface de Florence Dupont. Edition bilingue. Paris: Gallimard 1997 (Collection Folio classique).

Wagner, Sigmund von: L'île de St-Pierre dite L'île de Rousseau dans le lac de Bienne. Die Peters-Insel im Bieler-See. Genève: Editions Slatkine 1978.

Zschokke, Heinrich: Wanderungen durch die Schweiz und deren Hauptorte in Originalansich-ten dargestellt. 2 Bände. 1. Abtheilung: Karlsruhe und Leipzig 1836; 2. Abtheilung: Karlsruhe und Leipzig 1838. Nachdruck: Hildesheim: Olms Presse 1976.

Zitierte und benutzte Forschungsliteratur / Littérature secondaire citée et utilisée

Alte Meister. Zeichnung und Aquarelle aus der Graphischen Sammlung. Bern: Kunstmuseum Bern 2000.

Barguillet, Françoise: Rousseau ou l'illusion passionnée. Les rêveries du promeneur solitaire. Paris: Presses universitaires de France 1991.

Blank, Hugo: J. J. Rousseaus ‹Devin du village› und sein Weg über Favart zu Mozarts ‹Bastien und Bastienne›. In: Schweizer Jahrbuch für Musikwissenschaft. Neue Folge 18 (1998), S. 11–64.

Börner, Klaus H.: Auf der Suche nach dem irdischen Paradies. Zur Ikonographie der geogra-phischen Utopie. Frankfurt am Main: Wörner 1984.

Bourquin, Marcus: Wallfahrt zu einer kargen Unterkunft. Das Rousseau-Zimmer auf der St. Petersinsel in alten Darstellungen. In: Alpenhorn-Kalender. Brattig für das Berner Mittel-land mit astronomischem Kalender. 74. Jahrgang, 1999, S. 136–142.

Bourquin, Marcus: Bezaubernder Bielersee. Charme du lac de Bienne. Eine Seelandschaft im Wandel der Zeit. Histoire d'un paysage. Langnau: Emmentaler Druck 1989.

Bourquin, Marcus: Die St. Petersinsel in der Graphik des 18. und 19. Jahrhunderts. Beschrei-bender Katalog der Ansichten. In: Neues Bieler Jahrbuch 1970, S. 23–83.

Buttlar, Adrian von: Der Landschaftsgarten. Gartenkunst des Klassizismus und der Romantik. Köln: DuMont 1989.

Cassirer, Ernst / Starobinski, Jean / Darnton, Robert: Drei Vorschläge, Rousseau zu lesen. Frank-furt am Main: Fischer Taschenbuch Verlag 1989.

Darnton, Robert: Leser reagieren auf Rousseau: Die Verfertigung der romantischen Empfind-samkeit. In: ders.: Das grosse Katzenmassaker. Streifzüge durch die französische Kultur vor der Revolution. München: Carl Hanser 1989, S. 245–290.

Eigeldinger, Fréderic und Roland Kaehr: Les cartes à jouer de Jean-Jacques Rousseau: Textes des cartes à jouer. In: Nouvelle revue neuchâteloise Nr. 60, 15e année (hiver 1998), p. 45–48 (p. 37–44 Ill. des cartes à jouer).

Eigeldinger, Marc: Jean-Jacques Rousseau. Univers mythique et cohérence. Neuchâtel: Editions de la Baconnière 1978.

Eigeldinger, Marc: Le paysage suisse vu par Rousseau. In: Préromantisme en Suisse? Vorro-mantik in der Schweiz? Hrsg. von Ernest Giddey. Fribourg: Editions Universitaires Fribourg Suisse 1981, p. 109–121.

Fougère, Eric: Les voyages et l'ancrage. Représentations de l'espace insulaire à l'Age classique et aux Lumières (1615–1797). Paris: Editions l'Harmattan 1995.

Frenzel, Elisabeth: Motive der Weltliteratur. Ein Lexikon dichtungsgeschichtlicher Längs-schnitte. 4., überarbeitete und ergänzte Auflage. Stuttgart: Alfred Kröner 1992.

Gamper, Michael: «Die Natur ist republikanisch». Zu den ästhetischen, anthropologischen und politischen Konzepten der deutschen Gartenliteratur im 18. Jahrhundert. Würzburg: Kö-nigshausen und Neumann 1998.

Gutscher, Daniel und Andres Moser: St. Petersinsel BE. Schweizerischer Kunstführer. Hrsg. Von der Gesellschaft für Schweizerische Kunstgeschichte. Bern: Stämpfli & Cie 1991.

Gutscher, Daniel / Ueltischi, Alexander / Ulrich-Bochsler, Susi: Die St. Petersinsel im Bielersee – ehemaliges Cluniazenser-Priorat. Bericht über die Grabungen und Bauuntersuchungen von 1984–1986. Bern: Berner Lehrmittel-Medienverlag 1997.

Holmsten, Georg: Jean-Jacques Rousseau. Reinbek bei Hamburg: Rowohlt Taschenbuch Verlag [14]1996.

Howlett, Marc-Vincent: L'homme qui croyait en l'homme. Jean-Jacques Rousseau. Paris: Gallimard 1989 (Découvertes Gallimard Littérature).

Jeggle, Utz: Landschaft, Landschaftswahrnehmung, Landschaftsdarstellung. In: Landschaftsbilder, Landschaftswahrnehmung, Landschaft. Die Rolle der Kunst in der Geschichte der Wahrnehmung unserer Landschaft. Hrsg. Von Detlef Hoffmann in Verbindung mit Karl Ermert. Rehburg-Loccum: Evangelische Akademie Loccum [2]1986, S. 7–29.

Koebner, Thomas: Lektüre in freier Landschaft. Zur Theorie des Leseverhaltens in freier Landschaft. In: Leser und Lesen im 18. Jahrhundert – Colloquium der Arbeitsstelle 18. Jahrhundert, Gesamthochschule Wuppertal. Schloss Lüntenbeck 24.–26. Oktober 1975. Heidelberg: Carl Winter 1977, S. 40–57.

Korazija, Eva: Flots d'étrangers et montagnes d'images / Fremdenstrom und Bilderberg. In: Viaggo verso le Alpi. Ausstellungskatalog zur gleichnamigen Ausstellung in der Villa die Cedri, Civica Galleria d'Arte, Bellinzona, 7. 3.–1. 6. 1997, p. 155–173.

Kunstführer durch die Schweiz. Band 3 (Basel-Landschaft. Basel-Stadt. Bern. Freiburg. Jura. Solothurn). Herausgegeben von Alfred A. Schmid. Bern: Gesellschaft für Schweizerische Kunstgeschichte (Büchler-Verlag) [5]1982.

Metzler Philosophen Lexikon. Von den Vorsokratikern bis zu den Neuen Philosophen. Zweite, aktualisierte und erweiterte Auflage. Stuttgart: J. B. Metzler 1995.

Markowitz, Irene: Ausblicke in die Landschaft. In: «Landschaft» und Landschaften im 18. Jahrhundert. Herausgegeben von Heinke Wunderlich. Heidelberg: Universitätsverlag C. Winter 1995, S. 121–156.

Marsch, Edgar: Der Garten als literarische Topographie. Bausteine zu einer Poetologie der dargestellten Landschaft. In: Thematologie des Kleinen. Petits thèmes littéraires. Hrsg. von Edgar Marsch und Giovanni Pozzi. Fribourg: Editions universitaires Fribourg Suisse 1986, S. 33–91.

Matthey, François: Un herbier de Jean-Jacques Rousseau à la Bibliothèque de Neuchâtel. Extrait de: Ville de Neuchâtel, Bibliothèques et Musées, 1980, p. 39–46.

Michel, Marianne Roland: Entre scène et jardin. In: Histoire des jardins de la Renaissance à nos jours. Sous la direction de Monique Mosser et Georges Teyssot. Paris: Flammarion 1991, p. 239–246.

Raymond, Petra: Von der Landschaft im Kopf zur Landschaft aus Sprache. Die Romantisierung der Alpen in den Reiseschilderungen und die Literarisierung des Gebirges in der Erzählprosa der Goethezeit. Tübingen: Niemeyer 1993.

Rockhall. Der ehemalige Landsitz Rockhall in Biel. Herausgegeben durch die Ingenieurschule Biel. Biel: W. Gassmann AG 1994.

Schaller, Marie-Louise: Die Schweiz – Arkadien im Herzen Europas. La Suisse – Arcadie au cœur de l'Europe. Berne (Nestlé) 1982.

Schaller, Marie-Louise: Annäherung an die Natur. Schweizer Kleinmeister in Bern 1750–1800. Bern: Stämpfli & Cie 1990.

Schaller, Marie-Louise: Sehnsucht nach dem Goldenen Zeitalter. Kleinmeister in Bern. In: Berner Jahrbuch 1991, S. 30–40.

Siedler, Wolf Jobst: Auf der Pfaueninsel. Spaziergänge in Preussens Arkadien. Photos von Manfred Hamm. Berlin: Siedler 1992.

Stackelberg, Jürgen von: Literarische Rezeptionsformen. Übersetzung, Supplement, Parodie. Frankfurt am Main: Athenäum 1972.

Starobinski, Jean: Rousseau. Eine Welt von Widerständen. Aus dem Französischen von Ulrich Raulff. Frankfurt am Main: Fischer Taschenbuch Verlag 1993.

Tatin-Gourier, Jean-Jacques: 1762-1789, ‹Emile› et le ‹Contrat social›: distinction et indissociabilité des lectures. In: Rousseau, l'Emile et la Révolution. Actes du colloque international de Montmorency, 27 septembre – 4 octobre 1989. Publiés par Robert Thiéry. Paris: Universitas 1992, p. 109–118.

Trousson, Raymond: Jean-Jacques Rousseau et le mythe insulaire. In: L'insularité. Thématique et Représentations. Textes réunis par Jean-Claude Marimoutou et Jean-Michel Racault. Paris: Editions l'Harmattan 1995, p. 105–113.

Trousson, Raymond et Frédéric S. Eigeldinger: Jean-Jacques Rousseau au jour le jour. Chrono-
logie. Paris: Honoré Champion Editeur 1998.

Vedrine, Mireille: Les jardins secrets de Jean-Jacques Rousseau. Chambéry: Les Editions
AGRAF 1989.

Waldvogel, William: Die St. Petersinsel im Bielersee. Übersetzung von Max Pfister. Bern: Paul
Haupt o. J.

Wegmann, Nikolaus: Diskurse der Empfindsamkeit. Zur Geschichte eines Gefühls in der Literatur des 18. Jahrhunderts. Stuttgart: J. B. Metzlersche Verlagsbuchhandlung 1988.

Wellmann, Angelika: Der Spaziergang. Stationen eines poetischen Codes. Würzburg: Königs-
hausen und Neumann 1991.

Wozniakowski, Jacek: Die Wildnis. Zur Deutungsgeschichte des Berges in der europäischen
Neuzeit. Übersetzt von Theo Mechtenberg. Frankfurt am Main: Suhrkamp 1987.

.

Abbildungsverzeichnis / Sources iconographiques

Buchumschlag / Couverture
Christoph Rheiner (zugeschrieben). Kolorierte Aquatinta. Titelvignette zum Album von S. von Wagner: L'Ile de St. Pierre dite l'île de Rousseau dans le lac de Bienne. à Berne. chez G. Lory et C. Rheiner. Peintres. [1817]. Sammlung R. und A. Gugelmann in der Schweizerischen Landes-bibliothek, Bern.

Christoph Rheiner (attribué à). Aquatinte coloriée. Vignette titre de l'album de S. von Wagner: L'Ile de St. Pierre dite l'île de Rousseau dans le lac de Bienne. à Berne. chez G. Lory et C. Rheiner. Peintres. [1817]. Collection R. et A. Gugelmann, Bibliothèque nationale suisse, Berne.

Vordere Klappe / Rabat avant
Carte du lac de Bienne et de ses environs. Kolorierte Radierung aus dem Album von S. von Wagner: L'Ile de St. Pierre dite l'île de Rousseau dans le lac de Bienne. à Berne. chez G. Lory et C. Rheiner. Peintres. [1817]. Sammlung R. und A. Gugelmann in der Schweizerischen Landes-bibliothek, Bern.

Carte du lac de Bienne et de ses environs. Estampe coloriée tirée de l'album de S. von Wagner: L'Ile de St. Pierre dite l'île de Rousseau dans le lac de Bienne. à Berne. chez G. Lory et C. Rhei-ner. Peintres. [1817]. Collection R. et A. Gugelmann, Bibliothèque nationale suisse, Berne.

Hintere Klappe / Rabat arrière
L'île de St Pierrre ou de J. J. Rousseau dans le lac de Bienne [Plan der Insel]. Kolorierte Radie-rung aus dem Album von S. von Wagner: L'Ile de St. Pierre dite l'île de Rousseau dans le lac de Bienne. à Berne. chez G. Lory et C. Rheiner. Peintres. [1817]. Sammlung R. und A. Gugelmann in der Schweizerischen Landesbibliothek, Bern.

L'île de St Pierrre ou de J. J. Rousseau dans le lac de Bienne [Plan de l'île]. Estampe coloriée tirée de l'album de S. von Wagner: L'Ile de St. Pierre dite l'île de Rousseau dans le lac de Bienne. à Berne. chez G. Lory et C. Rheiner. Peintres. [1817]. Collection R. et A. Gugelmann, Biblio-thèque nationale suisse, Berne.

Farbtafel / Illustration en couleur I
Franz Niklaus König: Der Pavillon auf der St. Petersinsel bei Mondschein.
Kolorierte Umrissradierung. Titelvignette zum Album von S. von Wagner: Die St. Peters Insel in dem Bielersee. Bern, bey König und Lafon. 1795. Sammlung R. und A. Gugelmann in der Schweizerischen Landesbibliothek, Bern.

Franz Niklaus König: Le pavillon de l'île Saint-Pierre au clair de lune. Estampe coloriée.
Vignette titre de l'album de S. von Wagner: Die St. Peters Insel in dem Bielersee. Bern, bey König und Lafon. 1795. Collection R. et A. Gugelmann, Bibliothèque nationale suisse, Berne.

Farbtafel / Illustration en couleur II
Daniel Simon Lafond: *Vue de l'Isle de St. Pierre, prise au rivage de Gerolfinguen.* Kolorierte Um-rissradierung. Aus dem Album von S. von Wagner: Die St. Peters Insel in dem Bielersee. Bern, bey König und Lafon. 1795. Sammlung R. und A. Gugelmann in der Schweizerischen Landes-bibliothek, Bern.

Daniel Simon Lafond: *Vue de l'Isle de St. Pierre, prise au rivage de Gerolfinguen.* Estampe coloriée. Tirée de l'album de S. von Wagner: Die St. Peters Insel in dem Bielersee. Bern, bey König und Lafon. 1795. Collection R. et A. Gugelmann, Bibliothèque nationale suisse, Berne.

Farbtafel / Illustration en couleur III

Daniel Simon Lafond: *Vue de l'Isle de St. Pierre, prise a l'Isle des lappins.* Kolorierte Umrissradierung. Aus dem Album von S. von Wagner: Die St. Peters Insel in dem Bielersee. Bern, bey König und Lafon 1795. Sammlung R. und A. Gugelmann in der Schweizerischen Landesbibliothek, Bern.

Daniel Simon Lafond: *Vue de l'Isle de St. Pierre, prise a l'Isle des lappins.* Estampe coloriée. Tirée de l'album de S. von Wagner: Die St. Peters Insel in dem Bielersee. Bern, bey König und Lafon. 1795. Collection R. et A. Gugelmann, Bibliothèque nationale suisse, Berne.

Farbtafel / Illustration en couleur IV

Franz Niklaus König: *Vûe du haut de la terasse.* Kolorierte Umrissradierung. Aus dem Album von S. von Wagner: Die St. Peters Insel in dem Bielersee. Bern, bey König und Lafon. 1795. Sammlung R. und A. Gugelmann in der Schweizerischen Landesbibliothek, Bern.

Franz Niklaus König: *Vûe du haut de la terasse.* Estampe coloriée. Tirée de l'album de S. von Wagner: Die St. Peters Insel in dem Bielersee. Bern, bey König und Lafon. 1795. Collection R. et A. Gugelmann, Bibliothèque nationale suisse, Berne.

Farbtafel / Illustration en couleur V

Daniel Simon Lafond: *La vendange.* Kolorierte Umrissradierung. Aus dem Album von S. von Wagner: Die St. Peters Insel in dem Bielersee. Bern, bey König und Lafon. 1795. Sammlung R. und A. Gugelmann in der Schweizerischen Landesbibliothek, Bern.

Daniel Simon Lafond: *La vendange.* Estampe coloriée. Tirée de l'album de S. von Wagner: Die St. Peters Insel in dem Bielersee. Bern, bey König und Lafon. 1795. Collection R. et A. Gugelmann, Bibliothèque nationale suisse, Berne.

Farbtafel / Illustration en couleur VI

Franz Niklaus König: *La fête pendant les vendanges.* Kolorierte Umrissradierung. Aus dem Album von S. von Wagner: Die St. Peters Insel in dem Bielersee. Bern, bey König und Lafon. 1795. Sammlung R. und A. Gugelmann in der Schweizerischen Landesbibliothek, Bern.

Franz Niklaus König: *La fête pendant les vendanges.* Estampe coloriée. Estampe coloriée. Tirée de l'album de S. von Wagner: Die St. Peters Insel in dem Bielersee. Bern, bey König und Lafon. 1795. Collection R. et A. Gugelmann, Bibliothèque nationale suisse, Berne.

Farbtafel / Illustration en couleur VII

Franz Niklaus König: *Rousseau caressant les enfans des vignerons.* Kolorierte Umrissradierung. Aus dem Album von S. von Wagner: Die St. Peters Insel in dem Bielersee. Bern, bey König und Lafon. 1795. Sammlung R. und A. Gugelmann in der Schweizerischen Landesbibliothek, Bern.

Franz Niklaus König: *Rousseau caressant les enfans des vignerons.* Estampe coloriée. Tirée de l'album de S. von Wagner: Die St. Peters Insel in dem Bielersee. Bern, bey König und Lafon. 1795. Collection R. et A. Gugelmann, Bibliothèque nationale suisse, Berne.

Farbtafel / Illustration en couleur VIII

Franz Niklaus König: *La récolte des fruits.* Kolorierte Umrissradierung. Aus dem Album von S. von Wagner: Die St. Peters Insel in dem Bielersee. Bern, bey König und Lafon. 1795. Sammlung R. und A. Gugelmann in der Schweizerischen Landesbibliothek, Bern.

Franz Niklaus König: *La récolte des fruits.* Estampe coloriée. Tirée de l'album de S. von Wagner: Die St. Peters Insel in dem Bielersee. Bern, bey König und Lafon. 1795. Collection R. et A. Gugelmann, Bibliothèque nationale suisse, Berne.

Farbtafel / Illustration en couleur IX

Daniel Simon Lafond: *L'embarquement des lappins*. Kolorierte Umrissradierung. Aus dem Album von S. von Wagner: Die St. Peters Insel in dem Bielersee. Bern, bey König und Lafon. 1795. Sammlung R. und A. Gugelmann in der Schweizerischen Landesbibliothek, Bern.

Daniel Simon Lafond: *L'embarquement des lappins*. Estampe coloriée. Tirée de l'album de S. von Wagner : Die St. Peters Insel in dem Bielersee. Bern, bey König und Lafon. 1795. Collection R. et A. Gugelmann, Bibliothèque nationale suisse, Berne.

Farbtafel / Illustration en couleur X

Christoph Rheiner (zugeschrieben): *Rousseau s'enfuit de sa chambre par l'escalier dérobé*. Aquatinta in Sepia, koloriert. Aus dem Album von S. von Wagner: L'Ile de St. Pierre dite l'île de Rousseau, dans le lac de Bienne. à Berne. chez G. Lory et C. Rheiner. Peintres. [1817]. Sammlung R. und A. Gugelmann in der Schweizerischen Landesbibliothek, Bern.

Christoph Rheiner (zugeschrieben): *Rousseau s'enfuit de sa chambre par l'escalier dérobé*. Aquatinte sépia, coloriée. Tirée de l'album de S. von Wagner : L'Ile de St. Pierre dite l'île de Rousseau, dans le lac de Bienne. à Berne. chez G. Lory et C. Rheiner. Peintres. [1817]. Collection R. et A. Gugelmann, Bibliothèque nationale suisse, Berne.

Farbtafel / Illustration en couleur XI

Christoph Rheiner (zugeschrieben): *La vendange*. Aquatinta in Sepia, koloriert. Aus dem Album von S. von Wagner: L'Ile de St. Pierre dite l'île de Rousseau, dans le lac de Bienne. à Berne. chez G. Lory, et C. Rheiner. Peintres. [1817]. Sammlung R. und A. Gugelmann in der Schweizerischen Landesbibliothek, Bern.

Christoph Rheiner (zugeschrieben): *La vendange*. Aquatinte sépia, coloriée. Tirée de l'album de S. von Wagner: L'Ile de St. Pierre dite l'île de Rousseau, dans le lac de Bienne. à Berne. chez G. Lory, et C. Rheiner. Peintres. [1817]. Collection R. et A. Gugelmann, Bibliothèque nationale suisse, Berne.

Farbtafel / Illustration en couleur XII

Christoph Rheiner (zugeschrieben): *La chanson d'adieu*. Aquatinta in Sepia, koloriert. Aus dem Album von S. von Wagner: L'Ile de St. Pierre dite l'île de Rousseau, dans le lac de Bienne. à Berne. chez G. Lory, et C. Rheiner. Peintres. [1817]. Sammlung R. und A. Gugelmann in der Schweizerischen Landesbibliothek, Bern.

Christoph Rheiner (zugeschrieben): *La chanson d'adieu*. Aquatinte sépia, coloriée. Tirée de l'album de S. von Wagner : L'Ile de St. Pierre dite l'île de Rousseau, dans le lac de Bienne. à Berne. chez G. Lory, et C. Rheiner. Peintres. [1817]. Collection R. et A. Gugelmann, Bibliothèque nationale suisse, Berne.

Farbtafel / Illustration en couleur XIII

Johann Joseph Hartmann: Die St. Petersinsel von Süden. *(pe)int par Hartmann a Bienne 1811*. Gouache. Sammlung R. und A. Gugelmann in der Schweizerischen Landesbibliothek, Bern.

Johann Joseph Hartmann: L'île Saint-Pierre vue du sud. *(pe)int par Hartmann a Bienne 1811*. Gouache. Collection R. et A. Gugelmann, Bibliothèque nationale suisse, Berne.

Farbtafel / Illustration en couleur XIV

Johann Joseph Hartmann: Die St. Petersinsel von Norden. *peint par Hartmann à Bienne 1811*. Gouache. Sammlung R. und A. Gugelmann in der Schweizerischen Landesbibliothek, Bern.

Johann Joseph Hartmann: L'île Saint-Pierre vue du nord. *peint par Hartmann à Bienne 1811*. Gouache. Collection R. et A. Gugelmann, Bibliothèque nationale suisse, Berne.

Farbtafel / Illustration en couleur XV

Johann Joseph Hartmann: *Chambre sur l'Isle St. Pierre, habitée par J. J. Rousseau. 1775* [!]. *Peint par Hartmann à Bienne 1796*. Gouache. Graphische Sammlung der Schweizerischen Landesbibliothek, Bern.

Johann Joseph Hartmann: *Chambre sur l'Isle St. Pierre, habitée par J. J. Rousseau. 1775* [!]. *Peint par Hartmann à Bienne 1796.* Gouache. Collection graphique, Bibliothèque nationale suisse, Berne.

Farbtafel / Illustration en couleur XVI

Gabriel Lory père: *Vûe sur le lac de Bienne prise de l'Isle de St Pierre dans le canton de Berne.* 1795. Kolorierte Umrissradierung. Öffentliche Kunstsammlung Basel, Kupferstichkabinett (Photo: Öffentliche Kunstsammlung Basel, Martin Bühler).

Gabriel Lory père: *Vûe sur le lac de Bienne prise de l'Isle de St Pierre dans le canton de Berne.* 1795. Estampe coloriée. Musée des Beaux-Arts, Cabinet des Estampes, Bâle.

Schwarz-weiss Abbildungen / Illustrations noir et blanc

Abbildung / Illustration 1

Allan Ramsay: Jean-Jacques Rousseau (1766). Öl auf Leinwand. National Gallery of Scotland, Edinburgh.

Allan Ramsay: Jean-Jacques Rousseau (1766). Huile sur toile. National Gallery of Scotland, Edimbourg.

Abbildung / Illustration 2

Manuskript von Jean-Jacques Rousseau: Cinquième Promenade. Bibliothèque publique et universitaire de Neuchâtel.

Manuscrit de Jean-Jacques Rousseau: Cinquième Promenade. Bibliothèque publique et universitaire de Neuchâtel.

Abbildung / Illustration 3

Claude Louis Chatelet / François Godefroy: *IIIe Vue du village de Moutiers-Travers, avec la maison de J. J. Rousseau, et la Chute du Torrent qui est dans les environs.* Aus: Tableaux topographiques, pittoresques, physiques, moraux, politiques, littéraires, de la Suisse et de l'Italie. Ornés de 1200 Estampes, gravées par les meilleurs Graveurs. Tome Premier. A Paris MDCC LXXVII, Blatt Nr. 84. Universitätsbibliothek Basel.

Claude Louis Chatelet / François Godefroy: *IIIe Vue du village de Moutiers-Travers, avec la maison de J. J. Rousseau, et la Chute du Torrent qui est dans les environs.* Dans: Tableaux topographiques, pittoresques, physiques, moraux, politiques, littéraires, de la Suisse et de l'Italie. Ornés de 1200 Estampes, gravées par les meilleurs Graveurs. Tome Premier. A Paris MDCC LXXVII, Feuille n° 84. Bibliothèque universitaire, Bâle.

Abbildung / Illustration 4

Samuel Hieronymus Grimm / Pierre Philippe Choffard: *IIe Vue de Motier-Travers et de ses environs dans le Comté de Neuchatel, avec le Tableau de la fermeté du Philosophe de Genêve.* Aus: Tableaux topographiques, pittoresques, physiques, moraux, politiques, littéraires, de la Suisse et de l'Italie. Ornés de 1200 Estampes, gravées par les meilleurs Graveurs. Tome Premier. A Paris MDCC LXXVII, Blatt Nr. 38. Universitätsbibliothek Basel.

Samuel Hieronymus Grimm / Pierre Philippe Choffard: *IIe Vue de Motier-Travers et de ses environs dans le Comté de Neuchatel, avec le Tableau de la fermeté du Philosophe de Genêve.* Dans: Tableaux topographiques, pittoresques, physiques, moraux, politiques, littéraires, de la Suisse et de l'Italie. Ornés de 1200 Estampes, gravées par les meilleurs Graveurs. Tome Premier. A Paris MDCC LXXVII, Feuille n° 38. Bibliothèque universitaire, Bâle.

Abbildung / Illustration 5
Charles Etienne Pierre Motte: *Maison où est mort J. J. Rousseau*. Lithographie. Graphische Sammlung der Schweizerischen Landesbibliothek, Bern.

Charles Etienne Pierre Motte: *Maison où est mort J. J. Rousseau*. Lithographie. Collection graphique, Bibliothèque nationale suisse, Berne.

Abbildung / Illustration 6
Alexandre François Girardin / Antoine Maurin: *J. J. Rousseau. Cette vue est prise de l'intérieur de la Chambre que Rousseau occupait en 1765, à l'Ile S^I Pierre sur le lac de Bienne en Suisse*. Kupferstich. Bibliothèque publique et universitaire de Genève (Centre d'iconographie de Genève).

Alexandre François Girardin / Antoine Maurin: *J. J. Rousseau. Cette vue est prise de l'intérieur de la Chambre que Rousseau occupait en 1765, à l'Ile S^I Pierre sur le lac de Bienne en Suisse*. Gravure sur cuivre. Bibliothèque publique et universitaire de Genève (Centre d'iconographie de Genève).

Abbildung / Illustration 7
Blatt aus einem Herbarium Jean-Jacques Rousseaus. Bibliothèque publique et universitaire de Neuchâtel.

Page d'un herbier de Jean-Jacques Rousseau. Bibliothèque publique et universitaire de Neuchâtel.

Abbildung / Illustration 8
Sigismond Himely: *Ile St. Pierre, prise de l'Ile des Lapins*. Aquatinta. Öffentliche Kunstsammlung Basel, Kupferstichkabinett (Photo: Öffentliche Kunstsammlung Basel, Martin Bühler).

Sigismond Himely: *Ile St. Pierre, prise de l'Ile des Lapins*. Aquatinte. Musée des Beaux-Arts, Cabinet des Estampes, Bâle.

Abbildung / Illustration 9
Jean Michel Moreau le Jeune: *Tombeau de Jean Jacques Rousseau*. (Kenotaph für Rousseau auf der Ile des Peupliers in Ermenonville). Kupferstich. Archiv für Kunst und Geschichte, Berlin.

Jean Michel Moreau le Jeune: *Tombeau de Jean Jacques Rousseau* (sur l'île des Peupliers d'Ermenonville). Gravure sur cuivre. Archiv für Kunst und Geschichte, Berlin.

Abbildung / Illustration 10
Spielkarte: «Huit de cœur» mit Notizen Jean-Jacques Rousseaus. Bibliothèque publique et universitaire de Neuchâtel.

Carte à jouer: Huit de cœur avec notes de Jean-Jacques Rousseaus. Bibliothèque publique et universitaire de Neuchâtel.

Abbildung / Illustration 11
Jean Michel Moreau le Jeune: Kupferstichillustration zu Rousseaus *Julie ou La Nouvelle Héloïse* (Ausgabe 1774): Julie und Saint-Preux im elterlichen Garten – der erste Kuss. Archiv für Kunst und Geschichte, Berlin.

Jean Michel Moreau le Jeune: Gravure illustrant *Julie ou La Nouvelle Héloïse* (Edition 1774) de Rousseau: Julie dans le jardin de ses parents avec Saint-Preux – le premier baiser. Archiv für Kunst und Geschichte, Berlin.

Abbildung / Illustration 12
Nicolas Pérignon / Pierre Jacques Duret: *IIe Vue du rocher de Pierre Perthuis dans l'Evêché de Basle*. Aus: Tableaux topographiques, pittoresques, physiques, moraux, politiques, littéraires, de la Suisse et de l'Italie. Ornés de 1200 Estampes, gravées par les meilleurs Graveurs. Tome Premier. A Paris MDCC LXXVII, Blatt Nr. 32. Universitätsbibliothek Basel.

Nicolas Pérignon / Pierre Jacques Duret: *IIe Vue du rocher de Pierre Perthuis dans l'Evêché de Basle*. Dans: Tableaux topographiques, pittoresques, physiques, moraux, politiques, littéraires, de la Suisse et de l'Italie. Ornés de 1200 Estampes, gravées par les meilleurs Graveurs. Tome Premier. A Paris MDCC LXXVII, Feuille n° 32. Bibliothèque universitaire, Bâle.

Abbildung / Illustration 13
Anonym: *Maison de J. J. Rousseau sur l'île St. Pierre au lac de Bienne. A Basle chez Birmann & fils*. Kupferstich. Graphische Sammlung der Schweizerischen Landesbibliothek, Bern.

Anonyme: *Maison de J. J. Rousseau sur l'île St. Pierre au lac de Bienne. A Basle chez Birmann & fils*. Gravure sur cuivre. Bibliothèque nationale suisse, Collection graphique, Berne.

Abbildung / Illustration 14
Joseph Wright of Derby: *Sir Brooke Boothby* (1781). Öl auf Leinwand. Tate Gallery, London.

Joseph Wright of Derby: *Sir Brooke Boothby* (1781). Huile sur toile. Tate Gallery, Londres.

Abbildung / Illustration 15
Niklaus Sprüngli: *Vuë de l'Isle de St. Pierre sur le Lac de Bienne du Coté de Cerlier et de Neuville dans le canton de Berne*. Kolorierte Umrissradierung (Ausschnitt). Öffentliche Kunstsammlung Basel. Kupferstichkabinett (Photo: Öffentliche Kunstsammlung Basel, Martin Bühler).

Niklaus Sprüngli: *Vuë de l'Isle de St. Pierre sur le Lac de Bienne du Coté de Cerlier et de Neuville dans le canton de Berne*. Estampe coloriée (détail). Musée des Beaux-Arts, Cabinet des Estampes, Bâle.

Abbildung / Illustration 16
Anonym: *Vue du plan général du jardin roial et maison de plaisance à Hernnhausen*. Kupferstich. Archiv für Kunst und Geschichte, Berlin.

Anonym: *Vue du plan général du jardin roial et maison de plaisance à Hernnhausen*. Gravure sur cuivre. Archiv für Kunst und Geschichte, Berlin.

Abbildung / Illustration 17
Copplestone Warre Bampfylde: *A view of the garden at Stourhead, Wiltshire, with the Temple of Apollo, the Bridge and the Pantheon*. (1775). Wasserfarbe. The National Trust Photographic Library, London.

Copplestone Warre Bampfylde: *A view of the garden at Stourhead, Wiltshire, with the Temple of Apollo, the Bridge and the Pantheon*. (1775). Aquarelle. The National Trust Photographic Library, Londres.

Abbildung / Illustration 18
Johann Ludwig Aberli: *Vûe de Cerlier et du Lac de Bienne*. Kolorierte Umrissradierung. Graphische Sammlung der Schweizerischen Landesbibliothek, Bern.

Johann Ludwig Aberli: *Vûe de Cerlier et du Lac de Bienne*. Estampe coloriée. Bibliothèque nationale suisse, Collection graphique, Berne.

Abbildung / Illustration 19
Balthasar Anton Dunker: *Felsiges Seeufer bei Twann am Bielersee*. Dessiné d'après Nature à Engelberg par B. A. Dunker 1774. Aquarell und Tusche. Gottfried Keller-Stiftung, Kunstmuseum Bern.

Balthasar Anton Dunker: *Rives rocheuses près de Douanne*. Dessiné d'après Nature à Engelberg par B. A. Dunker 1774. Aquarelle et encre. Fondation Gottfried Keller, Musée des Beaux-Arts, Berne.

Abbildung / Illustration 20

Franz Niklaus König: *Am Ufer der Petersinsel.* (1799). Radierung. Sammlung R. und A. Gugelmann in der Schweizerischen Landesbibliothek, Bern.

Franz Niklaus König: *Am Ufer der Petersinsel.* (1799). Gravure à l'eau-forte. Collection R. et A. Gugelmann, Bibliothèque nationale suisse, Berne.

Abbildung / Illustration 21

Franz Niklaus König: *Die Schäferey auf der Petersinsel.* (1799). Radierung. Sammlung R. und A. Gugelmann in der Schweizerischen Landesbibliothek, Bern.

Franz Niklaus König: *Die Schäferey auf der Petersinsel.* (1799). Gravure à l'eau-forte. Collection R. et A. Gugelmann, Bibliothèque nationale suisse, Berne.

Abbildung / Illustration 22

Jean-Baptiste Michel: *Rousseau 1765 in Neufchatel.* Kupferstich. Archiv für Kunst und Geschichte, Berlin.

Jean-Baptiste Michel: *Rousseau 1765 in Neufchatel.* Gravure sur cuivre. Archiv für Kunst und Geschichte, Berlin.

Abbildung / Illustration 23

Anna Morlotti-Wengler: Skizze für einen Bühnenprospekt zu den Freilichtaufführungen auf der St. Petersinsel: Musiktheater aus der Epoche der Empfindsamkeit, im Sommer 2001.

Anna Morlotti-Wengler: Esquisse pour les coulisses du spectacle en plein air sur l'île Saint-Pierre: Théâtre lyrique de l'époque du culte du sentiment, été 2001.

Dank

Mein Dank geht an Andreas Lang, Florian Gelzer, Andreas Mauz und Andres Moser für die kritische Lektüre des Manuskripts und anregende Diskussionen, an Lukas Leuenberger und Ursula Piatti für wichtige Ergänzungsvorschläge, an Roman Racine für die Hilfe bei diversen Rousseau-Recherchen.

Das Engagement von David Marc Hoffmann (Lektorat) und Christiane Hoffmann-Champliaud (Übersetzung) ist dem Buch in vielerlei Hinsicht zugute gekommen, wofür ich ebenfalls sehr zu danken habe.

Bei der Beschaffung des Bildmaterials haben mich insbesondere Susanne Bieri, Monika Bohnenblust, Sylvia Schneider und Erika Parris von der Graphischen Sammlung in der Schweizerischen Landesbibliothek, Bern, sowie Franziska Heuss von der Öffentlichen Kunstsammlung Basel unterstützt und beraten.

Die Drucklegung dieser Publikation wurde durch einen namhaften Beitrag der Stiftung Graphica Helvetica, Bern, ermöglicht.

Remerciements

Tous mes remerciements s'adressent à Andreas Lang, Florian Gelzer, Andreas Mauz et Andres Moser pour la lecture critique du manuscrit et de passionnantes discussions, à Lukas Leuenberger et Ursula Piatti pour les suggestions d'additions, et à Roman Racine pour son aide dans divers travaux de recherche sur Rousseau. Cet ouvrage a également bénéficié de l'engagement de David Marc Hoffmann (lectorat) et de Christiane Hoffmann-Champliaud (traduction française), ce dont je leur suis très reconnaissante.

Je souhaite également remercier en particulier Susanne Bieri, Monica Bohnenblust, Sylvia Schneider et Erika Parris (Collection graphique de la Bibliothèque nationale suisse, Berne) et Franziska Heuss (Öffentliche Kunstsammlung, Bâle) pour leurs conseils et leur soutien lors de la recherche de matériel iconographique.

La Fondation Graphica Helvetica, Berne, a généreusement participé aux frais d'impression de la présente publication.